JN412320

알기 쉬운 산상보훈

강신해 지음

베드로서원

알기 쉬운 산상보훈

초판 1쇄 발행 2023. 04. 03.

지은이 강신해
펴낸이 방주석
펴낸곳 베드로서원
주 소 10252 경기도 고양시 일산동구 고봉로 776-92
전 화 031-976-8970
팩 스 031-976-8971
이메일 peterhouse@daum.net
등 록 2010년 1월 18일
창립일 1988년 6월 3일
ISBN 979-11-91921-18-2 03230

* 책값은 뒤표지에 있습니다.

베드로서원은 문서라는 도구로 한국교회가 복음의 본질을 회복하고
마을 목회와 선교적 교회로 나아가는 데 기여하고자 최선을 다합니다.

나의 힘이신 여호와여 내가 주를 사랑하나이다(시 18:1)

책을 펴내며

대부분 한국교회 성도들은 그리스도에 대한 믿음과 신앙에 대한 열심이 뜨겁다. 그럼에도 일부 교회의 목회자들은 복음을 율법주의적 색채와 혼합함으로써 그 본질을 흐리는 취약점을 드러내고 있는 실정이다.

사람이 스스로 율법의 의를 온전히 이룰 수 없어 약 이천 년 전 예수님이 인류를 죄로부터 벗어나게 하고자 십자가에 달리사 죄의 대속을 이루셨다. 그리고 사흘 만에 다시 살아나신 일을 우리가 오직 믿음으로 하나님의 의를 거저 얻으며, 이때 인쳐주신 성령의 인도를 따라 살아가는 것이 참 복음의 요체다. 우리는 오롯이 그리스도의 생명에 접붙임 되어 은혜로 구원에 이르는 것이다.

하지만 말세지 말에 이른 지금은 안타깝게도 구약시대의 유대인들에게 죄를 깨닫도록 주셨던 율법이 오남용되어, 하나님의 은혜에 따른 그리스도의 복음을 훼손하고 약화시켜 그 생명력이 빛을 잃어가는 상황에 이르렀다.

오늘날 율법주의자들은, 그리스도에 대한 믿음으로 구원을 얻는 사실에 대하여 지식적으로는 안다고 할지라도 마음은 멀어져 있다. 예수님이 우리 대신 죽으심으로 인류의 모든 죄를 해결하셨으나 마음으로 이를 온전히 깨닫지 못해 다시 율법적 행위들을 강조함으로써 마치 헌 부대에 새 포도주를 담고 있는 격이다. 그래서 단번의 제사로 영원한 속량을 이루시고 이를 믿는 자들을 의롭게 여기사 구원을 얻는 그리스도 진리의 실체가 점차 퇴색해져 간다.

그들은 예수님이 다 이루신 일을 오직 믿음으로—칼빈의 주장처럼, 과거는 물론이요 현재와 미래에 지을 죄까지 대속하셨지만—모든 죄로부터 속량을 얻는 사실에 대한 이해와 절대적 믿음이 부족하다. 그래서 그리스도의 대속에 대한 믿음의 한계가 과거에 지은 죄의 구속에 국한되어, 많은 성도들이 신앙생활이 구원의 확신 없이 애매하고 모호한 가운데 종교적 행위만 강요되는 실정이다. 십계명 준수와 십일조 이행 등의 율법적 행위를 통해 구원이 완성되는 것처럼 하나님 의義의 개념에 대한 이해조차 흐릿해진 상태인 것이다.

이의 회복을 위해서는, 무엇보다 먼저 인류의 온 세대의 모든 죄에 대하여 예수님이 십자가 위에서 단번의 희생 제사로써 온전히 대속하신 사실을 분명하게 알아야 한다. 그리고 부활하사 이를 믿는 자들에게 하나님의 의를 거저 얻게 하신 그리스도의 참 사랑이 마음으로 깨달아질 때, 그 영혼이 진정으로 거듭나서 하나님 아버지의 품에 안길 수 있는 것이다.

우리가 집을 건축할 때도 가장 중요한 것은 기초를 튼튼히 하는 일이다. 반석 위에 견고하게 세워진 집은 아무리 창수漲水가 나도 무너지지 않고 피해를 입지 않는다. 성도들의 신앙도 그 기초를 반석 위에 올바르고 튼튼하게 세우는 일이 무엇보다 중차대하다. 이때 반석은 예수 그리스도를 상징한다. 성도들의 신앙생활이 반석 위에 세워질 때 어떠한 환난과 역경에도 흔들리지 않고 그리스도만을 의지하며 안전하게 세상을 향해해 나갈 수 있다.

이를 위해, 예수님의 말씀처럼 먼저 '하나님 나라와 그의 의'를 구함으로써 성령을 받고 거듭나야 한다. 그리고 모퉁잇돌(그리스도) 위에 자신의 믿음을 고정시키고 자기의 모든 삶을 그 위에 올려놓아야 한다. 그래야 하나님으로부터 오는 영원한 생명력으로 사방에서 밀려오는 시험을 능히 이겨낼 수 있다.

또한 오직 그리스도의 속량에 대한 믿음과 함께 은혜로써 구원받는다는 사실로 천국의 소망을 삼고 그리스도의 장성한 분량까지 자라는 것이 삶의 방향이 되어야 한다. 이런 성도들이야말로 성령을 좇아 살아감으로 세상을 이기며 하나님의 뜻을 행하는 자들에 속한다 하겠다.

그리스도에 대한 믿음의 유형은 크게 두 종류로 나눌 수 있다. 하나는 그리스도의 속량을 마음속에 깨달아 믿음으로 하나님의 의를 득得한 자(그리스도의 생명으로 거듭나 반석 위에 집을 짓는 자)들이다. 또 다른 하나는 말씀을 듣고 보아도 그리스도의 속량의 참뜻을 깨닫지 못해 정신적 지식으로만 아는 설익은 자(거듭나지 못하고 모래 위에 집을 지은 자)들이다.

남녀 간의 애정도 전자의 경우처럼 머리로만이 아닌 마음이 연합될 때 진정한 사랑이 이루어진다. 하나님 사랑의 증표인 복음도 지적 수준을 넘어 마음으로 깨달아져 믿어질 때 그리스도의 신부로서 반석 위에 세워진 참 믿음이라 할 수 있다. 이때 비로소 그가 하나님의 의를 얻어 은혜의 선물로 성령을 받음으로써 그 열매를 맺을 수 있게 된다.

최근에 하나님을 모독하는 망언과 성령의 본체임을 자인하는 등 이단적 행태를 보이는 교회의 수장과 그를 추종하는 무리들이 있었다. 그들에게서 정치적 신념(자기의 의) 외에 마땅히 내 이웃을 사랑하는 성령의 열매를 찾아보기 어렵다. 그리스도인으로서 비상식적인 그들의 행태들에 대해 쉽게 이해가 되지 않지만 좀 더 들여다보면 그 이유는 간단하다. 후자의 경우처럼 모래 위에 집을 지어 사탄에게 미혹되었기 때문이다.

그런 자들은 신앙을 빙자하여 자기의 이익을 추구하고 분열과 혼란을 조장할 뿐이다. 그들이 진정 구원을 얻어 하나님 앞에 서기 원한다면 그리스도의 복음에 대해 더욱 깊이 성찰하고 진심으로 자복하고 회개해야 할 것이다.

우리는 신앙생활을 하며 성경에 기록된 말씀에 대해 이해를 달리하며 논쟁하는 경우를 종종 보게 된다. 이때 자기의 주장하는 바가 성경 전체적인 말씀에 비추어 상호 충돌하지 않은 하나님의 참뜻인지, 아니면 자기만의 생각인가를 반드시 점검해야 한다. 또 참 지혜를 주시는 성령께 깊이 여쭤보며 묵상하는 자세를 절대 견지해야 한다. 성경을 단순히 한두 구절만 가지고 하나님의 뜻인 양 말하는 것은, 작게는 본질에서 벗어난 주장이 될 수 있고, 크게는 이단적 집단에 빠져들 수 있다.

그러므로 단편적, 지엽적 성경 해석을 지양하고 통전적統全的 해석 원리(성경 전체 또는 앞뒤 단락의 문맥을 살펴서 문장이 뜻하는 바를 설명하는 것)를 따라야 한다. 그래야 전문을 숲에 비유할 때 나무만 보고 자기만의 상상으로 숲을 잘못 그리는 우愚를 범하지 않는다. 또 거기에 담긴 내용들에 대한 올바른 이해를 통해 하나님의 깊고 오묘하신 사랑을 훨씬 더 풍성히 깨달을 수 있을 것이다.

특히 성경을 이해하는 데 있어서 항상 유의할 점은 시대적 구분에 따른 시의적時宜的 안목이다. 즉 역사적 배경에 따라 3등분—첫 언약이었던 율법에 따른 구약시대, 십자가 사건을 통해 하나님의 의를 이루고자 오신 성자시대, 그리고 생명의 성령의 법이 주관하는 복음의 신약시대—하여 거기에 합당한 시각에서 바라보아야 한다. 예수님은 온 인류의 구원을 위해 율법시대에 나서서 단번의 희생 제사를 드리시고 율법의 마침이 되셨다. 그리고 서기관과 바리새인들이 지배하는 율법사회의 유대인들에게 낯선 팔복과 더불어 천국에 관한 복음을 전해야 하셨다.

이때 전하시려는 복음의 요점은, 그들이 율법에서 벗어나 먼저 '하나님 나라와 그의 의'를 구하도록 하는 일이었으며, 나아가 성령을 받고 거듭나 죄 사함의 은혜를 누리며 천국의 소망을 갖게 하는 것이었다. 따라서 율법(구약시대)과 복음(신약시대)의 구분은, 그리스도의 십자가 사건을 정점으로 하여 하나님의 경륜에 따라 구원의 역사를 이루시는 핵심적 사항이다. 성자시대의 예수님은 하나님이 바라시는 바 의를 이루시기 위해 율법의 마지막이 되신 것이다.

이러한 시대적 배경을 간과한 해석은, 예수님의 본래의 의도에서 벗어나 중언부언하는 이른바 주술적 주기도문을 암송하는 결과를 초래하였다. 그러나 우리는 산상보훈에 대한 올바른 이해를 통해, 복음의 본질인 사람의 행위로 절대 이룰 수 없는 하나님의 의를 깨달아 믿음으로 거저 얻으며 하나님 나라의 진수를 미리 맛볼 수 있다. 항상 모든 성경 말씀을 서로 충돌 없이 논리적, 통전적으로 이해하고자 관심을 가질 때 참 복음을 더 가까이 깨달을 수 있다고 하겠다.

죄와 사망의 법에서 벗어나게 하신 그리스도를 오직 믿음으로 의지할 때, 우리는 성령의 임재 가운데 동거동락의 기쁨 속에서 참된 의와 평강과 희락을 누리게 된다. 그리고 바울의 말처럼, 우리가 하나님에 대하여 살기 위해서는 율법에 대해 멀어지고 진리의 영이신 성령을 좇아 살아야 한다. 따라서 교회 지도자들은 마땅히 성도들이 율법에서 벗어나 그리스도와 연합하여 성령을 좇는 삶이 되도록 안내하는 것이 참된 복음 전도의 방향임을 절대 망각하지 말아야 한다.

또한 교회들은 중세 이후 종교개혁가들의 주장 가운데 성경과 일치하는 부분들은 잘 받아들여야 하지만, 비성경적인 잘못된 견해에 집착하는 것을 경계해야 한다. 하나님의 말씀을 자꾸 왜곡시키고 변질시키는 것은 누구의 계략이겠는가? 성경에 우선하여 그들의 주장에 무조건 맹신하는 행태는 사탄이 좋아하는 우상을 따르는 자들과 다를 바 없다. 하나님 말씀의 뜻과 차이가 있거나 다른 견해들에 대해서는 과감히 버리는 자세가 필요하다. 즉 항상 말씀의 본질을 깨닫는 데 있어서 'Standard The Bible'의 자세를 확실히 견지해야 한다. 이것이야말로 성경을 이해할 때, 입으로만 말씀 기준이 아닌 참된 말씀주의의 길이다.

오늘날 일부 교회들은 그리스도의 진리는 뒷전이고 세상의 편협한 정치관에 편승하여 기독교적 허울을 살짝 입혀서 왜곡된 정의를 형성하는 데 앞장서고 있다. 이 행태들은 사탄이 교회에 잠입하여 복음의 가치와 의미를 훼손하려는 술책이다. 마귀는 우는 사자와 같이 삼킬 자를 두루 살핀다고 하였다. 참 진리와 예배가 무엇인지 아는 성도들은 그러한 모습들이 거북스럽고 가슴 아픈 일이 아닐 수 없다.

하나님께 순종한다는 의미는 언약의 말씀인 복음을 올곧게 믿는 일이요, 또 그리스도에 대한 사랑을 맛보며 성령 안에서 참된 말씀주의의 길을 걷는 일이다. 이때 비로소 산상보훈 가운데 감춰진 그리스도의 진리를 온전히 깨닫고 생명수 강가에 머물 수 있게 될 것을 확신한다.

그렇지만 사람은 마음에 거하는 죄성으로 인해 세상에서 스스로 완전하게 살아간다는 것은 불가능한 일이다. 부족할지라도 하나님의 은혜로 이신

득의以信得義한 자로서, 오직 우리 안에 사신 그리스도께 의지하면서 성령 충만함을 구하며 하나님의 영광을 위해 세상에서 소금과 빛의 사명자로서 살아가는 것이다.

실로 산상보훈 전문을 통해 예수님은 십자가의 대속에 대한 직접적 언급은 하지 않으셨다. 하지만 '먼저 그의 나라와 그의 의를 구하라'(6:33)는 대명제적 교훈은 그리스도의 속량을 암시하는 대목이 틀림없다. 이는 오직 성령 안에서 이루어지며, 성령은 그리스도의 속량을 믿음으로 거듭난 자들의 마음에 오시기 때문이다. 따라서 성도들은 인류의 모든 죄짐을 지고 죽었다 부활하신 그리스도의 사랑을 믿는 자들에게 선물하신 성령을 감사함으로 좇는 복된 삶이 되어야 한다(7:11).

하나님이 이스라엘 백성에게 광야에서 매일 만나를 내려주신 것처럼, 성령을 통해 일용할 생명의 양식이 되어 주심으로써 매 순간 그분께 의지하며 살아갈 수 있게 해주셨다. 오늘도 하나님은 모든 인류가 그렇게 살아가길 간절히 원하신다. 그러므로 성도들은 자기의 힘을 비축해둔 삶이 아닌, 오직 그리스도만을 의지하는 삶 가운데 성령 충만함을 구해야 한다. 이때 부어주시는 생수로서 영적 양식(성령)을 마실 때 높아진 율법의 요구를 이루게 되며 그리스도의 생명력이 삶 속에 나타나게 될 것이다. 이것이 성도로서 삶의 비결이다.

마태복음 5장부터 7장에 기록된 이른바 산상보훈은, 예수님이 자기를 따르는 많은 무리들에게 율법의 마침으로서 자신의 희생 제사를 앞둔 시기에 강론하신 말씀들이다. 여기에는 율법 사회를 살아가고 있는 그들을 향해 천국 시민의 자격과 그리스도 구속의 진리에 대한 믿음의 올바른 방향성이 심도 있게 담겨있다. 그리고 천국 복음을 대주제로 가르치신 진주처럼 보배롭고 영롱한 교훈들이다. 이는 여덟 가지의 복을 통해, 인류의 구원을 위해 사람의 행위로 이룰 수 없는 '하나님 나라와 그의 의'에 대한 절대적 당위성을 깨닫게 하신다.

얼마 후에 친히 십자가 위에서 단번의 희생 제사를 드리시고 부활하사, 이를 믿는 자들에게 '하나님의 의'를 거저 얻게 하심으로 구원의 은혜를 누리게 하셨다. 또한 승천하신 후 일용할 생명의 양식으로서 좋은 것(성령)을 보내주셔서 성도들의 마음에 '하나님의 나라'가 이루어졌다. 그러므로 성도들이 그리스도 안에서 마르지 않는 생수(성령)를 마시며 살아갈 수 있으며 아울러 하나님의 뜻에 따라 반석(그리스도) 위에 집을 지은 복된 천국 시민권자로서의 은총을 입게 된 것이다.

한편 그리스도의 대속의 사랑을 외면하고 자기 행위로 의를 이루려는 자들은 하나님 앞에 불법을 행함으로 모래 위에 집을 짓는 격이다. 자아(혼)는 내 중심을 차지한 가짜 왕으로서 자아실현은 이 땅에서 육적인 삶을 살아가는 자들의 지향점일 뿐이다. 육적 자아가 주인인 자들은 모래 위에 지은 집처럼 각종 환난이나 어려움이 닥칠 때 결국 무너져 버린다.

육안에 보이지 않는 영생의 세계가 실재하므로, 사람이 진정 추구해야 할 것은 영안으로 느낄 수 있는 영원한 본향인 천국이다. 하나님의 형상을 닮은 사람은 영과 혼과 몸으로 이루어져 있어 더럽혀진 영으로는 이 영적 세계인 하나님의 나라에 들어갈 수 없다.

그래서 죄와 사망의 길인 무익한 이전 것들에서 벗어나 그리스도의 아가페적 사랑을 오직 믿음으로 하나님의 의를 거저 얻어 반석 위에 거듭난 새 생명의 집을 건축해야 하는 것이다. 이를 위해 필자는 본서를 통해 예수님이 강론하신 전문의 본래 참뜻을 성경적, 시대적, 통전적 관점에서 새롭게 조명하였다.

필자는 어릴 적 두 가지—사후 세계인 천국에 대한 진리를 온전히 깨닫고(천국을 향한 목표성), 또 이 땅에서 복음으로 바르게 살아가는 길을 아는 것(세상에서의 방향성)—작은 꿈이 있었다. 놀랍게도, 하나님의 은총으로 어른이 되었을 때 이 소망들을 두 권의 책에 담을 수 있게 되었다. 하나는 목표성을 담아 기 집필한 『알기 쉬운 요한계시록』에, 다른 하나는 방향성을 담아 집필한 본서인 『알기 쉬운 산상보훈』이다. 열네 살 꿈을 품은 때로부터 희년이 되는 오십 년째인 지금, 주님이 주신 소명에 따라 결실을 보게 된 것이다. 이 모든 것이 하나님의 권능의 역사로서 사람이 계획할지라도 발걸음을 인도하시는 분은 주님이심을 깨달을 수 있어 참으로 기쁘다.

이 책을 통해 많은 성도들이 초등학문인 율법 조문에 매이는 삶에서 해방되고, 항상 그리스도만을 의지함으로 성령 안에서 의와 평강과 희락이 가득한 하나님 나라에 머물 수 있기를 바란다. 나아가 더욱 풍성한 생명수를 맛봄으로써 그리스도와 동행하는 복된 삶의 여정이 되기를 간절히 소망한다. 끝으로, 나의 소망을 이루게 해주신 아버지 하나님께 감사와 영광의 찬양을 올려 드리며, 이 책을 출판하면서 산고를 함께하신 베드로서원 방주석 대표님을 비롯한 임직원들과 퇴고를 도운 아내에게 감사하는 바다.

일러두기

○ 예수님이 전달하시려는 메시지를 바르게 알 수 있도록, 산상보훈 전체(마태복음 5~7장)를 하나의 긴 문장으로 간주하고 이에 대해 논리적 관점에서 분석·정리하는 데 주안점을 두었다.

○ Ⅰ부는 전문 가운데 핵심 구절들을 파악함으로써 중심사상의 흐름을 쉽게 이해할 수 있도록 도왔고, 핵심 단어인 '좋은 것'(7:11)에 관한 본질적 의미를 살펴보았다. 그리고 전문의 조직 구성에 대한 이해를 위해 편의상 논지의 도입, 전개, 절정, 결말로 접근하여 설명하였다.

○ Ⅱ부는 전문에 대해 몇 구절씩 구분하여 알기 쉽게 상세히 해설하였으며, 설명 부분에 각주를 달아 성경에 대한 통전적 해설이 되도록 최대한 노력하였다.

○ Ⅲ부에서는 그리스도의 복음에 관한 명확한 이해를 위해, 중세 이후 나타난 종교개혁가들의 주장에 대한 주요 부분들을 요약하여 성경에 방점을 두고 비교·분석하여 살펴보았다.

○ 혼동하기 쉬운 하나님의 아들들, 율법의 완성, 심판, 그리스도의 장성한 분량, 주님의 기도, 하나님의 의, 거듭남, 성령이 주시는 유익, 올바른 성경적 내세관, 그리고 영과 혼과 몸 등에 대해 그 의미들을 오직 성경을 기준으로 정리하였다.

○ 본서의 해설에 나타나는 칠년대환난, 성도추수, 천년왕국 등 고유명사적 단어는 붙여쓰기 하였다.

○ 해설 내용 가운데 '전문'은 산상보훈의 전체 문장을 가리킨다. 또 '본문'은 단락별 설명 대상이 두 구절 이상일 때, '본절'은 한 구절일 때를 말한다.

○ 산상보훈의 성경 구절은, 편의상 한국교회들이 많이 읽고 있는 개역개정본을 수록하였으며 권(마) 표기를 생략하였다.

○ 바울이 "내가 율법으로 말미암아 율법에 대하여 죽었나니 이는 하나님에 대하여 살려 함이라"(갈 2:19)고 하였듯이, 구약시대의 율법은 신약시대의 복음과 대비되는 중요한 개념이다. 그래서 율법에 대한 바른 이해를 고취시키고자 613가지의 모든 율법을 마지막 부록 편에 수록하였다.

목 차

I 산상보훈 구성 이해

성경은 단편적, 지엽적 사고보다 전체적 맥락에서의 이해가 중요하며 바로 이러한 통전적 접근을 통해 바른 해석을 낳는다. 따라서 산상보훈의 해설에 들어가기에 앞서, 전문의 구성 체계를 논리적으로 이해할 수 있도록 세 가지 관점에서 살펴보았다. 즉 1장은 핵심구절의 흐름에 대해 분석하고, 2장은 키 워드라 할 수 있는 '좋은 것'에 관하여 살펴봄으로 면면히 흐르는 그리스도의 중심사상을 조명하였다. 그리고 3장은 편의상 한 편의 드라마에 비유하여 논지의 도입, 전개, 절정, 결말로 구분하여 조직의 구성에 대한 이해를 도왔다.(각 장별로 전문 구성의 분석을 위한 조명 방향이 달라 부분적으로 중복이 불가피한 점에 대해서 독자들의 양해를 바란다.)

1. 핵심 구절의 흐름

산상보훈의 대주제는 천국 복음의 전파다. 전문 가운데 그리스도의 중심 사상이 담긴 핵심 구절과 그 뜻을 먼저 깨달을 때 강론하신 말씀들 속에 이어져 흐르는 하나님 나라의 생명수를 온전히 발견하게 될 것이다. 따라서 주요 구절의 흐름을 아래 〔그림 I - 1〕과 같이 도식화하고 그 내용들을 살펴봄으로써 예수님이 전파하시려는 의도들을 더욱 쉽고 분명하게 파악할 수 있도록 하였다.

1) 팔복과 천국 복음 메시지 (5:3-10) ⇨ 2) 율법의 완성 예고 (5:17) ⇨ 3) 하나님 의의 필요성 함의 (5:20)

⇨ 4) 생명의 양식과 속죄기도 교훈 (6:11-12) ⇨ 5) 하나님 나라와 그의 의 간구 (6:33) ⇨ 6) 좋은 것(성령)을 주심 (7:11)

⇨ 7) 하나님의 뜻대로 행함 (7:21) ⇨ 8) 반석(그리스도) 위에 지은 집 (7:24)

〔그림 I - 1〕

1) 팔복과 천국 복음 메시지

(5:3-10)

심령이 가난한 자는 복이 있나니 천국이 그들의 것임이요 애통하는 자는 복이 있나니 그들이 위로를 받을 것임이요 온유한 자는 복이 있나니 그들이 땅을 기업으로 받을 것임이요 의에 주리고 목마른 자는 복이 있나니 그들이 배부를 것임이요 긍휼히 여기는 자는 복이 있나니 그들이 긍휼히 여김을 받을 것임이요 마음이 청결한 자는 복이 있나니 그들이 하나님을 볼 것임이요 화평하게 하는 자는 복이 있나니 그들이 하나님의 아들이라 일컬음을 받을 것임이요 의를 위하여 박해를 받은 자는 복이 있나니 천국이 그들의 것임이라

'여덟 가지의 복'은 서로 무관하지 않고 순서에 따라 점진성을 띠며, 처음과 마지막 복은 천국 복음에 대한 직접적 메시지다. 그리고 전반부는 겸손(자기 발견), 애통, 온유(믿음), 의를 사모하는 네 가지 신앙의 과정들을 통해 하나님 의에 대한 절대적 필연성이 대두된다. 이어 후반부에서 의를 얻어 그리스도인이 된 후에 마땅히 행해야 할 긍휼, 청결, 화평, 고난의 네 가지 아름다운 덕을 교훈하신다.

2) 율법의 완성 예고

(5:17)

내가 율법이나 선지자를 폐하러 온 줄로 생각하지 말라 폐하러 온 것이 아니요 완전하게 하려 함이라

예수님은 토라(율법 또는 모세오경)나 예언서를 폐하기 위해 온 것이 아니요, 그 궁극의 목표인 '하나님의 의'를 그리스도의 구속을 믿는 자들에게 오롯이 선물하고자 이 땅에 오셨다.[1] 다시 말해 구약시대 선지자들이 예언해 온 죄 사함의 은총을, 사람의 행위가 아니라, 예수님이 친히 십자가 위에서 단번에 대속의 희생 제사를 드린 후 다시 살아나신 일을 믿는 자들에게 은혜로써 완성하신다는 의미다.

3) 하나님 의의 필요성 함의

(5:20)
내가 너희에게 이르노니 너희 의가 서기관과 바리새인보다 더 낫지 못하면 결코 천국에 들어가지 못하리라

서기관과 바리새인들은 당시 유대사회에서 율법에 대한 해박한 지식으로 그것을 외형적으로 지키면서 의로운 삶을 살아가기 위해 애쓰는 자들이었다.[2] 하지만 그들의 대부분은 율법(사람)의 행위로는 절대 하나님의 거룩하신 의에 이를 수 없다는 사실을 간과하고 있었다. 오직 그리스도의 속량을 믿을 때만, 사람의 행위를 통해 얻는 의보다 훨씬 탁월한 '하나님의 의'를 거

---

1 마 5:17 "내가 토라나 예언서를 폐하러 왔다고 생각하지 마라. 폐하러 온 것이 아니라 이루려고 왔다"(헬라어직역성경 허성갑).

2 마 23:23 "서기관들과 바리새인들, 위선자들아, 너희에게 화가 있을지어다! 너희가 박하와 회향과 근채의 십일조는 바치되 율법의 더 중대한 문제인 판단의 공의와 긍휼과 믿음은 무시하였도다. 너희가 마땅히 이것들을 행하였어야 하거니와 다른 것도 행하지 않은 채 내버려 두지 말아야 하느니라"(KJV흠정역 정동수).

저 얻음으로써 천국에 들어갈 수 있는 것이다. 따라서 본절은 인류의 구원을 위해서 하나님의 의가 절대 필요함을 시사한다.

예수님은 자기를 부인하고 자기 십자가를 지고 따르라고 하셨다.[3] 이는 자기가 의를 이룰 수 있다고 생각하는 그릇된 자아관을 버리고, 그리스도의 십자가 대속의 은혜를 믿음으로 따르라는 의미다. 모든 인류의 대속을 위해 십자가를 지신 그리스도만이 우리에게 하나님의 의를 얻게 하실 수 있는 진정한 구주시다. 그러므로 성도들은 예수님이 이루신 구원의 은총을 단지 믿음으로 하나님의 임재 가운데 살아가는 복된 자들임을 깨달아야 한다.

4) 생명의 양식과 속죄 기도 교훈

(6:11)
오늘 우리에게 일용할 양식을 주시옵고

'일용할 양식'이 단순히 물질적인 빵bread을 의미한다면, 이방인들이 염려함으로 먹을 것을 구하는 음식이 되어 산상보훈 전문의 말씀 상호 간에 충돌하여 논리상 모순이다(6:31-32). 더욱이 예수님은 먹고 입는 육적인 것들은, 먼저 하나님의 나라와 그의 의를 구할 때 모두 더해 준다고 역설하신다(6:33).

그리스도의 대속과 부활을 믿는 자들에게 성령이 인쳐질 때 하나님의 나

3 마 16:24 "이에 예수께서 제자들에게 이르시되 누구든지 나를 따라오려거든 자기를 부인하고 자기 십자가를 지고 나를 따를 것이니라"

라가 임재하며, 이는 하나님의 의를 얻은 증거가 된다.[4] 나아가 하나님은 성령(좋은 것)을 받은 성도들에게(7:11) 공중 나는 새와 들에 핀 백합을 기르고 입혀 주시는 것처럼 세상적인 모든 것들도 책임져 주시는 것이다. 그래서 성령의 기름부음은 성도들의 일상생활이나 삶의 전 영역에 걸쳐 모든 것을 가르쳐 주고 인도해 주시는 참으로 필요한 일용할 양식이 된다.

그러므로 본절은 육을 위한 빵이 아닌, 영적인 일용할 생명의 양식을 위한 기도로서, 이 양식은 그리스도의 단번의 제사를 기념하는 성찬과[5] 함께 목마른 자들에게 생수로 공급될 성령을[6] 의미한다고 하겠다.(자세한 설명은 Ⅱ부. 6:9-13 주님의 기도 교훈 편 참고)

(6:12)

우리가 우리에게 죄 지은 자를 사하여 준 것 같이 우리 죄를 사하여 주시옵고

아담과 하와가 하나님과 멀어진 이유는, 그들이 하나님께 불순종하여 선과 악을 아는 지식의 나무 열매를 따 먹음으로 죄를 알았기 때문이다. 죄의 속성은 하나님의 거룩성과 온전히 구별되는 것으로 인류는 하나님께 엄청난 죄의 짐을 지게 되었다. 그래서 본절은 우리가 우리에게 죄 지은 자들을

---

4 롬 14:17 "하나님의 나라는 먹는 것과 마시는 것이 아니요 오직 성령 안에 있는 의와 평강과 희락이라"

5 요 6:54-55 "내 살을 먹고 내 피를 마시는 자는 영생을 가졌고 마지막 날에 내가 그를 다시 살리리니 내 살은 참된 양식이요 내 피는 참된 음료로다"

6 요 7:37-39 "명절 끝날 곧 큰 날에 예수께서 서서 외쳐 이르시되 누구든지 목마르거든 내게로 와서 마시라 나를 믿는 자는 성경에 이름과 같이 그 배에서 생수의 강이 흘러나오리라 하시니 이는 그를 믿는 자들이 받을 성령을 가리켜 말씀하신 것이라"

용서하듯이, 하나님께 우리가 짊어지고 있는 죄에 대해 '영원한 속죄'를 간절히 구하라는 의미다.[7] 여기에는 인류로 하여금 하나님의 의를 거저 얻어 생명의 구원(영생)에 이르도록 하시려는 예수님의 거룩한 뜻이 담겨있다.

결국 이 죄의 문제를 해결하고자, 온 인류가 받을 징벌을 대신하여 예수님이 친히 십자가 고난을 겪으시고 부활하사, 이를 믿는 자들을 죄에서 해방하셨다.[8] 그리고 예수님 자신이 우리를 사랑하신 것 같이 우리도 서로 사랑하라는 새 계명을 주신 것이다.

5) 하나님 나라와 그의 의 간구

(6:33)
그런즉 너희는 먼저 그의 나라와 그의 의를 구하라 그리하면 이 모든 것을 너희에게 더하시리라

썩어 없어질 육적인 것들을 위해 염려하지 않고 먼저 '하나님의 나라와 그의 의義'를 구하면 세상적인 모든 것도 함께 더하여 주신다는 뜻이다. 이는 물질적인 빵을 위해 염려할 것이 아니라, 먼저 생명을 위한 영적 양식을 구하면 육을 위해 필요한 것들까지 더하여 주시겠다는 것이다.

우리가 하나님의 구원의 은총을 깨닫고 그리스도를 구주로 영접하여 거

7 마 6:12 "우리에게 빚진 자들을 우리가 용서한 것처럼 우리의 빚진 일들을 용서해주시며"(헬라어직역성경 허성갑).
8 요 1:12-13 "영접하는 자 곧 그 이름을 믿는 자들에게는 하나님의 자녀가 되는 권세를 주셨으니 이는 혈통으로나 육정으로나 사람의 뜻으로 나지 아니하고 오직 하나님께로부터 난 자들이니라"

듭날 때 우리 마음속에 성령이 인쳐지고 하나님의 나라와 더불어 하나님의 의를 얻게 된다. 그러므로 생명의 영적 양식으로 주신 성령을 좇아 살아가는 것이, 곧 좁은 문으로 들어가 하나님 아버지의 뜻대로 행하며 반석 위에 집을 짓는 일이다(7:24). 따라서 본절은 전문 가운데 가장 핵심 문장key sentense이라고 할 수 있다.

6) 좋은 것(성령)을 주심

> (7:11)
> 너희가 악한 자라도 좋은 것으로 자식에게 줄 줄 알거든 하물며 하늘에 계신 너희 아버지께서 구하는 자에게 좋은 것으로 주시지 않겠느냐

하나님께 구하는 자에게 이 세상에서 가장 값지고 '좋은 것'을 보내주심으로써 우리 삶의 전 영역을 돌봐주고 가르쳐주고 인도해 주신다는 예수님의 예언이다.[9] 이는 자신의 단번의 희생 제사와 더불어 부활·승천하신 후 오순절에 우리의 생명의 영적 양식이 될 '성령'을 이 땅에 보내사 이루어주셨다. 따라서 '좋은 것'은 산상보훈 전문 가운데 내재되어 면면이 그 중심에 흐르는 핵심 단어keyword다.(Ⅰ부의 2.좋은 것에 관하여 참고)

---

9 눅 11:13 "너희가 악할지라도 좋은 것을 자식에게 줄 줄 알거든 하물며 너희 하늘 아버지께서 구하는 자에게 성령을 주시지 않겠느냐 하시니라"

7) 하나님의 뜻대로 행함

(7:21)

나더러 주여 주여 하는 자마다 다 천국에 들어갈 것이 아니요 다만 하늘에 계신 내 아버지의 뜻대로 행하는 자라야 들어가리라

히브리서 기자는, 예수님이 온 인류의 죄 사함을 위해 단번의 제사로 자신의 몸을 드리심으로 첫째 것을 폐하고, 둘째 것을 세우시는 일이 곧 하나님의 뜻을 행하는 것이라고 하였다.[10] 여기서 전자는 아론의 반차인 율법을, 후자는 멜기세덱의 반차를 따르는 그리스도의 법을 말한다.[11] 그러므로 신약시대는 무익한 죄와 사망의 법(율법)에서 벗어나, 그리스도 안에서 생명의 성령의 법으로 자유함을 얻어 성령을 좇아 살아가는 성도들이 '하나님의 뜻대로 행하는 자'에 속한다.[12]

---

10 히 10:9-10 "그 후에 말씀하시기를 보시옵소서 내가 하나님의 뜻을 행하러 왔나이다 하셨으니 그 첫째 것을 폐하심은 둘째 것을 세우려 하심이라 이 뜻을 따라 예수 그리스도의 몸을 단번에 드리심으로 말미암아 우리가 거룩함을 얻었노라"

11 롬 10:4 "그리스도는 모든 믿는 자에게 의를 이루기 위하여 율법의 마침이 되시니라"
히 7:11 "레위 계통의 제사 직분으로 말미암아 온전함을 얻을 수 있었으면 (백성이 그 아래에서 율법을 받았으니) 어찌하여 아론의 반차를 따르지 않고 멜기세덱의 반차를 따르는 다른 한 제사장을 세울 필요가 있느냐"

12 롬 8:1-2 "그러므로 이제 그리스도 예수 안에 있는 자에게는 결코 정죄함이 없나니 이는 그리스도 예수 안에 있는 생명의 성령의 법이 죄와 사망의 법에서 너를 해방하였음이라"

8) 반석(그리스도) 위에 지은 집

(7:24)

그러므로 누구든지 나의 이 말을 듣고 행하는 자는 그 집을 반석 위에 지은 지혜로운 사람 같으리니

반석은 그리스도를 비유한다.[13] 그러므로 반석 위에 집을 지은 지혜로운 자는, 그리스도의 속량을 믿음으로 하나님의 의를 얻고 거듭나서 성령을 좇아 살아가는 성도들을 뜻한다. 즉 하나님 아버지의 뜻대로 행하는 자들인 것이다. 반면에 모래 위에 집을 지은 어리석은 자는, 율법주의적 사상으로 자기 행위로 의를 얻으려는, 주님의 이름은 부르지만 거듭나지 못한 부류들이다.

13 고전 10:4 "다 같은 신령한 음료를 마셨으니 이는 그들을 따르는 신령한 반석으로부터 마셨으매 그 반석은 곧 그리스도시라"

2. '좋은 것'에 관하여

앞서, 산상보훈 전문 가운데 핵심 단어는, 예수님이 친히 십자가에서 단번의 희생 제사를 드리고 부활·승천하신 후에 이를 믿는 자들에게 보내주실 '좋은 것'(성령)이라고 한 바 있다(7:11).[14] 여기서는, 한 송이 '국화꽃'을 피우기 위해 봄부터 소쩍새는 그렇게 울었나보다는 시구처럼, 생명의 양식이 될 고귀하고 값진 '성령'을 제자들로 하여금 깨닫도록 하시기 위해 예수님이 다양한 말씀으로 강조하신 주요 내용들을 살펴본다. 이는 아래 〔그림 Ⅰ - 2〕를 통해 보듯이, 문장의 흐름상 '좋은 것'을 중심으로 주요 문맥이 유기적으로 연결되는 것을 발견할 수 있다.

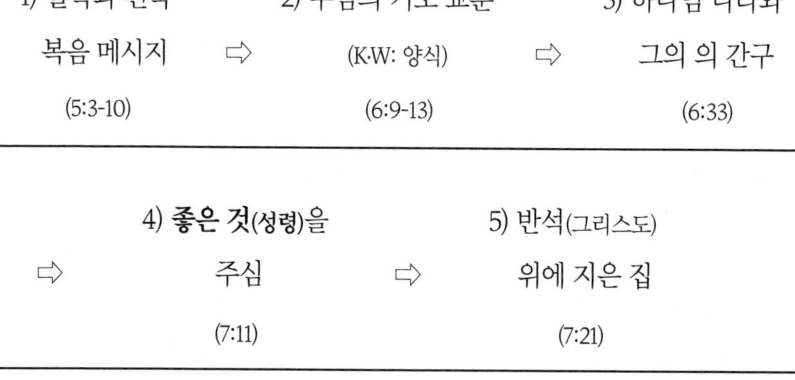

〔그림 Ⅰ - 2〕

14 눅 11:13 "너희가 악할지라도 좋은 것을 자식에게 줄 줄 알거든 하물며 너희 하늘 아버지께서 구하는 자에게 성령을 주시지 않겠느냐 하시니라"

1) 팔복과 천국 복음 메시지

여덟 가지—심령이 가난한 자, 애통하는 자, 온유한 자, 의에 주리고 목마른 자, 긍휼히 여기는 자, 마음이 청결한 자, 화평하게 하는 자, 마지막으로 의(그리스도)를 위하여 박해를 받은 자들이 얻는—참복은, 그리스도의 구속을 믿는 자들이 성령의 인침을 얻고 또 세상 사람들의 박해를 받음으로써, 하나님의 나라와 더불어 하나님의 의를 얻는 증거가 되어 모두 성취된다.[15]

2) 주님의 기도 교훈

예수님은 모든 인류를 구원하고자 이 땅에 오셨으므로 십자가 위에서 죄 사함을 위한 단번의 제사야말로 하나님 아버지의 뜻을 이루시는 길이었다(6:10). 그래서 주님의 기도(이른바 주기도문)는, 당시 그리스도의 희생 제사를 앞둔 상황에서, 온 인류에게 절실히 필요한 성령의 임재와 더불어 죄 사함의 비전vision이 담겨 있다. 일용할 생명의 양식, 죄의 용서 문제, 시험에 들지 않고 악에서 구하는 것 등 절박한 시대적 상황이 요구하는 바를 기도의 본으로 가르치신 것이다.

이 기도문 가운데 핵심어인 '양식'의 의미에 대해 성경적 관점에 주목해 보기로 한다(6:11). 예수님은 사람이 떡으로만 아니라 하나님의 모든 말씀으로 살아간다고 하셨다.[16] 이에 따라 양식을 '하나님의 말씀'이라고 정의한다

---

15 롬 14:17 "하나님의 나라는 먹는 것과 마시는 것이 아니요 오직 성령 안에 있는 의와 평강과 희락이라"

16 마 4:4 "예수께서 대답하여 이르시되 기록되었으되 사람이 떡으로만 살 것이 아니요 하나님의 입으로부터 나오는 모든 말씀으로 살 것이라 하였느니라 하시니"

면 다소 추상적이다. 그래서 양식에 관한 예수님의 말씀들을 좀 더 자세히 들여다본 결과 두 가지 의미를 찾아볼 수 있었다.

하나는 우리가 영원히 기억해야 할 그리스도의 몸이 참된 양식이요,[17] 다른 하나는 예수님이 우리에게 주시고 영생하도록 있는 양식이다.[18] 전자는 그리스도의 희생 제사를 기억하기 위한 성찬을 뜻하며, 후자는 영생에 이르도록 자라게 하는 신령한 젖으로서 배에서 흘러나오는 생수의 강, 곧 성령을 뜻한다.[19] 그러므로 이 양식은 예수님이 우리를 위해 찢기신 몸과 흘리신 피를 기념하는 성찬과 더불어 목마른 자에게 영적 양식의 생명수로 값없이 공급해 주시는 성령인 것이다. 예수님은 결국 자신이 친히 드릴 단번의 제사 준비와 함께 우리를 고아와 같이 내버려두지 않도록 영원한 생명의 양식으로 보내주실 성령을 바라며 이를 위해 간구하도록 가르치셨다.[20]

결과적으로 이 기도로써, 그리스도의 속량으로 이를 믿는 모든 자들에게 성령을 보내사 하나님 나라가 임재와 함께 하나님의 의가 성취되었다. 따라서 하나님의 뜻이 하늘에서와 같이 이 땅에서도 이루어진 것이다.[21] 또한 성령의 인치심은 그리스도를 믿는 자들로 하여금 죄 사함을 얻어 거듭나게 하

---

17 요 6:54-55 "내 살을 먹고 내 피를 마시는 자는 영생을 가졌고 마지막 날에 내가 그를 다시 살리리니 내 살은 참된 양식이요 내 피는 참된 음료로다"

18 요 6:27 "썩을 양식을 위하여 일하지 말고 영생하도록 있는 양식을 위하여 하라 이 양식은 인자가 너희에게주리니 인자는 아버지 하나님께서 인치신 자니라"

19 벧전 2:2 "갓난 아기들 같이 순전하고 신령한 젖을 사모하라 이는 그로 말미암아 너희로 구원에 이르도록 자라게 하려 함이라"
요 7:38-39 "나를 믿는 자는 성경에 이름과 같이 그 배에서 생수의 강이 흘러나오리라 하시니 이는 그를 믿는 자들이 받을 성령을 가리켜 말씀하신 것이라 (예수께서 아직 영광을 받지 않으셨으므로 성령이 아직 그들에게 계시지 아니하시더라)

20 요 14:26 "보혜사 곧 아버지께서 내 이름으로 보내실 성령 그가 너희에게 모든 것을 가르치고 내가 너희에게 말한 모든 것을 생각나게 하리라"

21 요 19:30 "예수께서 신 포도주를 받으신 후에 이르시되 다 이루었다 하시고 머리를 숙이니 영혼이 떠나가시니라"

시고, 일용할 생명의 양식이 되어 이 세상에서 겪을 모든 시험과 악을 이기게 하셨다. 예수님이 제자들에게 내가 떠나는 것이 너희에게 유익하다고 하신 것도 이 때문이다.[22]

3) 하나님의 나라와 그의 의 간구

하나님의 의義는 그리스도의 속량을 믿는 자들이 보증으로 성령의 인치심을 받아 은혜로 얻어진다. 그리고 하나님의 나라는 성도들의 마음 가운데 보내어진 성령 안에 의와 평강과 희락이 이루어지는 것을 말한다.[23] 따라서 하나님의 나라와 그의 의를 구하는 기도는(6:33), 그리스도의 구속을 믿는 성도들의 마음에 성령이 인쳐짐으로 모두 성취된다(7:11).

4) 좋은 것(성령)을 주심

산상보훈의 핵심어인 좋은 것은, 율법과 선지자의 강령과 같이 이른바 황금률을 이루도록 도우실(7:7,11-12), 목마른 자들에게 생수로서 부어주시는 일용할 영적 양식인 보혜사 성령을 말한다. 이 고귀하고 값진 성령은, 하나님의 나라와 그의 의를 구하고 찾고 두드리는 자들이 예수 그리스도의 속량을

---

22 요 16:7 "그러나 내가 너희에게 실상을 말하노니 내가 떠나가는 것이 너희에게 유익이라 내가 떠나가지 아니하면 보혜사가 너희에게로 오시지 아니할 것이요 가면 내가 그를 너희에게로 보내리니"

23 눅 17:21 "또 여기 있다 저기 있다고도 못하리니 하나님의 나라는 너희 안에 있느니라"
롬 14:17 "하나님의 나라는 먹는 것과 마시는 것이 아니요 오직 성령 안에 있는 의와 평강과 희락이라"

깨닫고 믿을 때 그 마음에 인쳐진다. 그래서 이들은 새 생명을 얻어 거듭나 반석 위에 집을 지은 자로서 하나님의 뜻대로 행하는 성도들에 속해 천국에 입성하는 상급을 얻어 영생복락을 누린다.

5) 반석(그리스도) 위에 지은 집

앞서 말한 대로, 하나님의 뜻대로 행하는 자는 묵은 율법에서 벗어나 생명의 성령의 법을 좇는 자들을 말한다. 즉 예수님이 이루신 속량을 믿음으로 거듭나 죄와 사망의 법에서 해방되어 성령을 따라 살아가는 자들이다. 이들이 곧 하나님의 뜻대로 행함으로 천국에 들어가기에 합당한 반석(그리스도) 위에 집을 지은 자들로서 좁은 문으로 들어가 생명의 길을 걷는 성도들인 것이다(7:14).

3. 전문의 조직 이해

예수님이 강론하신 산상보훈 전체 문장의 조직 구성에 대한 이해를 위해 편의상 한편의 극적 사건으로 접근했다. 그리고 아래 〔그림 Ⅰ - 3〕과 같이 전문을 도입, 전개, 절정, 결말로 구분하여 순서 체계에 따라 주요 내용들을 설명하였다. 구성 흐름에 대한 논리적 이해를 통해 그리스도 교훈의 참뜻을 더 가까이 발견할 수 있을 것이다.

1) 도입	⇨	2) 전개	⇨	3) 절정	⇨	4) 결말
(5:1-20)		(5:21-6:24)		(6:25-7:12)		(7:13-29)

〔그림 Ⅰ - 3〕

1) 도입 : 여덟 가지 참복과 율법의 완성 예고

예수님이 산에 올라 제자들에게 팔복에 대한 가르침으로 이야기가 시작된다. 이 참복은 세상이 주는 육적인 부와 권력과 온갖 향락에 있지 않으며, 오히려 심령이 가난한 자, 애통하는 자, 온유한 자, 의에 주리고 목마른 자, 긍휼히 여기는 자, 마음이 청결한 자, 화평하게 하는 자, 그리고 의를 위해 박해받는 자들이 성령을 통해서 얻을 수 있다. 그래서 너희는 세상에서 맛을 내는 소금이 되고 빛을 사람들 앞에 비춤으로써 착한 행실로 하늘 아버지께 영광을 돌리게 하신다.

또 예수님이 하신 일들을 보고 기존의 율법학자나 선지자들과 다르다고 의심하는 자들에게 율법을 폐하러 온 것이 아니요 완성하기 위해 오셨음을 강조하신다. 그리고 서기관과 바리새인들의 의로는 천국에 갈 수 없다는 사실을 에둘러 말씀하신다. 이는 천국에 들어가려면 사람의 의보다 훨씬 탁월한 절대적 의, 곧 은혜로 얻어지는 하나님의 의義만이 가능함을 시사한다.

우리는 죄 사함을 이루신 그리스도를 오직 믿음으로 율법이 요구하는 바 의를 거저 얻어 거듭난 새 생명으로 영생에 들어가게 된다. 이처럼 율법의 완성은, 사람의 행위로 이룰 수 있는 것이 아니라, 하나님의 아들이신 그리스도의 대속과 부활을 믿는 자들을 속량하심으로써 이루어지는 것이다.[24]

2) 전개 : 하나님의 거룩성과 주님의 기도 교훈

도입부에서 암시된 천국에 입성하는 데 필요로 하는 의에 대한 기준과 하나님의 거룩성을 나타내는 예수님의 교훈들이 구체적으로 전개된다. 여기서 미움, 간음 등에 대한 하나님의 속성들은 서기관과 바리새인들이 지켜왔던 율법에 대한 시각과 현저히 다름을 알 수 있다.

악을 선으로 이겨야 하며, 원수를 미워하지 말고 사랑하라고 하신다. 예수님의 사상은 사람을 미워하는 것도 살인이요, 여자를 보고 음욕만 품어도 간음하는 것이 되어 결국 마음의 상태까지 최고의 선을 지향한다. 또 맹세

24 롬 3:20-24 "그러므로 율법의 행위로 그의 앞에 의롭다 하심을 얻을 육체가 없나니 율법으로는 죄를 깨달음이니라 이제는 율법 외에 하나님의 한 의가 나타났으니 율법과 선지자들에게 증거를 받은 것이라 곧 예수 그리스도를 믿음으로 말미암아 모든 믿는 자에게 미치는 하나님의 의니 차별이 없느니라 모든 사람이 죄를 범하였으매 하나님의 영광에 이르지 못하더니 그리스도 예수 안에 있는 속량으로 말미암아 하나님의 은혜로 값 없이 의롭다 하심을 얻은 자 되었느니라"

하는 그 자체도 악이므로 '예 또는 아니오'라고만 답할 것이요, 억지로 오리를 가고자 하거든 십리를 동행하게 하신다. 그리고 눈은 눈으로, 이는 이로 갚는 율법적 행위를 통해서는 절대 하나님의 의에 이를 수 없음을 보여주신다.

이렇듯 온 율법은 죄를 깨닫게 해줄 뿐, 사람의 행위로는 하나님이 원하시는 의에 절대 이를 수 없음을 알 수 있다. 따라서 천국에 들어가기 위한 필수 조건은 반드시 죄에서 해방되고 하나님의 의를 얻어 거듭나야 하는 것이다.

이를 위해 이른바 주기도문으로 제자들에게 기도의 본을 보이신 바, 예수님이 이 기도를 가르치신 시기는 자신이 단번의 제사와 더불어 부활의 몸으로 영광을 받으시기 전인 율법사회였다. 그러므로 율법의 마침으로 오신 예수님은, 당시의 하나님이 가장 원하시는 바가 무엇인지를 이 기도에 담으셨다. 이는 바로 인류에 대한 죄의 문제를 해결하고 영생을 얻도록 하는 것이었다.

즉 하늘에서와 같이 땅에서도 하나님의 뜻이 이루어지도록 죄 사함과 참 평화를 바라며, 사람들의 생명의 영적 양식이 될, 그리스도의 희생 제사와 더불어 성령의 인치심을 원하는 간구다. 따라서 주님의 기도는 예수님이 몸소 드릴 제사를 위한 예비 기도의 성격이다. 그리고 그 시대 온 인류에게 가장 중차대한 죄로부터의 해방을 위해 하나님께 구할 바를 제자들에게 가르치신 심쿵한 기도다.

이 기도는 그리스도의 단번의 제사와 함께 부활 · 승천하신 후 이를 믿는 자들에게 오순절에 성령을 보내심으로 모두 이루어졌다.[25] 이후 우리 성도

25 히 7:27-28 "그는 저 대제사장들이 먼저 자기 죄를 위하고 다음에 백성의 죄를 위하여 날마다 제사 드리는 것과 같이 할 필요가 없으니 이는 그가 단번에 자기를 드려 이루셨음이라 율법은 약점을 가진 사람들을 제사장으로 세웠거니와 율법 후에 하신 맹세의

들은 성령을 받고 이미 죄 사함의 은혜를 누리고 있는 상황이다.[26] 그러므로 오늘날 거듭난 성도들이 이 기도를 중언부언 암송하는 것은 적절하지 않아 보인다. 오히려 하나님의 구원의 은혜에 감사드리며 신실한 믿음과 함께 성령 충만함을 더하여 주실 것을 간구함이 마땅할 것이다.

또한 예수님은 누구나 구제할 때, 기도할 때, 금식할 때 사람들에게 잘 보이려고 하는 위선적 행동을 하지 말라고 하신다. 그리하면 오직 은밀한 중에 보시는 하나님이 갚으신다는 것이다. 또 하나님과 재물을 겸하여 섬기지 못하도록 하시는 바, 보물은 좀이 먹지 않는 하늘 창고에 쌓아 상급으로 이어지게 함이 참 지혜자의 삶이라 하겠다.

더 높아진 율법의 본질적 요구에 이르려면 하늘 아버지의 온전함 같이 우리도 마땅히 온전해야 한다. 하지만 사람의 행위, 곧 자기의 의로는 아무리 잘한다 할지라도 하나님 앞에 2% 부족한 의로써 천국에 이를 수 없는 자격 미달이 아니겠는가? 그래서 오직 그리스도를 구주로 믿음으로써 하나님의 의를 얻는 절대적 대속의 은혜가 우리에게 절실히 필요한 것이다.

3) 절정 : 하나님 나라와 그의 의 성취

전문 가운데 클라이맥스 장면으로서, 예수님은 무엇을 먹을까 무엇을 입을까 염려하지 말고 먼저 하나님의 나라와 그의 의를 구하라고 역설力說하신다(6:33). 이는 우리가 영에 속한 하늘의 것을 구할 때 좋은 것(성령)을 보내

말씀은 영원히 온전하게 되신 아들을 세우셨느니라"

26 롬 10:9-10 "네가 만일 네 입으로 예수를 주로 시인하며 또 하나님께서 그를 죽은 자 가운데서 살리신 것을 네 마음에 믿으면 구원을 받으리라 사람이 마음으로 믿어 의에 이르고 입으로 시인하여 구원에 이르느니라"

주시고(7:11), 하늘 아버지께서 공중 나는 새나 들에 핀 백합화를 먹이고 입히시는 것처럼 육에 속한 세상적 일까지 돌보아 주신다는 의미다.

이 땅에서의 '하나님의 나라'는 오직 성령을 통해 우리 마음속에 이루어지는 의와 평강과 희락의 나라를 뜻한다.[27] 그리고 '하나님의 의'는 이신칭의以信稱義, 즉 그리스도를 구주로 믿을 때 성령의 인치심으로 거저 얻어지는 의를 말한다. 따라서 하나님의 나라와 그의 의는, 그리스도를 구주로 믿는 자가 생명의 영적 양식인 좋은 것(7:11), 곧 성령을 받을 때 그 안에 이루어진다.

성령의 인치심은, 목마른 자들에게 부어주시는 일용할 영적 양식으로서, 생수처럼 절대적으로 필요한 것을 보내주시겠다는 예수님의 예언의 성취이기도 하다.[28] 이로써 사람의 마음속에 하나님의 나라와 그의 의가 이루어지면 영이 새롭게 거듭나 새 생명으로 참 자유 안에서 영생의 길을 걷게 된다. 영에 속한 자가 되어, 육을 위해 무엇을 먹을까 입을까 염려하지 않고, 그리스도와 동행하며 성령 안에서 의와 평강과 희락의 삶을 누리는 것이다.[29]

따라서 이 장면은, 그리스도의 속량으로 생명의 성령의 법(영)이 죄와 사망의 법(육)에서 우리를 해방하였다는 바울의 말과 일맥상통하는 복음의 요체

---

27 눅 17:20-21 "바리새인들이 하나님의 나라가 어느 때에 임하나이까 묻거늘 예수께서 대답하여 이르시되 하나님의 나라는 볼 수 있게 임하는 것이 아니요 또 여기 있다 저기 있다고도 못하리니 하나님의 나라는 너희 안에 있느니라"

28 요 7:37-39 "명절 끝날 곧 큰 날에 예수께서 서서 외쳐 이르시되 누구든지 목마르거든 내게로 와서 마시라 나를 믿는 자는 성경에 이름과 같이 그 배에서 생수의 강이 흘러나오리라 하시니 이는 그를 믿는 자들이 받을 성령을 가리켜 말씀하신 것이라 (예수께서 아직 영광을 받지 않으셨으므로 성령이 아직 그들에게 계시지 아니하시더라)

29 갈 5:16 "내가 이르노니 너희는 성령을 따라 행하라 그리하면 육체의 욕심을 이루지 아니하리라"

가 된다.[30] 하나님은 성령의 기름부음을 통해 성도들에게 모든 것을 가르치고 인도해 주시며 상담자로서 참 지혜를 주시고 삶의 전반을 도우실 것이다.[31]

또한 예수님은 남을 비판하지 말고, 형제의 조그만 잘못을 보려 하지 말며 자기의 큰 잘못된 점을 깨닫고 구하라, 찾으라, 그리고 문을 두드리라고 하신다. 그래서 하나님이 보내주신 성령(좋은 것)을 좇아 행함으로, 이른바 황금률인 남이 나에게 해주기를 바라는 대로 내가 먼저 행하는 삶이 되어야 한다. 이것이 바로 율법과 선지자들이 가르치는 강령의 참뜻이다.

4) 결말 : 반석 위에 집을 지은 자의 천국

전문의 결말 부분으로, 예수님이 천국은 주님의 이름을 반복하여 부른다고 가는 곳이 아니라 하나님의 뜻대로 행하는 자들의 소유임을 강조하신다. 생명의 문은 좁고 협착하지만 실제로는 평안의 길이요 시온의 대로다. 자기 의로써 모래 위에 지은 집은 조그만 시험에도 무너져 버리지만, 반석이신 그리스도 위에 세운 집은 온갖 환난과 역경에도 흔들리지 않는다.

후자의 반석 위에 집을 지은 자가 곧 율법에서 벗어나 생명의 성령의 법을 따라 살아가는 지혜로운 자들로서 하나님의 뜻대로 행하는 자들이다. 이들이야말로 하나님의 사랑의 표징인 그리스도의 보혈의 공로를 깨달아 믿

---

30 롬 8:1-2 "그러므로 이제 그리스도 예수 안에 있는 자에게는 결코 정죄함이 없나니 이는 그리스도 예수 안에 있는 생명의 성령의 법이 죄와 사망의 법에서 너를 해방하였음이라"

31 요일 2:27 "너희는 주께 받은 바 기름 부음이 너희 안에 거하나니 아무도 너희를 가르칠 필요가 없고 오직 그의 기름 부음이 모든 것을 너희에게 가르치며 또 참되고 거짓이 없으니 너희를 가르치신 그대로 주 안에 거하라"

음으로 하나님 의에 이르고 거듭나 성령과 더불어 살아가는 천국 시민권자로서의 성도들인 것이다.

하지만 거짓 선지자는 양의 탈을 쓴 이리로서 오늘날 이단, 사이비를 비롯한 율법주의적인 거짓 목자들을 가리킨다. 나쁜 나무에서 좋은 열매를 얻을 수 없으므로 성도들은 열매를 보고 그들을 구별할 수 있어야 하며, 그들의 달콤한 언행과 위선에 속지 말아야 한다.

결론적으로 전문을 통해 예수님이 역설하시는 요점은, 먼저 하나님의 나라와 그의 의를 구함으로써 거듭나서 새 생명을 얻으라는 것이다. 이때 보내주시는 생명의 양식인 성령을 따라 살아가는 것이 천국을 향해 가는 길이다. 이제 성도들은 옛 계명인 묵은 율법의 틀에서 벗어나 그리스도 안에서 자유의 율법인 생명의 성령의 법을 좇으며, 새 계명에 따라 서로 사랑하며 세상에서 거룩한 빛과 소금이 되어야 한다. 끝으로 예수님은 천국을 향한 제자들의 흔들리지 않는 삶의 여정을 위해 반석 위에 집을 지은 자들이 되기를 바라며 강론을 마치신다.

Ⅱ 산상보훈 본문 해설

예수님이 강론하신 산상보훈의 중심 주제는 천국 복음의 선포다. 이를 위해 여덟 가지의 참복 소개와 함께 율법의 주요 내용들에 담긴 참 정신을 일깨워 주신다. 그리고 먼저 하나님 나라와 그의 의를 구함으로써 일용할 생명의 양식을 얻고 반석이신 그리스도 위에 집을 지을 것을 역설하신다. 다시 말해 그리스도의 속량을 위한 십자가 희생 제사를 앞두고, 묵은 율법에서 벗어나 성령을 좇아 살아가는 것이 천국을 향해 가는 하나님의 뜻대로 행하는 자임을 깨우쳐 주시기 위한 메시지다. 이들에 대한 바른 이해를 돕고자 성경을 기준으로 논리적, 통전적 관점에서 해설하는 데 주력하였다.

1. 마태복음 5장

본장은 여덟 가지의 참복 소개와 더불어 천국 복음을 선포하신다. 그리고 불완전한 율법으로 인한 하나님 의義의 필요성을 강조하며 율법적 생활의 구체적 예증들로써 유대 사회의 유전遺傳에 따른 거짓된 가르침을 경계하신다. 이 교훈들은 전문 가운데 서론적 성격을 띠고 있다.

(5:1-2)
예수께서 무리를 보시고 산에 올라가 앉으시니 제자들이 나아온지라 입을 열어 가르쳐 이르시되

마태복음 5~7장을 이른바 산상보훈이라고 일컫게 한 구절로 예수님이 산에 올라가 제자들을 가르치시는 장면이다. 모세가 시내산에서 율법을 받은 것처럼, 이 산에서, 율법의 완성과 하나님의 의로써 이를 수 있는 천국에 관한 복음을 선포하시기 때문에 '신약의 시내산'이라고도 불린다.[32] 여기서 제자들은, 특별히 택정한 12제자뿐만 아니라 당시 상당 기간 예수님을 따르던 무리들을 가리키는 것으로 보인다.

예수님은 산상에 오르시기 전부터 온 갈릴리에 있는 그들의 회당에서도 천국 복음을 전파하셨다.[33] 이는 육적인 세상의 이치와는 전혀 다른 영적 영역인 천국에 대한 기쁜 소식이었다. 우리가 이 복음을 바르게 깨달을 때, 죄

32 이상근,『신약성서주해 마태복음』(대구 : 성등사, 1998), 85.
33 마 4:23 "예수께서 온 갈릴리에 두루 다니사 그들의 회당에서 가르치시며 천국 복음을 전파하시며 백성 중의 모든 병과 모든 약한 것을 고치시니"

와 사망의 길인 율법에서 벗어나 거듭남으로 신앙이 반석 위에 서며 그리스도 진리 안에서 참 자유와 평안을 누리게 될 것이다.

1) 여덟 가지의 참복

하늘에 속한 영적인 여덟 가지의 복들이 소개되어 있다. 즉 심령이 가난한 자, 애통하는 자, 온유한 자, 의에 주리고 목마른 자, 긍휼히 여기는 자, 마음이 청결한 자, 화평하게 하는 자, 그리고 마지막으로 의를 위하여 박해를 받는 자들이 받는 참된 복이다. 이때 복은 '행복하다'라고도 번역된다.[34] 이는 육적인 안락을 넘어 하나님 나라의 백성이 누리고 체험하는, 항상 의와 평강과 희락이 충만한 즐거운 상태를 말하며, 하늘나라의 특징이라고 할 수 있다.

당시 많은 유대인들은 과거 다윗 같은 훌륭한 왕이 나타나 강력한 통일된 이스라엘 국가를 세울 것을 기대하고 있었다. 그러나 예수님은 그들에게 먼저 이 세상의 복이 진정한 복이 아니라 하늘에 속한 참복을 알기 원하신다. 진정으로 복 있는 자는, 그리스도를 통해 하나님께 나아갈 수 있는 사람들이며 오직 복음의 진리 안에서 이것들을 누릴 수 있다.

우리는 하나님으로부터 떠나 영적으로 죽은 상태였다.[35] 그러나 하나님

34 마 5:3-10 (헬라어직역성경 허성갑, 현대인의 성경 김창영) 참조.

35 엡 4:18-20 "그들의 총명이 어두워지고 그들 가운데 있는 무지함과 그들의 마음이 굳어짐으로 말미암아 하나님의 생명에서 떠나 있도다 그들이 감각 없는 자가 되어 자신을 방탕에 방임하여 모든 더러운 것을 욕심으로 행하되 오직 너희는 그리스도를 그같이 배우지 아니하였느니라"
사 1:6 "발바닥에서 머리까지 성한 곳이 없이 상한 것과 터진 것과 새로 맞은 흔적뿐이거늘 그것을 짜며 싸매며 기름으로 부드럽게 함을 받지 못하였도다"

이 그리스도의 속량을 믿는 자들의 영을 성령을 통해 다시 살리심으로써 우리가 이 참복들을 받으며 거듭난 자의 인격으로 나타난다. 시내산의 율법은 우레와 번개 속에서 복과 저주를 배합하였지만, 여기서는 평화로운 가운데 참복을 선언하신다. 저주는 얼마 후 예수님이 홀로 십자가 위에서 죽음을 통해 담당할 예정이셨기 때문이다.

산상보훈의 전체적 맥락을 볼 때, 결국 우리가 성령을 받음으로 참복이 성취되는 것을 알 수 있다(6:33, 7:11). 즉 그리스도의 십자가 보혈로 인한 대속의 은총을 깨닫고 믿는 자들이 성령의 인치심을 받아 하나님 나라와 그의 의를 거저 얻게 된다.(Ⅰ부 2의 3) 참고) 사람은 죄의 노예로서 선을 행할 수 있는 능력이 전혀 없음을 깨닫고 오직 그리스도 안에서 성령을 좇아 살아갈 때 비로소 육체의 소욕을 이기며 참복을 누리는 것이다.

여덟 가지의 복 가운데 첫 번째와 마지막 여덟 번째에는 천국의 소유 조건(심령이 가난한 자와 의를 위해 박해받는 자)이 나타난다. 그리고 팔복의 전반부는 자기완성(회개하고 믿는 것)에 중점을 두고 있으며, 후반부는 남에게 끼치는 아름다운 덕(성도로서 마땅한 행실)을 보여준다. 이처럼 점진적 성격을 띠는 복들의 상관성과 그 의미들에 대해 살펴본다.

a. 처음 4복

(5:3-6)

심령이 가난한 자는 복이 있나니 천국이 그들의 것임이요 애통하는 자는 복이 있나니 그들이 위로를 받을 것임이요 온유한 자는 복이 있나니 그들이 땅을 기업으로 받을 것임이요 의에 주리고 목마른 자는 복이 있나니 그들이 배

부를 것임이요

처음 네 가지 복은 자기에게 의가 없음을 발견하는 단계며 그 내용들이 점차 점진한다. 겸손, 애통, 온유, 그리고 의를 사모하는 신앙의 과정들로서 의義의 절대적 필요성이 대두되며, 결국 이를 간절히 사모한 자들이 그리스도의 속량을 믿음으로 하나님의 의를 거저 얻게 된다. 사람이 처음에는 자기의 비참한 처지를 발견하고 애통하다가 점차 온유해지며 은혜의 구원에 이르는 것이다.

따라서 마음이 가난한 자는 하나님 앞에 설 수 있는 합당한 의를 가지지 못한 것을 발견한 겸손한 자며, 애통하는 자는 자기의 가득한 죄를 깨닫고 회개하는 자다. 또 온유한 자는 오직 주님께 의지함으로 온전히 순종하려는 태도를 가진 자로서, 이때 온유는 믿음을 나타낸다. 나아가 의에 주리고 목마른 자가 누리는 배부름은 그리스도를 구주로 믿을 때 얻어지는 하나님의 의로서 성령 충만한 심령의 상태에 이른 것을 말한다.

심령이 가난한 자는 복이 있나니 천국이 그들의 것임이요

팔복 가운데 천국에 대한 보장을 첫째 복으로 선포하신 것은 인류를 구원하고자 하시는 하나님의 거룩하고 위대하신 유의미한 뜻이 담겨 있다. 또 유대인들의 구원관은 현세적이며 외적이었으나 예수님이 선포하신 복음은 내적 심령의 복이었다. 이때 심령은 사람의 가장 깊은 곳의 마음(영)을 말하며, 뼈의 골수처럼 영혼에 있어서 근본적 부분이다.

따라서 심령의 가난이란, 사람의 행위(의)가 아닌, 그리스도의 속량을 믿음으로 거저 얻는 하나님의 의로서 천국을 소유한다는 사실을 깨닫는 겸손한 마음의 상태다. 가난한 심령은 신앙인의 기본자세로서 하나님은 이런 자들을 사랑하사 돌보시며 천국을 소유케 하시는 것이다.

또한 영은 육(세상)에 상반되는 개념으로 복의 척도가 건강, 장수, 재산, 여타 사회적 지위 등에 있는 것이 아니라 마음이 가난한 데 있음을 뜻한다. 자기 자신이 하나님 앞에서 너무 부족한 것을 아는 자가 마음이 가난한 자로서 복을 얻는 것이다. 즉 자기 의를 부정하는 자가 오직 그리스도를 믿음으로 하나님의 의와 더불어 성령의 인치심을 받아 마음에 천국이 이루어지는 참된 복이다.

우리는 오직 십자가에서 주님이 흘리신 대속의 피만이 깨끗하게 할 수 있다는 것을 깨달을 때 마음이 하나님 앞에 더욱 겸손해진다.[36] 이때 자기에게 의가 없음을 상심하며 죄인으로서 구원받을 아무런 공로도 힘도 없다는 것을 알게 된다. 그리고 지속적으로 생수(성령)를 공급받지 못하면 절대로 죄성이 가득한 마음을 자력으로 성결하게 할 수 없다는 것을 자각하게 된다.[37]

그래서 단지 정신적으로 나약하거나 물질적으로 궁핍함이 아닌, 영적으로 자신의 피폐함을 주님께 자백하고 회개하며 오직 하나님만을 의지하며 도우심을 구한다. 자기 안에 영적으로 선한 것이 도무지 없다는 것을 분명히 알고 있기 때문이다.[38] 이들이야말로 부자라 부요하여 부족한 것이 없다고 착각하는 교만한 자들과 대비되는 복된 자들이다.[39]

---

36 롬 7:24 "오호라 나는 곤고한 사람이로다 이 사망의 몸에서 누가 나를 건져내랴"

37 사 27:3 "나 여호와는 포도원지기가 됨이여 때때로 물을 주며 밤낮으로 간수하여 아무든지 이를 해치지 못하게 하리로다"

38 롬 7:18 "내 속 곧 내 육신에 선한 것이 거하지 아니하는 줄을 아노니 원함은 내게 있으나 선을 행하는 것은 없노라"

39 계 3:17 "네가 말하기를 나는 부자라 부요하여 부족한 것이 없다 하나 네 곤고한 것과 가련한 것과 가난한 것과 눈 먼 것과 벌거벗은 것을 알지 못하는도다"

예수님은 인류의 구원자로서 죄의 문제를 해결하고 영생을 얻도록 하시는 데 근본 목적이 있었다. 따라서 마음에 헛된 욕심이 없고 겸손한 심령들에게 성령을 통해 역사하심으로 우리가 천국을 누릴 수 있는 것이다. 이는 하나님의 영이 가난한 자에게 복음을 전하려 하신다는 이사야 선지자의 예언의 성취이기도 하다.[40]

애통하는 자는 복이 있나니 그들이 위로를 받을 것임이요

죄에 대하여 슬퍼하며 통회하는 자가 애통하는 자다.[41] 이는 죄인으로서 한심하고 비참한 처지에 놓여있음을 알고 마음이 아프도록 탄식한다는 말이다. 이러한 애통함은 당시에는 슬퍼 보일지라도 후에 그로 말미암아 연단받은 자들은 의와 평강과 희락의 열매를 맺는다. 이를테면 온 인류의 죄를 해결하고자 애통하며 하나님의 아들이 대신 죽임을 당하실 때 얼마나 고통스러우셨던지 태양도 빛을 잃었다고 한다. 그렇지만 그 고통의 대가로 우리가 엄청난 위로와 영생의 복을 얻는다.

하나님 앞에 의롭다고 인정(구원)을 받는 것이야말로 죄인이었던 자들이 받을 수 있는 가장 큰 위로요 복이다. 더욱이 우리 안에 보혜사 성령을 보내심으로 가르치고 도우시며 모든 상처를 치료해 주신다. 따라서 자신의 상태가 올바른 위치에 있지 않음을 깨닫고 하나님을 향하여 애통하는 자가 복이 있는 것이다.

---

40 사 61:1 "주 여호와의 영이 내게 내리셨으니 이는 여호와께서 내게 기름을 부으사 가난한 자에게 아름다운 소식을 전하게 하려 하심이라 나를 보내사 마음이 상한 자를 고치며 포로된 자에게 자유를, 갇힌 자에게 놓임을 선포하며"

41 고후 7:10 "하나님의 뜻대로 하는 근심은 후회할 것이 없는 구원에 이르게 하는 회개를 이루는 것이요 세상 근심은 사망을 이루는 것이니라"

만일 아직도 세상적인 것에 대하여 이웃을 시기하거나 부러워한다면 덜 성숙한 자로서 회개해야 한다. 자기의 죄과에 대해 통회할 때 성령이 그의 영 안에서 일하시며[42] 하나님의 위로를 얻을 수 있다.[43] 나아가 타인의 죄(개인적인 죄와 민족적 공동의 죄)에 대해 아파하고, 또 회개의 눈물을 흘릴 때 주님으로부터 따뜻하고 더 큰 위로를 얻는다. 그러므로 성도들은 이웃의 죄와 불행을 애통해하고 우는 자들과 함께 울어야 한다.[44] 진심으로 하나님을 갈망하며 모두를 위해 애통하는 자는 참 회개를 이루며 성령의 참된 위로를 얻게 될 것이다.

온유한 자는 복이 있나니 그들이 땅을 기업으로 받을 것임이요

온유한 자는, 하나님 앞에 순종적인 사람을 말하며 온화하고 부드러운 덕의 소유자로서 하나님의 지혜와 명철에 절대 의지하여 자기 처신을 결정한다. 자기의 마음과 감정이 균형을 이루며 어떠한 상황에서도 좌로나 우로나 치우치지 않는다. 그래서 항상 악한 것을 분명하게 분별하며, 마음이 강퍅하지 않고 사랑과 자비로 충만해 있다.

또 적극적인 사랑으로 인해 받는 고통을 인내하는 아름다운 마음을 가졌으며, 단순한 어린아이처럼 모든 것을 주님께 의탁하는 믿음으로 살아간다.

---

42 사 57:15 “지극히 존귀하며 영원히 거하시며 거룩하다 이름하는 이가 이와 같이 말씀하시되 내가 높고 거룩한 곳에 있으며 또한 통회하고 마음이 겸손한 자와 함께 있나니 이는 겸손한 자의 영을 소생시키며 통회하는 자의 마음을 소생시키려 함이라”

43 시 51:1-3 “하나님이여 주의 인자를 따라 내게 은혜를 베푸시며 주의 많은 긍휼을 따라 내 죄악을 지워 주소서 나의 죄악을 말갛게 씻으시며 나의 죄를 깨끗이 제하소서 무릇 나는 내 죄과를 아오니 내 죄가 항상 내 앞에 있나이다”

44 고후 11:29 “누가 약하면 내가 약하지 아니하며 누가 실족하게 되면 내가 애타지 아니하더냐”

하나님께 대한 절대적 순종과 사람에 대한 선의를 나타내는 마음의 자세, 곧 그리스도의 마음으로 주변 사람들을 녹일 수 있는 자다.[45]

이를 위한 유일한 길은 예수님이 이루신 대속의 은혜를 믿음에서 출발한다. 그리고 살아계신 하나님을 인격적으로 만나고 자기가 죽음으로써 그리스도가 삶의 주인이 되었을 때 성령의 도우심을 얻어 진정으로 온유한 상태에 이른다.[46] 이때 그리스도의 능력이 나타나며 아름다운 성령의 열매를 맺을 수 있다. 사람이 성내는 것은 하나님의 의를 이루지 못하므로 철저하게 자기를 부인할수록 성령이 더욱 충만하게 일하신다.[47] 이를 깨닫는 사람이 진정으로 복 있는 자로서 온유한 성품으로 변화를 맛보게 될 것이다.

한편 온유한 자들이 기업으로 받을 땅은, 성도들이 오는 세상에서 거할 곳을 말한다. 첫째 부활 후에 성도들은 온유하신 주님으로부터 우주 만물을 상속받아 천년왕국을 기업으로 얻게 된다.[48] 또한 여호수아와 갈렙처럼 이 땅에서도 하나님께 순종하는 자가 밝은 빛으로서 그분의 영광을 위한 삶을 살아간다는, 이중적 의미를 지닌다. 요셉도 온유한 자로서 온 세상에 닥친 대흉년에서 애굽과 가족을 살리는 역사의 주인공이 되었다.

결국 우리가 얻을 기업의 땅은, 성령의 역사가 나타나는 젖과 꿀이 흐르고 생수가 넘치는 복음의 현장과, 성도들이 주님과 함께 다스리는 다가올 천년

---

45 마 11:29 "나는 마음이 온유하고 겸손하니 나의 멍에를 메고 내게 배우라 그리하면 너희 마음이 쉼을 얻으리니"
벧전 2:23 "욕을 당하시되 맞대어 욕하지 아니하시고 고난을 당하시되 위협하지 아니하시고 오직 공의로 심판하시는 이에게 부탁하시며"

46 갈 2:20 "내가 그리스도와 함께 십자가에 못 박혔나니 그런즉 이제는 내가 사는 것이 아니요 오직 내 안에 그리스도께서 사시는 것이라 이제 내가 육체 가운데 사는 것은 나를 사랑하사 나를 위하여 자기 자신을 버리신 하나님의 아들을 믿는 믿음 안에서 사는 것이라"

47 약 1:20 "사람이 성내는 것이 하나님의 의를 이루지 못함이라"

48 벧후 3:13 "우리는 그의 약속대로 의가 있는 곳인 새 하늘과 새 땅을 바라보도다"

왕국이라고 할 수 있겠다.

의에 주리고 목마른 자는 복이 있나니 그들이 배부를 것임이요

여기서 의義는 우리가 하나님 앞에 나아갈 수 있는 자격을 말한다. 사람의 힘으로 이룰 수 없는, 오직 그리스도의 속량을 믿는 자들에게 하나님이 은혜로 입혀 주시는 의의 옷이다. 의에 주리고 목마른 자는 하나님의 의를 바라며 영적 기근의 상태에 머물러 있다. 따라서 앞서 본 심령이 가난한 자, 애통한 자, 온유한 자는 자기 영혼이 하나님이 은혜로 값없이 주시는 의를 갈망하는 자들이다.

하나님의 의는 사람의 힘으로 결코 채워질 수 없으며 오직 순전하고 신령한 젖으로 공급해 주시는 생명의 양식인 성령의 인치심으로 가능하다. 누구든지, 세상의 물질과 명예와 권력을 탐하던 사람도 변화되어 하나님의 의를 목마르게 찾을 때 성령을 받고 중생을 발견하게 된다.[49] 이때부터 하나님은 그에게 하늘의 양식, 곧 만나로써 먹여 주시는 바 이것이 결코 마르지 않는 강에서 흐르는 생수다. 이 물이 바로 하나님의 의를 거저 얻어 새 생명으로 거듭난 성도들과 영원히 함께 하실 성령인 것이다.[50]

---

49 시 42:1 "하나님이여 사슴이 시냇물을 찾기에 갈급함 같이 내 영혼이 주를 찾기에 갈급하니이다"
겔 36:26 "또 새 영을 너희 속에 두고 새 마음을 너희에게 주되 너희 육신에서 굳은 마음을 제거하고 부드러운 마음을 줄 것이며"

50 요 3:3-5 "예수께서 대답하여 이르시되 진실로 진실로 네게 이르노니 사람이 거듭나지 아니하면 하나님의 나라를 볼 수 없느니라 … 예수께서 대답하시되 진실로 진실로 네게 이르노니 사람이 물과 성령으로 나지 아니하면 하나님의 나라에 들어갈 수 없느니라"
요 7:37-39 "명절 끝날 곧 큰 날에 예수께서 서서 외쳐 이르시되 누구든지 목마르거든 내게로 와서 마시라 나를 믿는 자는 성경에 이름과 같이 그 배에서 생수의 강이 흘러나오리라 하시니 이는 그를 믿는 자들이 받을 성령을 가리켜 말씀하신 것이라 (예수께서 아직 영광을 받지 않으셨으므로 성령이 아직 그들에게 계시지 아니하이 세상(육)에 속한 것들은 근본적으로 심령의 주림과 목마름을 해결하지 못하므로 우리 안에 성령이 찾아오셨을 때의 가치는 이 세상의 무엇과도 견줄 수 없다. 구원의 확증으로 오신 성령의 능력이 성도들을 배부르게 하며, 나아가 세상에서 소금과 빛이 되고 다른 사람들을 섬길 수 있는 원동력이 된다. 그러므로 누구나 자기에게 구원에 이를 만한 의가 없음을 알고 하나님의 의를 얻기 위한 확실한 보증으로서 성령을 사모해야 한다. 그리고 삶 속에서도 항상 보혜사 성령의 도우심을 간구해야 한다.

예수님은 자신의 몸이 참된 양식이요, 피가 참된 음료라고 하셨다. 따라서 그리스도의 구속을 기억(성찬)하며 영적 양식인 생수(성령)를 끊임없이 공급받을 때, 우리는 성령이 소멸되지 않고 충만함을 얻어 진정으로 목마르지 않고 배부르게 될 것이다. 모든 성도들이 하나님이 주신 새 생명으로 죄와 사망의 법에서 벗어나 언제나 성령을 좇아 살아가는 지혜롭고 복된 삶이 되길 간절히 소망한다.

b. 나중 4복

(5:7-10)

긍휼히 여기는 자는 복이 있나니 그들이 긍휼히 여김을 받을 것임이요 마음이 청결한 자는 복이 있나니 그들이 하나님을 볼 것임이요 화평하게 하는 자는 복이 있나니 그들이 하나님의 아들이라 일컬음을 받을 것임이요 의를 위하여 박해를 받은 자는 복이 있나니 천국이 그들의 것임이라

시더라)"

처음 네 가지 복은 사람이 자기에게 의가 없음을 깨닫고 하나님의 도우심을 사모하는 신앙의 과정들로서 반성, 통회, 믿음, 그리고 칭의를 얻어 구원에 이르는 단계였다. 이제부터 밝힐 나중 네 가지 복은, 하나님의 의를 얻은 후에 마땅히 행하는 아름다운 덕을 말한다. 이것들도 서로 무관하지 않고 긍휼, 청결, 화평, 고난의 순서로 점진성을 띤다.

즉 긍휼의 본질적 의미는, 온 인류에 대한 그리스도의 사랑이 구현된 죄로부터의 속량을 믿음으로 하나님의 의를 거저 얻어 심판(사탄)을 이기는 것이다. 따라서 남을 긍휼히 여기는 자는 악한 사탄을 이긴 자로서 그 마음에 청결함을 얻으며, 이 청결을 전제로 하나님과 화평을 누린다. 그리고 그리스도의 진리로 화평하게 하는 자들에게 사탄의 박해는 필연적인 것으로 의(그리스도)를 위해 박해받은 자는 천국을 소유할 복을 얻는다.

긍휼히 여기는 자는 복이 있나니 그들이 긍휼히 여김을 받을 것임이요

긍휼은 동정이 아니라 자기에게 상처를 주고 잘못한 자를 용서해주는 것이며, 자기의 이웃을 불쌍히 여기고 자신처럼 사랑한다는 의미를 담고 있다. 그리스도의 십자가 희생정신도 우리에 대한 하나님의 긍휼이 내재되어 있다. 따라서 우리도 다른 사람을 긍휼히 여길 수 있어야 한다. 우리가 남을 긍휼히 여길 때 하나님도 우리를 긍휼히 여기시는 선순환善循環이 지속될 것이다.

우리는 하나님 앞에 형언할 수 없을 정도로 부족한 죄인이었다. 그 많은 죄를 탕감받은 우리는 다른 사람이 끼친 허물을 서로 용서해주는 것이 당연한 이치다. 하나님의 의를 거저 얻은 자의 마음은 그리스도의 성실하고 변함없는 사랑이 이웃에 대한 긍휼로 나타나야 한다.[51] 진리를 모르는 뭇사람들을 볼 때나 심지어 자기에게 잘못한 사람일지라도 긍휼히 여겨야 한다.

율법주의자들은 다른 사람의 잘못에 대해 비판하는 것을 좋아하지만, 생명의 성령의 법은 이웃을 불쌍히 여기고 사랑하는 것이다. 예수님은 인류를 위해 친히 드리신 희생 제사를 통해 계명의 마침이 되사 율법을 완성하심으로써 그 사랑을 확증하셨다.[52] 그래서 야고보는 긍휼은 심판을 이기고 자랑한다고 하였다.[53] 우리가 다른 사람을 긍휼히 여길 때, 하나님은 우리를 통로로 성령의 능력을 나타내시고 동시에 우리도 한없는 자비의 은총을 누리게 될 것이다.

죄악된 세상을 긍휼히 여기며 그 회복을 위해 애쓰는 자들에게 주님의 자비가 깃든다. 성도들은 언제나 이웃을 그리스도의 참 사랑으로 대함으로써 하나님께 긍휼히 여김을 받는 자들이 되어야 한다. 만일 교만하여 다른 사람의 잘못을 불쌍히 여기지 않고 정죄한다면 하나님도 우리의 허물에 대해 엄히 판단하실 것이다.

마음이 청결한 자는 복이 있나니 그들이 하나님을 볼 것임이요

51 고전 13:4-7 "사랑은 오래 참고 사랑은 온유하며 시기하지 아니하며 사랑은 자랑하지 아니하며 교만하지 아니하며 무례히 행하지 아니하며 자기의 유익을 구하지 아니하며 성내지 아니하며 악한 것을 생각하지 아니하며 불의를 기뻐하지 아니하며 진리와 함께 기뻐하고 모든 것을 참으며 모든 것을 믿으며 모든 것을 바라며 모든 것을 견디느니라"
눅 10:27 "대답하여 이르되 네 마음을 다하며 목숨을 다하며 힘을 다하며 뜻을 다하여 주 너의 하나님을 사랑하고 또한 네 이웃을 네 자신 같이 사랑하라 하였나이다"

52 롬 13:10 "사랑은 이웃에게 악을 행하지 아니하나니 그러므로 사랑은 율법의 완성이니라"

53 약 2:13 "긍휼을 행하지 아니하는 자에게는 긍휼 없는 심판이 있으리라 긍휼은 심판을 이기고 자랑하느니라"

사람이 하나님과 멀어진 이유는 마음이 죄로 인해 부패하고 더러워졌기 때문이다. 이제 예수님이 십자가 위에서 온 인류가 저지른 죄악과 더불어 그 죄의 뿌리까지 못 박으셨다. 우리는 하나님의 은혜로써, 그리스도의 대속의 피를 오직 믿음으로 모든 거룩하지 못한 감정으로부터 깨끗함을 얻었다. 그리고 죄 사함을 얻어 거듭난 자로서 죄와 사망의 법에서 해방되어 정죄받지 않고 생명의 성령의 법을 좇아 살아가게 되었다.

하나님을 본다는 것은 그분을 알 수 있는 지혜와 영적 통찰력을 얻는 것이다. 사람은 죄인의 신분으로 하나님을 볼 수 없지만, 회개한 양심을 가진 성도들은 마음에 임재하신 성령으로 말미암아 영안으로 느낄 수 있다. 그리스도의 속량을 믿는 자들에게 하나님의 의가 전가되어 죄에서 해방됨으로써, 하나님을 볼 수 있으며 성령을 통하여 신의 성품에 참여하는 자가 되었다.[54] 성령으로 충만해질 때 성도들 안에 있는 모든 기관이 하나님에 의해서 통제되고 보혜사이신 성령의 권능이 육체의 욕심을 이기도록 도우실 것이다.

이렇듯 성령 충만할 때는 마음이 깨끗해 보이지만, 우리 안에 거하는 죄성으로 인해 정욕과 탐욕이 마음에 들어와 더러워지는 것을 종종 보게 된다. 사람의 마음은 생각과 의지와 감정의 원천으로서 약하여 조석으로 시시각각 변하며, 한순간의 욕망으로 온 마음이 더럽혀질 때가 있다. 그러므로 성도들은 항상 마음을 새롭게 하기 위해, 그리스도의 보혈의 공로를 의지하여 잘못을 자복하고 회개함으로써 성령 충만함을 구하며 깨끗한 양심을 회복하는 일을 생활화해야 한다.

---

54 벧후 1:4 "이로써 그 보배롭고 지극히 큰 약속을 우리에게 주사 이 약속으로 말미암아 너희가 정욕 때문에 세상에서 썩어질 것을 피하여 신성한 성품에 참여하는 자가 되게 하려 하셨느니라"

나아가 모든 잡념과 부단히 싸우면서 깨끗해진 인격을 회복하여 항상 청결한 마음으로 창조주 하나님을 바라보도록 노력해야 한다.[55] 우리 스스로 정결한 마음을 지켜낼 수 없지만, 바울의 말처럼 나 자신은 죽고 그리스도의 능력을 의지하며 성령을 좇아 행할 때 육체의 소욕들을 이기고 밝은 영안으로 하나님을 항상 뵈올 수 있을 것이다.[56]

화평하게 하는 자는 복이 있나니 그들이 하나님의 아들이라 일컬음을 받을 것임이요

하나님의 아들이신 그리스도의 희생으로 하나님과 사람과의 관계가 회복되고 이 땅에서 샬롬의 궁극적인 평화를 얻게 되었다.[57] 따라서 화평하게 하는 자는, 그리스도의 복음으로 사람들을 하나님께 돌아오게 하여 화목을 이루게 함으로 특별히 하나님의 아들이라 일컬음을 얻는다. 성도들은 화평의 열매를 맺기 위해 이 세상에 보냄을 받은 사신이자 하나님의 아들로서, 지속적인 간구를 통해 그리스도를 힘입어 아버지 하나님의 성품을 닮아가야 한다.

하나님의 아들은, 모든 종류의 마찰이나 다툼을 싫어하고 하나님을 경외하며 자기 이웃을 사랑한다. 또 항상 사람들이 그리스도를 믿는 가장 거룩

55 요 13:10 "예수께서 이르시되 이미 목욕한 자는 발밖에 씻을 필요가 없느니라 온 몸이 깨끗하니라 너희가 깨끗하나 다는 아니니라 하시니"
요일 1:9 "만일 우리가 우리 죄를 자백하면 그는 미쁘시고 의로우사 우리 죄를 사하시며 우리를 모든 불의에서 깨끗하게 하실 것이요"

56 갈 2:20 "내가 그리스도와 함께 십자가에 못 박혔나니 그런즉 이제는 내가 사는 것이 아니요 오직 내 안에 그리스도께서 사시는 것이라 이제 내가 육체 가운데 사는 것은 나를 사랑하사 나를 위하여 자기 자신을 버리신 하나님의 아들을 믿는 믿음 안에서 사는 것이라"

57 롬 5:10 "곧 우리가 원수 되었을 때에 그의 아들의 죽으심으로 말미암아 하나님과 화목하게 되었은즉 화목하게 된 자로서는 더욱 그의 살아나심으로 말미암아 구원을 받을 것이니라"

한 신앙 안에 굳게 설 수 있도록 돕는다. 그리고 격한 감정을 잔잔하게 하며 갈등하는 두 마음을 부드럽게 하고 가능한 한 서로 화해하도록 애를 쓴다.[58] 진정으로 죄 용서받은 자라면, 하나님의 사랑에 빚진 자로서 가능한 한 더 많은 영혼을 하나님과 화해시키고자 애쓰며 기도할 때 성령의 능력이 함께 하는 기적적인 체험들을 맛볼 것이다.

예수님은 자신을 구주로 믿는 자들의 죄를 정결케 하심으로 하나님과 사람과의 화평을 이루셨다. 사람들을 화해시키는 가장 근원적인 해결 방법도 먼저 하나님과의 관계를 회복시키는 일이다. 그래야 그들에게서 서로를 향한 미움이나 분노가 사라지고 화해의 마음이 열린다. 이것이 그리스도의 능력이요 신앙인이 사람들을 화평하게 함으로써 생활 속에서 누리는 참 승리다.

팔복의 순서도, 긍휼히 여김을 받은 자들이 청결하게 된 후에 화평이 따르듯이, 화평은 청결의 산물로서 성결이 없는 평안이란 있을 수 없다.[59] 결국 사람들이 그리스도의 속량을 깨닫기 전까지는 참된 안식과 평화를 누릴 수 없다고 하겠다.

의를 위하여 박해를 받은 자는 복이 있나니 천국이 그들의 것임이라

이때 '의'는 그리스도의 의義로써, 성도들이 삶 가운데 성령을 좇아 살아가는 의로운 행실을 뜻한다. 따라서 의를 추구하다 크고 작은 각종 일들로 박해를 받는 것은 결국 그리스도를 위해 박해받는 일이 되므로 천국이 벌써 그 마음에 임한 자들이다. 그리스도 안에서 경건하게 사는 자들로서 세상에

---

58 엡 4:2-3 "모든 겸손과 온유로 하고 오래 참음으로 사랑 가운데서 서로 용납하고 평안의 매는 줄로 성령이 하나 되게 하신 것을 힘써 지키라"

59 약 3:17 "오직 위로부터 난 지혜는 첫째 성결하고 다음에 화평하고 관용하고 양순하며 긍휼과 선한 열매가 가득하고 편견과 거짓이 없나니"

속하지 않고 사망에서 생명으로 옮겨진 하나님의 자녀들인 것이다.

하늘에 속한 영은 세상에 속한 영과 정반대 위치에서 활동한다. 그래서 전자는 성령을 따라 난 의로운 자들로서[60] 후자의 육신(죄)을 따라 난 자들의 미움을 받는다.[61] 즉 심령이 가난한 자들로서, 애통하는 자들로서, 온유한 자들로서, 의에 주리고 목마른 자들로서, 마음이 자비로운 자들로서, 마음이 깨끗한 자들로서, 또 화평하게 하는 자들로서 그리스도(의)를 위하여 박해를 받는다.

또한 하나님의 나라는 성령 안에서 의와 평강과 희락이라고 하였다.[62] 그리스도를 구주로 믿는 자들이 성령을 받음으로써, 하나님의 의를 거저 얻고 더불어 의와 평강과 희락이 가득한 하나님의 나라가 이루어진다. 따라서 성도들은 그리스도로 인한 박해의 고난 속에서도 흔들리지 않고 믿음을 굳게 지킴으로 이 땅에서부터 천국을 미리 맛보고 있다고 하겠다.

더욱이 우리의 궁극적 구원은 현세가 아닌 내세에 있으므로 하늘의 영광을 위해 현세의 모든 것을 배설물로 여겨야 한다.[63] 장차 성도들이 부활·승천한 후에 예수님과 함께 공중 혼인잔치를 마치고, 그리스도의 재림과 더불어 왕 노릇 하는 천년왕국을[64] 지나서 영생 복락의 세계인 실재 천국에 이를 것

---

60 요 3:8 "바람이 임의로 불매 네가 그 소리는 들어도 어디서 와서 어디로 가는지 알지 못하나니 성령으로 난 사람도 다 그러하니라"

61 갈 4:29 "그러나 그 때에 육체를 따라 난 자가 성령을 따라 난 자를 박해한 것 같이 이제도 그러하도다"

62 롬 14:17 "하나님의 나라는 먹는 것과 마시는 것이 아니요 오직 성령 안에 있는 의와 평강과 희락이라"

63 빌 3:8 "또한 모든 것을 해로 여김은 내 주 그리스도 예수를 아는 지식이 가장 고상하기 때문이라 내가 그를 위하여 모든 것을 잃어버리고 배설물로 여김은 그리스도를 얻고"

64 계 20:4-5 "또 내가 보좌들을 보니 거기에 앉은 자들이 있어 심판하는 권세를 받았더라 또 내가 보니 예수를 증언함과 하나님의 말씀 때문에 목 베임을 당한 자들의 영혼들과 또 짐승과 그의 우상에게 경배하지 아니하고 그들의 이마와 손에 그의 표

이다.

예수님은 이제까지 팔복에 대한 한 편의 천국 복음 시리즈를 보여주셨다. 이 가운데 천국이란 말이 처음과 마지막 절에 2회 나온다(5:3,10). 천국이란 헬라어 원문에 '바실레이아'로 표현되는데, 이는 하나님의 다스림, 즉 하나님의 통치 혹은 하나님이 통치하시는 영역을 의미한다.[65]

유의할 점은 10절의 박해를 받는 '의義'가 이어지는 11절에서 '나(그리스도)'로 바뀐다는 것이다. 이는 예수님 자신이—십자가 고난의 대속과 부활로써—의를 이루시게 됨을 암시하는 대목이다. 따라서 의는, 하나님의 은혜로 오직 그리스도의 속량에 대한 믿음을 통해서 실현되며, 하나님이 통치하시는 천국 입성(소유)을 위한 절대적 필수 조건임을 말해준다.

(5:11-12)

나로 말미암아 너희를 욕하고 박해하고 거짓으로 너희를 거슬러 모든 악한 말을 할 때에는 너희에게 복이 있나니 기뻐하고 즐거워하라 하늘에서 너희의 상이 큼이라 너희 전에 있던 선지자들도 이같이 박해하였느니라

우리가 예수 그리스도를 구주로 영접할 때 새롭게 거듭나 변하게 된다. 이때 하나님을 믿지 않는 주변의 가족이나 친구들은 자기들을 가장 중요하게 생각하지 않는 것을 보고 배신을 당했다고 여기는 것 같다. 이는 그들이 영적으로 죽어 있어 우리의 변화를 이해하지 못하기 때문이다.

를 받지 아니한 자들이 살아서 그리스도와 더불어 천 년 동안 왕 노릇 하니 (그 나머지 죽은 자들은 그 천 년이 차기까지 살지 못하더라) 이는 첫째 부활이라"

65 박윤선, 『산상보훈 강해』(경기 : 영음사, 2016), 84.

우리는 하나님의 아들이 온 인류가 받을 징벌을 대신하여 죽으심으로 십자가 위에서 죄가 다 해결된 것을 확실히 믿어 의심하지 않는다. 우리 안에 성령이 인쳐졌다는 보배로운 진리를 부인할 수 없으며, 그런 결기가 세상 사람들로부터 미움과 박해를 받게 되는 것이다. 이 세상은 영적 전쟁터로서 사탄은 우는 사자와 같이 삼킬 자들을 찾아 침몰시키려 하는 바, 이것이 곧 사탄의 속성이다.

따라서 의에 대한 박해는 궁극적으로 그리스도를 박해하는 것과 다르지 않다. 그리스도의 진리를 믿음으로 지키고 인내할 때 하나님은 우리를 보호하시고 결국 칭찬과 상급으로 보상하실 것이다. 주님을 알지 못한 자들의 생각이나 가치관이 진리에서 벗어나 있어 오히려 그 박해를 당한 자들의 상을 불러오는 것은 하늘의 정한 이치다. 성도들의 행함에 따른 하늘의 상급은 공중 혼인잔치를 마치고 예수님이 재림하실 무렵 선악 간에 계수하시는 그리스도의 심판대에서 이루어질 것이다.[66]

이 땅에서의 고통은 잠깐이나 천국에서 누리는 행복은 영원하다. 성도들은 육의 눈으로 보이는 세상적인 삶을 넘어, 하늘의 상을 바라보며 영원에 잇대어 살아가는 신앙의 자세가 절대 필요하다. 그래야 사람들이 그리스도로 말미암아 욕하고 박해하고 악한 말을 할지라도 기뻐하고 즐거워할 수 있기 때문이다.

우리나라는 신앙의 자유로 기독교인들에 대한 주변의 박해가 많이 사라졌다. 그러나 북한은 지금도 기독교인들이 심한 고문이나 총살을 당한다고 한다. 그러므로 우리는 그곳에 아직 남아 있는 성도들이 하나님의 상을 바

66 고후 5:10 "이는 우리가 다 반드시 그리스도의 심판대 앞에 나타나게 되어 각각 선악간에 그 몸으로 행한 것을 따라 받으려 함이라"

라며 박해를 이겨낼 수 있도록 간절히 기도해야 할 역사적인 사명을 안고 있음을 유념해야 한다.

△ '하나님의 아들'과 '하나님의 아들들'의 차이

하나님은 사람을 지으시고 그들로 모든 생물을 지배하는 권한을 부여하셨다.[67] 그래서 처음 사람 아담은 하나님의 아들로서 생령으로 땅을 다스리는 왕이 되었다.[68] 이후 그가 사탄에게 속아 선악과를 먹고 죄를 알게 되어 세상의 모든 권위와 영광이 합법적으로 사탄에게 넘겨져 버렸다.[69]

하지만 예수님이 십자가 위에서 온 인류가 짊어져야 할 죄의 대가를 대신 치르시고 하나님과 사람의 관계를 회복하사 다시 화평케 하셨다(5:9). 오직 그리스도를 구주로 믿는 자들을 하나님의 아들로서 인정하시는 것이다. 이들은 영에 속하여 그리스도와 연합하여 성령의 인도를 받으며,[70] 죄와 사망의 법에서 벗어나 생명의 성령의 법에 귀속되어 하나님의 씨로서 아들의 신

---

67 창 1:26-28 "하나님이 이르시되 우리의 형상을 따라 우리의 모양대로 우리가 사람을 만들고 그들로 바다의 물고기와 하늘의 새와 가축과 온 땅과 땅에 기는 모든 것을 다스리게 하자 하시고 하나님이 자기 형상 곧 하나님의 형상대로 사람을 창조하시되 남자와 여자를 창조하시고 하나님이 그들에게 복을 주시며 하나님이 그들에게 이르시되 생육하고 번성하여 땅에 충만하라, 땅을 정복하라, 바다의 물고기와 하늘의 새와 땅에 움직이는 모든 생물을 다스리라 하시니라"

68 눅 3:38 "게난은 에노스의 아들이요, 에노스는 셋의 아들이요, 셋은 아담의 아들이요, 아담은 하나님의 아들이었느니라"(KJV흠정역 정동수).
창 2:7 "여호와 하나님이 땅의 흙으로 사람을 지으시고 생기를 그 코에 불어넣으시니 사람이 생령이 되니라"

69 눅 4:5-7 "마귀가 또 예수를 이끌고 올라가서 순식간에 천하 만국을 보이며 이르되 이 모든 권위와 그 영광을 내가 네게 주리라 이것은 내게 넘겨 준 것이므로 내가 원하는 자에게 주노라 그러므로 네가 만일 내게 절하면 다 네 것이 되리라"

70 롬 8:14 "무릇 하나님의 영으로 인도함을 받는 사람은 곧 하나님의 아들이라"

분을 얻는다.[71] 따라서 그리스도의 생명으로 거듭난 사람이 하나님의 아들로서 권세를 누리게 된 것이다.[72]

한편 욥기에 나타난 천상의 하나님의 아들들은 위에서 설명한 지상의 하나님의 아들과 다른 존재들이다.[73] 그들은 하나님이 사람을 지으시기 전인, 땅의 기초를 놓을 때, 이른바 창세에 기뻐 소리를 질렀던 이미 존재한 자들이었다.[74] 이때 나타나는 하나님의 아들들에 대해 크게 세 가지 견해로 분류되는 바, 성경을 기준으로 과연 그들은 누구인지 살펴본다.

첫 번째, 셋의 후손으로서 경건한 자들이라고 하며,[75] 경건하지 못한 자들을 지칭하는 가인의 후손이 사람의 딸과 결혼하여 네피림을 낳았다고 말한

---

71 사 53:10 "여호와께서 그에게 상함을 받게 하시기를 원하사 질고를 당하게 하셨은즉 그의 영혼을 속건제물로 드리기에 이르면 그가 씨를 보게 되며 그의 날은 길 것이요 또 그의 손으로 여호와께서 기뻐하시는 뜻을 성취하리로다"
갈 3:26-28 "너희가 다 믿음으로 말미암아 그리스도 예수 안에서 하나님의 아들이 되었으니 누구든지 그리스도와 합하기 위하여 세례를 받은 자는 그리스도로 옷 입었느니라 너희는 유대인이나 헬라인이나 종이나 자유인이나 남자나 여자나 다 그리스도 예수 안에서 하나이니라"

72 요 1:12-13 "영접하는 자 곧 그 이름을 믿는 자들에게는 하나님의 자녀가 되는 권세를 주셨으니 이는 혈통으로나 육정으로나 사람의 뜻으로 나지 아니하고 오직 하나님께로부터 난 자들이니라"
갈 4:6-7 "너희가 아들이므로 하나님이 그 아들의 영을 우리 마음 가운데 보내사 아빠 아버지라 부르게 하셨느니라 그러므로 네가 이 후로는 종이 아니요 아들이니 아들이면 하나님으로 말미암아 유업을 받을 자니라"

73 욥 1:6-7 "하루는 하나님의 아들들이 와서 여호와 앞에 섰고 사탄도 그들 가운데에 온지라 여호와께서 사탄에게 이르시되 네가 어디서 왔느냐 사탄이 여호와께 대답하여 이르되 땅을 두루 돌아 여기저기 다녀왔나이다"
욥 2:1-2 "또 하루는 하나님의 아들들이 와서 여호와 앞에 서고 사탄도 그들 가운데에 와서 여호와 앞에 서니 여호와께서 사탄에게 이르시되 네가 어디서 왔느냐 사탄이 여호와께 대답하여 이르되 땅을 두루 돌아 여기 저기 다녀왔나이다"

74 욥 38:4-7 "내가 땅의 기초를 놓을 때에 네가 어디 있었느냐 네가 깨달아 알았거든 말할지니라 누가 그것의 도량법을 정하였는지, 누가 그 줄을 그것의 위에 띄웠는지 네가 아느냐 그것의 주추는 무엇 위에 세웠으며 그 모퉁잇돌을 누가 놓았느냐 그 때에 새벽 별들이 기뻐 노래하며 하나님의 아들들이 다 기뻐 소리를 질렀느니라"

75 창 4:25 "아담이 다시 자기 아내와 동침하매 그가 아들을 낳아 그의 이름을 셋이라 하였으니 이는 하나님이 내게 가인이 죽인 아벨 대신에 다른 씨를 주셨다 함이며"

다. 하지만 이 주장은 사람을 짓기 전인 땅의 기초를 놓을 때 하늘에서 찬양하는 하나님의 아들들에 대해 설명하지 못한다.

두 번째, 하늘의 천사들이라고 주장한다. 이들은 히브리서 기자의 '하나님께서 천사에게 그분의 아들이라고 하신 적이 없다'는 말씀에 대해 논박하지 못한다.[76]

세 번째, 하나님의 아들들은 땅의 기초를 놓기 전부터 천상에 이미 존재하였으며, 또 하나님은 천사에게 아들이라는 신분을 부여하지 않으셨다. 그래서 창세 전에 이미 천사들과 함께 지음 받았지만 그들과 구별되는 영적 존재들이라고 한다. 이 견해는 태초에 하나님이 천지를 창조하시고, 하나님의 영이 수면에 운행(창세)하시기까지 무한한 시간이 흘렀다는 재창조설(소위 간격설, Gap-Theory)과 궤를 같이 한다.[77] 창세기 1장 1절과 2절 사이에 사람이 헤아릴 수 없는 무한정한 시간대가 존재한다는 것이다.[78]

성경을 통해 알 수 있듯이, 땅에 사람을 지으시기 전에 이미 하늘에서 천사, 그룹, 하나님의 아들들로 불리는 영적 존재들이 실존한 것이 주지의 사실이다. 더욱이 예수님도 십자가에 달리시기 전에 "창세 전에 내가 아버지와 함께 가졌던 영화로써 지금도 아버지와 함께 나를 영화롭게 하옵소서"라

76 히 1:4-5 "그가 천사보다 훨씬 뛰어남은 그들보다 더욱 아름다운 이름을 기업으로 얻으심이니 하나님께서 어느 때에 천사 중 누구에게 너는 내 아들이라 오늘 내가 너를 낳았다 하셨으며 또 다시 나는 그에게 아버지가 되고 그는 내게 아들이 되리라 하셨느냐"
히 1:14 "모든 천사들은 섬기는 영으로서 구원 받을 상속자들을 위하여 섬기라고 보내심이 아니냐"

77 간격설은 창세기 1장 1절과 2절에 있어 1절이 창조의 대전제로 선포된 말씀이 아니라, 1절의 창조 이후 2절이 등장, 1절과 2절 사이에 새로운 창조가 있기까지 무한한 시간이 흘러갔다는 이론이다.

78 창 1:1-2 "1태초에 하나님이 천지를 창조하시니라 2땅이 혼돈하고 공허하며 흑암이 깊음 위에 있고 하나님의 영은 수면 위에 운행하시니라"

고 하나님께 기도를 드리신 적이 있다.[79] 이는 창세 전에, 그 영적 존재들에게 존귀와 영광의 대상이 하나님 아버지와 더불어 예수님이셨음을 시사한다.

또한 하나님의 아들들이 사람의 딸의 아름다움을 보고 결혼하여 네피림을 낳았는 바,[80] 이는 타락한 하나님의 아들들이 천사들처럼 육체를 가진 몸으로 이 땅에 내려와 범죄 한 것으로 보인다.[81] 그들의 행태가 사람들의 죄악과 더불어 하나님의 진노를 가져와 지구상에서 노아의 가족 여덟 명을 제외하고 모두 대홍수로 심판을 받는 원인이 된 것이다.[82]

바울의 말대로, 지금은 모든 피조물이 천상에 있는 하나님의 아들들의 계시를 간절히 기대하고 있는 상태라고 하겠다.[83] 이 땅에 내려와 음행으로 범

---

79 요 17:4-5 "당신께서 제게 행하라고 주신 일을 제가 완전하게 행하여 땅에서 당신을 영광스럽게 했습니다. 그러니 이제 저를 영광스럽게 하십시오, 아버지. 세상이 있기 전에 제가 당신과 함께 가졌던 그 영광으로 당신 자신과 함께 영광스럽게 하십시오."(헬라어직역성경 허성갑).

80 창 6:1-4 "사람이 땅 위에 번성하기 시작할 때에 그들에게서 딸들이 나니 하나님의 아들들이 사람의 딸들의 아름다움을 보고 자기들이 좋아하는 모든 여자를 아내로 삼는지라 여호와께서 이르시되 나의 영이 영원히 사람과 함께 하지 아니하리니 이는 그들이 육신이 됨이라 그러나 그들의 날은 백이십 년이 되리라 하시니라 당시에 땅에는 네피림이 있었고 그 후에도 하나님의 아들들이 사람의 딸들에게로 들어와 자식을 낳았으니 그들은 용사라 고대에 명성이 있는 사람들이었더라"
https://namu.wiki/w/네피림 "일반적으로 천사와 인간 사이에서 태어난 자식을 의미한다. 어원은 '넘어뜨리는 자', '쓰러트리는 자' 히브리어로는 נְפִילִים 라 표기한다. 한국에서는 개정개역 성서에 표기된 대로 네피림으로 읽는 것이 일반적이고, 영어식 표기인 Nephilim을 읽어 네필림이라 하기도 한다."

81 창 19:1 "저녁 때에 그 두 천사가 소돔에 이르니 마침 롯이 소돔 성문에 앉아 있다가 그들을 보고 일어나 영접하고 땅에 엎드려 절하며"

82 벧전 3:19-20 "그가 또한 영으로 가서 옥에 있는 영들에게 선포하시니라 그들은 전에 노아의 날 방주를 준비할 동안 하나님이 오래 참고 기다리실 때에 복종하지 아니하던 자들이라 방주에서 물로 말미암아 구원을 얻은 자가 몇 명뿐이니 겨우 여덟 명이라"

83 롬 8:19 "피조물이 고대하는 바는 하나님의 아들들이 나타나는 것이니"
롬 8:19 "참으로 피조물은 하나님의 아들들의 계시를 간절히 기대하고 있습니다"(헬라어직역성경 허성갑).

죄 한 하나님의 아들들은 자기 처소를 떠난 천사들과 함께 옥(음부)에 갇혀 최후 심판을 기다리고 있는 중으로 읽혀진다.[84] 따라서 필자는 앞서 밝힌 주장들에 대해 성경의 논리적, 통전적 관점에서 세 번째 견해를 지지한다.

2) 소금과 빛의 역할

(5:13-16)
너희는 세상의 소금이니 소금이 만일 그 맛을 잃으면 무엇으로 짜게 하리요 후에는 아무 쓸 데 없어 다만 밖에 버려져 사람에게 밟힐 뿐이니라 너희는 세상의 빛이라 산 위에 있는 동네가 숨겨지지 못할 것이요 사람이 등불을 켜서 말 아래에 두지 아니하고 등경 위에 두나니 이러므로 집안 모든 사람에게 비치느니라 이같이 너희 빛이 사람 앞에 비치게 하여 그들로 너희 착한 행실을 보고 하늘에 계신 너희 아버지께 영광을 돌리게 하라

예수님이 그리스도인으로서 신분의 어떠함에 대해 소금과 빛으로 비유하신다. 이것들은 천연 자연물로서 사람들에게 가장 넓고 유용하게 사용된다. 소금은 자신을 희생함으로 음식을 보존하며 본래 고유의 맛을 낸다.[85] 이처럼 성도들도 그리스도의 희생정신을 본받아 그 생명력으로 이웃을 사랑함으로 맛을 내고 좋은 열매를 맺어야 한다. 아울러 복음의 빛을 비추는 역할

---

84 유 1:6-7 "또 자기 지위를 지키지 아니하고 자기 처소를 떠난 천사들을 큰 날의 심판까지 영원한 결박으로 흑암에 가두셨으며 소돔과 고모라와 그 이웃 도시들도 그들과 같은 행동으로 음란하며 다른 육체를 따라가다가 영원한 불의 형벌을 받음으로 거울이 되었느니라"

85 레 2:13 "네 모든 소제물에 소금을 치라 네 하나님의 언약의 소금을 네 소제에 빼지 못할지니 네 모든 예물에 소금을 드릴지니라"

을 성도들에게 맡기셨으므로 하늘의 은사를 따라 성령에 동참한 자들로서 복음을 세상에 알리는 전파자가 되어야 한다.[86]

기독교는 본질상 사회적 종교다. 이는 사람이 사회를 떠나서 다른 사람들과 더불어 교류 없이 살아가기 어려운 존재라는 뜻이다. 따라서 성도들은 세상을 살아가는 동안 말을 할 때도 성령을 받아 중생한 자로서 항상 맛을 내는 소금처럼 은혜가 있도록 해야 한다.[87] 또 예수님이 십자가에서 대속의 보혈을 흘리신 것은 희생의 제물로서 의를 이루신 진실한 역사다. 아직 사람들이 더러운 죄에 매여 악습에 빠져 종노릇하는 것은 이 복음의 빛을 받지 못했기 때문이다. 빛의 자녀들로서 성도들이 모든 착함과 의로움과 진실함으로 행할 때 그들에게서 좋은 열매를 얻게 된다.[88]

이 세상에서 가장 밝은 진리의 빛은 그리스도의 복음이다. 등불을 켜서 말[89] 아래 두지 않고 등잔대 위에 두는 것처럼, 성도들은 이 빛을 발하는 진리의 등대가 되어야 한다. 성도들이 빛을 비춘다는 것은 온유한 마음으로 다른 사람을 지속적으로 사랑하는 행위들이다. 자신을 녹여 맛을 내는 소금처럼 자기를 희생하는 착한 행실로써 하나님의 영광이 나타나며 복음의 거룩한 빛을 비출 수 있다. 이는 오직 그리스도 안에서 자기를 부인하고 성령을 좇아 살아갈 때 가능하다고 하겠다.

창조주이신 하나님을 인정하지 않고 우상을 섬기며 자기 뜻대로 살아가는 행태들이 인간의 죄와 불행을 초래한다. 그리스도의 진리에서 떠나 타락

---

86 히 6:4 "한 번 빛을 받고 하늘의 은사를 맛보고 성령에 참여한 바 되고"
87 골 4:6 "너희 말을 항상 은혜 가운데서 소금으로 맛을 냄과 같이 하라 그리하면 각 사람에게 마땅히 대답할 것을 알리라"
88 엡 5:8-9 "너희가 전에는 어둠이더니 이제는 주 안에서 빛이라 빛의 자녀들처럼 행하라 빛의 열매는 모든 착함과 의로움과 진실함에 있느니라"
89 '말'은 곡식, 액체, 가루 따위의 분량을 재는 데 쓰는 그릇임.

한 자들은 결국 소용이 없어 모두 버려져 밟힐 뿐이다. 그러므로 새 생명으로 먼저 거듭난 성도들은 그리스도께 의지하는 삶 가운데 세상에서 본이 되고 소금과 빛으로서 하늘 아버지께 영광을 돌려야 한다.

3) 율법의 완성자로서 그리스도

(5:17-19)
내가 율법이나 선지자를 폐하러 온 줄로 생각하지 말라 폐하러 온 것이 아니요 완전하게 하려 함이라 진실로 너희에게 이르노니 천지가 없어지기 전에는 율법의 일점 일획도 결코 없어지지 아니하고 다 이루리라 그러므로 누구든지 이 계명 중의 지극히 작은 것 하나라도 버리고 또 그같이 사람을 가르치는 자는 천국에서 지극히 작다 일컬음을 받을 것이요 누구든지 이를 행하며 가르치는 자는 천국에서 크다 일컬음을 받으리라

유대인들에게 주어진 율법은 이른바 모세오경(창세기, 출애굽기, 레위기, 민수기, 신명기)을, 선지자는 하나님의 뜻을 대언하는 예언자들을 가리킨다. 또 율법은 613가지의 도덕적, 제사적, 규범적 조문으로 분류할 수 있다.(부록 편 참고) 이 율법과 많은 예언들을 예수님이 폐하러 온 것이 아니요 완성하러 오셨다는 말씀이다. 이는 곧 그리스도의 대속의 제사와 부활을 통해 인류의 죄를 속량하심으로써, 이를 믿는 모든 자들에게 하나님의 의를 얻게 하시겠다는 메시아의 은혜로운 선언이기도 하다.

율법시대 선지자들의 구원에 대한 예언은 그리스도의 구속救贖으로 완성되었으며 이에 대한 믿음으로 이루신 구원의 은총 역시 영원하다. 또 율법

의 일점 일획까지 다 이루신다는 것은, 문자적으로 모든 조항이 변경 없이 그대로 지켜져야 한다는 뜻이 결코 아니다. 이는 율법의 근본정신이 조금도 폐지되지 않고 그리스도의 속량에 대한 믿음으로 얻어지는 하나님의 의로써 다 이루신다는 함의다.[90] 율법이 지향하는 의義가 그리스도에 대한 믿음을 통해 성취되는 방법의 차이인 것이다.

이 율법은 이스라엘 민족의 죄를 깨우치기 위해 한시적으로 주어졌으며, 예수님이 그 마침이 되사 인류 역사에 있어서 가장 큰 변곡점이 되셨다. 유대인들이 행위를 통해 이루고자 했던 율법은 원래 불완전한 것으로 연약하고 무익하여 결국 하나님의 의를 이루지 못했다.[91] 그러므로 율법 조문의 묵은 것으로 아니하고 생명의 성령의 법에 따라 하나님의 의를 얻게 하심으로써 율법을 완성하신다는 말씀이다.[92]

예수님이 십자가 위에서 인류의 죄를 대속하고 부활하사 우리를 죄의 권능인 율법에서 해방하셨으며 이를 믿는 자들에게 죄 사함을 거저 선물하셨

---

90 요 19:30 "예수께서 신 포도주를 받으신 후에 이르시되 다 이루었다 하시고 머리를 숙이니 영혼이 떠나가시니라"

91 히 7:18-19 "전에 있던 계명은 연약하고 무익하므로 폐하고 (율법은 아무것도 온전하게 못할지라) 이에 더 좋은 소망이 생기니 이것으로 우리가 하나님께 가까이 가느니라"

92 롬 4:13 "아브라함이나 그 후손에게 세상의 상속자가 되리라고 하신 언약은 율법으로 말미암은 것이 아니요 오직 믿음의 의로 말미암은 것이니라"
롬 7:6 "이제는 우리가 얽매였던 것에 대하여 죽었으므로 율법에서 벗어났으니 이러므로 우리가 영의 새로운 것으로 섬길 것이요 율법 조문의 묵은 것으로 아니할지니라"
롬 8:3-4 "율법이 육신으로 말미암아 연약하여 할 수 없는 그것을 하나님은 하시나니 곧 죄로 말미암아 자기 아들을 죄 있는 육신의 모양으로 보내어 육신에 죄를 정하사 육신을 따르지 않고 그 영을 따라 행하는 우리에게 율법의 요구가 이루어지게 하려 하심이니라"
고후 3:6 "그가 또한 우리를 새 언약의 일꾼 되기에 만족하게 하셨으니 율법 조문으로 하지 아니하고 오직 영으로 함이니 율법 조문은 죽이는 것이요 영은 살리는 것이니라"

다.[93] 누구든지 그리스도의 구속을 믿는 자는 율법을 적용받지 않고 하나님의 은혜의 적용을 받는다는 점을 간과해서는 안 된다. 그렇지 않으면 신앙이 본질적 방향을 잃고 율법적, 기복적으로 잘못 흐를 수 있기 때문이다.

안식일에 병을 고치는 등 예수님의 행적을 보고 당시 유대인들은 율법을 파괴하고 폐지하려는 줄로 생각했을 것이다. 지금도 어떤 자들은 예수님이 율법을 지킴으로써 완성하기 위해 오셨다고 반反복음적인 해석을 한다. 율법과 선지자는 예비적이요 예언적인 것으로 불완전하였으나 그리스도의 속량에 대한 믿음을 통해 하나님이 바라시는 바 의가 은혜로써 온전히 성취되었다. 따라서 교회들의 자랑은 건물 규모와 재정, 그리고 사람들의 수가 아니라 성도들이 얼마나 진리를 깨닫고 성령으로 거듭나 새롭게 변했느냐가 중요하다 하겠다.

복음은 구약의 성취인 것으로 율법보다 훨씬 고차원적이며 탁월하다. 사람의 행위로 이루지 못했던 것이 하나님의 사랑으로 오직 믿음을 통해 완성되었기 때문이다. 구약시대의 이스라엘 백성에게 하나님은 죄에 대하여 진노하시는 엄한 모습들을 볼 수 있다. 하지만 신약시대를 살아가는 성도들은 죄 사함을 이루신 그리스도를 통해 사랑이 충만하신 하나님의 가족이 되어 우주적으로 달라진 패러다임 속에서 만나고 있는 상황이다.

예수님은 누구든지 계명들 가운데 가장 작은 것이라도 행하고 가르친다면 천국에서는 큰 자로 여긴다고 하신다. 계명 자체는 거룩하고 선하므로 아무리 작은 계명일지라도 행하며 가르침이 마땅하다.[94] 하나님은 중심을 보시며, 그리스도의 속량을 믿음으로써 구원 얻은 사람의 행실은 상급에 영

93 고전 15:56 "사망이 쏘는 것은 죄요 죄의 권능은 율법이라"
94 롬 7:12 "이로 보건대 율법은 거룩하고 계명도 거룩하고 의로우며 선하도다"

향을 주게 된다. 성도들은 사람에게 보이기 위해 위선적인 행동을 하지 않아야 하며 이웃과의 어떤 관계든지 형식에서 벗어나 그리스도의 아가페적 참 사랑으로 변해야 한다.

이제 우리는 바리새인들의 무익한 율법 조문주의에서 해방되어 그리스도의 사랑주의에 동참해야 한다.[95] 이는 성경이 말하는 높아진 자유의 율법대로 내 이웃을 사랑하는 것을 말한다.[96] 즉 그리스도의 십자가 사랑 안에 옛 계명의 모든 것들이 녹아 있으므로, 묵은 율법의 틀에서 벗어나 그리스도의 구속에 대한 믿음으로 인쳐진 성령 안에서 서로 사랑하는 것이다.[97]

△ 율법의 완성과 작은 것

율법을 '완전하게 한다'는 것은, 헬라어 원문에 '플레로사이'라는 말이며, 이는 채운다는 뜻이다.[98] 율법은 불완전한 행위의 법칙이지만 하나님의 의는 온전한 믿음의 법칙이다. 율법이 지향하는 의를 믿음으로 가득 채워서 완성하는 것이다. 그래서 예수님은 구약시대(율법이나 선지자)의 가르침을 부정하거나 폐지하는 것이 아니라 오히려 완성자로서 성취하기 위해 오신 메

95 엡 2:15 "법조문으로 된 계명의 율법을 폐하셨으니 이는 이 둘로 자기 안에서 한 새 사람을 지어 화평하게 하시고"

96 약 2:12 "너희는 자유의 율법대로 심판 받을 자처럼 말도 하고 행하기도 하라"

97 요 13:34 "새 계명을 너희에게 주노니 서로 사랑하라 내가 너희를 사랑한 것 같이 너희도 서로 사랑하라"
요일 2:7-8 "사랑하는 자들아 내가 새 계명을 너희에게 쓰는 것이 아니라 너희가 처음부터 가진 옛 계명이니 이 옛 계명은 너희가 들은 바 말씀이거니와 다시 내가 너희에게 새 계명을 쓰노니 그에게와 너희에게도 참된 것이라 이는 어둠이 지나가고 참빛이 벌써 비침이니라"
요이 1:5 "부녀여, 내가 이제 네게 구하노니 서로 사랑하자 이는 새 계명 같이 네게 쓰는 것이 아니요 처음부터 우리가 가진 것이라"

98 박윤선,『산상보훈 강해』, 114.

시아임을 밝히신다. 다만 당시 서기관이나 바리새인들의 율법에 대한 가르침이 실제 하나님의 뜻과 거리가 먼 잘못된 교훈인 것을 경계하신다.

결국 예수님은 율법의 본질적 목표인 의를 단번의 희생 제사와 부활을 통해 다 이루시고 죄와 사망의 법에서 생명의 성령의 법으로 우리를 해방하셨다. 그러므로 이제 율법을 행함으로 의롭다함을 얻으려는 자는 그리스도의 도道에 반反하는 거짓된 신앙인이 틀림없다고 하겠다.[99]

한편 예수님은 계명 중에 '작은 것' 하나라도 행하며 가르치는 것이 천국에서 높다고 하신다. 율법의 일점일획 속에는 하나님의 거룩하신 속성들이 모두 담겨있다. 아이러니지만 오히려 묵은 율법 조문에서 벗어나서 우리 안에 죄성을 이겨낼 수 있도록 항상 그리스도께 의지하며 성령 충만을 구해야 한다. 그래서 하나님의 영이신 성령을 좇아 행할 때 육체의 소욕들을 이기고 그리스도의 사랑으로써 계명의 작은 부분들까지 이룰 수 있다. 이것들은 그리스도의 심판대에서 행한 대로 선악 간에 계수하실 때 상급으로 보상받게 될 것이다.

(5:20)

내가 너희에게 이르노니 너희 의가 서기관과 바리새인보다 더 낫지 못하면 결코 천국에 들어가지 못하리라

---

99 롬 7:4 "그러므로 내 형제들아 너희도 그리스도의 몸으로 말미암아 율법에 대하여 죽임을 당하였으니 이는 다른 이 곧 죽은 자 가운데서 살아나신 이에게 가서 우리가 하나님을 위하여 열매를 맺게 하려 함이라"
갈 2:19 "내가 율법으로 말미암아 율법에 대하여 죽었나니 이는 하나님에 대하여 살려 함이라"
갈 5:4 "율법 안에서 의롭다 함을 얻으려 하는 너희는 그리스도에게서 끊어지고 은혜에서 떨어진 자로다"

예수님은 서기관과 바리새인들의 율법적 생활과 천국 시민의 자격을 대조함으로 하나님 의義의 당위성을 암시하신다. 당시 서기관과 바리새인들은 죄를 깨닫도록 주신 율법의 참뜻을 곡해하여 그 행위를 통해 얻으려는 자기의 의였다. 따라서 많은 유대인들이 율법의 근본정신을 잃고 형식주의로 변질되었던 것 같다.

당시 예수님의 말씀을 듣는 제자들도 율법시대를 살아가고 있는 자들이었다. 본절을 통해 예수님은 그 제자들에게 무엇보다 천국에 들어가기 위해 절대 필요한 의의 기준을 제시하며 율법의 본래 정체성을 일깨워 주신다. 그리스도의 복음의 요점은, 행위가 아닌 우리 죄짐을 대신 짊어지고 죽으셨다 살아나신 그리스도를 구주로 마음으로 믿어 하나님께 얻는 은혜의 의다. 물(말씀 또는 육체)과 성령으로 거듭난 자만이 거저 얻을 수 있는 하나님의 의인 것이다.

한편 서기관들은 율법에 정통한 학자들로서 율법을 해석하고 가르치며 그것으로 송사를 재판하는 자들이었다. 또 바리새인들은 박하와 회향과 근채의 십일조까지 드릴 정도로 율법의 세세한 부분까지 아주 열정적인 모습을 보였다.[100] 그들은 그 시대의 율법에 충실하여 대중의 지지를 받았다고 하더라도 의식적이고 외식하는 모양새로 흘러 예수님의 교훈과 정면으로 배치되는 것이었다. 율법을 지킴으로 의를 이루려 했기 때문이다.

그러므로 예수님은 사람(율법)의 행위로 이룰 수 없지만, 오직 그리스도의

---

100 마 23:23 "서기관들과 바리새인들, 위선자들아, 너희에게 화가 있을지어다! 너희가 박하와 회향과 근채의 십일조는 바치되 율법의 더 중대한 문제인 판단의 공의와 긍휼과 믿음은 무시하였도다. 너희가 마땅히 이것들을 행하였어야 하거니와 다른 것도 행하지 않은 채 내버려 두지 말아야 하느니라"(KJV흠정역 정동수).
행 26:5 "일찍부터 나를 알았으니 그들이 증언하려 하면 내가 우리 종교의 가장 엄한 파를 따라 바리새인의 생활을 하였다고 할 것이라"

속량을 믿음으로 얻을 수 있는 하나님 의의 당위성에 대해 일깨워 주신다. 율법은 죄를 깨닫게 할 뿐 이 세상에서 율법으로 의롭다 함을 얻을 육체는 없다. 이를 얻도록 예수님이 십자가에 달리사 부활하심으로 율법의 본질인 의를 이루시고, 이를 믿는 자들에게 하나님의 의를 선물하심으로써 율법의 마침이 되신 것이다.

서기관과 바리새인들은 모든 계명을 지키기 위해 상당한 열심히 있는 자들로서 형식적인 율법의 이행에 있어서는 흠이 없을 수도 있다. 하지만 신약시대의 성도들은 그리스도를 구주로 믿음으로 하나님의 의를 거저 얻어 율법의 중심사상을 실현한다. 율법주의적 의는 외향적인 것에 비해, 하나님의 의는 내적인 모든 것까지 포함한다. 따라서 후자의 의는, 율법의 문자적 의미뿐만 아니라 그 정신까지도 온전히 충족시키고 있어[101] 전자의 모든 의보다 훨씬 탁월하며 감히 비교할 수 없을 만큼 월등한 고차원에 속한다.

강조하거니와 성경에서 '의'는 하나님께 나아갈 수 있는 자격이다. 이를 얻기 위해 자기의 의로는 그 요건을 충족할 수 없으므로 하나님의 의가 절대 필요하다. 이는 종교적인 규칙들을 지식적으로 알고 기계적으로 잘 지키는 행위가 아닌, 바로 우리를 속량하신 그리스도를 마음으로 깨달아 믿어질 때 은혜로 얻어진다. 우리 안에 성령이 인쳐짐으로써 하나님의 의에 이르는 것이다. 그래서 성도들이 성령을 좇아 살아가는 것이 하나님의 뜻을 행하는 길임을 유념해야 한다.

산상보훈 전문에 흐르는 중심사상은 하나님의 의를 얻은 자만이 들어갈 수 있는 천국 복음의 전파라고 할 수 있다. 또 핵심 문장은 다음 6장의 이른

101 존 웨슬리, 『웨슬리가 전한 산상수훈』 양재훈 역 (서울 : 기독교대한감리회, 2015), 180-181.

바 주기도문이며(6:9-13 해설 편 참고), 이를 요약하는 핵심 구절은 하나님 나라와 그의 의를 구하는 것으로(6:33), 이는 성령의 인침으로 실현된다. 결론적으로 이 모든 것을 함의하는 핵심 단어는 마지막 7장에 등장하는 좋은 것(7:11), 곧 영적 생명의 양식인 성령이라고 할 수 있겠다.

4) 율법적 생활의 예증들

예수님이 당시 율법적 생활의 예증들, 즉 살인(성냄), 간음(음욕), 이혼, 맹세, 체벌, 사랑, 구제, 기도, 금식 등에 담긴 참뜻을 전문을 통해 상세히 강론하신다. 이 교훈들에는, 사람의 행위로 이룰 수 없으며 오직 그리스도의 속량을 믿음으로 거저 얻을 수밖에 없는 하나님 의에 대한 필연성이 함의되어 있다. 우리는 여기서 하나님의 진실하고 거룩하신 속성들을 헤아려 볼 수 있다.

구약시대의 율법은 결과적이요 외적인 것으로 불완전하였지만, 그리스도의 복음은 근원적이요 내적으로서의 하나님 의를 얻음으로 율법이 완성된다. 그래서 유대인들은 율법에 대해 문자적으로 이해하고 지키는 것으로 충분하다고 여겼지만 예수님은 계명에 담긴 근본정신과 그 본질적 중심사상을 강조하신다.

a. 살인에 대하여

(5:21-26)

옛 사람에게 말한 바 살인하지 말라 누구든지 살인하면 심판을 받게 되리라 하였다는 것을 너희가 들었으나 나는 너희에게 이르노니 형제에게 노하는 자마다 심판을 받게 되고 형제를 대하여 라가라 하는 자는 공회에 잡혀가게 되고 미련한 놈이라 하는 자는 지옥 불에 들어가게 되리라 그러므로 예물을 제단에 드리려다가 거기서 네 형제에게 원망들을 만한 일이 있는 것이 생각나거든 예물을 제단 앞에 두고 먼저 가서 형제와 화목하고 그 후에 와서 예물을 드리라 너를 고발하는 자와 함께 길에 있을 때에 급히 사화하라 그 고발하는 자가 너를 재판관에게 내어 주고 재판관이 옥리에게 내어 주어 옥에 가둘까 염려하라 진실로 네게 이르노니 네가 한 푼이라도 남김이 없이 다 갚기 전에는 결코 거기서 나오지 못하리라

'옛 사람'은 모세의 율법을 받아 살아 온 구약시대의 유대인들을 말한다. 그리고 살인하지 말라는 계명의 본래 정신은, 실제로 사람을 죽이는 행위를 금지하는 것뿐만 아니라 미워하지 말고 인격이나 생명까지 존중하고 사랑하라는 뜻을 담고 있다. 하지만 당시 유대인들은 율법에 따라 겉으로 나타나는 살인 행위만을 재판받는 기준으로 삼았던 것이다.[102] 바로 이것이 예수님이, 율법의 행위를 통해 이루려는 외형적인 의와 천국의 입성에 필요한 하나님의 의를 대조해서 말씀하신 중요한 이유라고 하겠다(5:20).

전자는 외부주의지만, 후자는 내부주의로서 속과 겉이 일치를 이룬다. 하나님이 보실 때는 마음속에 품은 음욕도 간음에 속하듯이 남을 미워하는 것도 살인 행위에 해당되는 것이다.[103]

---

102 출 20:13 "살인하지 말라"

103 요일 3:15 "그 형제를 미워하는 자마다 살인하는 자니 살인하는 자마다 영생이 그 속에 거하지 아니하는 것을 너희가 아는 바라"

이스라엘 민족이 형제(같은 유대인)에게 '노하면' 재판(지방관청의 판결)을 받을 만한 잘못을 한 행위가 된다. 또 형제에게 '라가'라고[104] 하는 자는 공회에 잡혀가야 하는 바 그곳은 산헤드린으로 불리는 예루살렘 최고의 법정이다. 이 욕설은 사람을 업신여기고 무시하는 행위로 더 무거운 죄에 속하여 공회로 보내져야 한다는 뜻이다.

그리고 '미련한 놈'은 다른 사람을 아주 심하게 모욕을 주는 언행으로써 자기 자신을 하나님의 위치에 두고 판단하는 교만한 것이다. 이는 유대 사회에서 아주 큰 죄에 속하는, 형제에게 그런 말(저주)을 하는 자는 하나님을 모르는 배교자로서 힌놈 골짜기의 타는 불 속에 떨어질만한 악행이라는 것이다.[105] 라가가 정신적 모욕인데 비해 이 욕은 전인격에 대한 강한 모독으로 읽힌다.

예수님은 이 세 가지 악행(노함, 라가라 욕함, 미련한 놈이라 저주함)을 예로 들며, 작아 보일지라도 형제에게 노하는 행위도 다른 사람의 인격과 존엄성을 훼손함으로써 하나님의 의를 이루지 못해 천국에 들어갈 수 없음을 강조하신다.[106] 이때의 '형제'는 유대인뿐만 아니라 우리의 모든 이웃에게 적용되어야 한다. 따라서 부족하지만 그리스도의 속량을 믿음으로써 거저 얻어지는 하나님의 의가 우리에게 절대적으로 필요한 것이다. 여기서 우리는 천국

---

104 라가는 '텅빈, 무가치한, 우둔한, 어리석은, 멍청한' 의미의 아람어 '레카'를 음역한 것으로, 상대의 인격을 매우 경멸할 때 사용하던 일종의 욕으로 지적 수준이 저급한 상태를 꼬집는 말이다.

105 마 5:22의 '지옥 불'은 헬라어직역성경(허성갑)에 '힌놈 골짜기'로 번역된다. 힌놈의 골짜기는 구약시대의 예루살렘 서남쪽으로 4~5리 떨어진 곳의 골짜기. 어린아이들을 불살라 우상에게 제사하였으며 쓰레기를 불사르는 곳이었다.
렘 7:31 "힌놈의 아들 골짜기에 도벳 사당을 건축하고 그들의 자녀들을 불에 살랐나니 내가 명령하지 아니하였고 내 마음에 생각하지도 아니한 일이니라"

106 약 1:20 "사람이 성내는 것이 하나님의 의를 이루지 못함이라"

에는 미움이 전혀 없는 오직 빛과 사랑이 넘치는 복락의 세계인 것을 유추해 볼 수 있다.

그러므로 예수님은 우리가 하나님께 예물을 드리려다가 형제에게 불화한 일이 생각난다면 먼저 가서 화해한 후에 예물을 드리라고 하신다(6:15). 만일 그와 타협하지 않아 고발하여 재판관이 옥에 넘기면 유죄 판결이기 때문에 조그만 죗값(마지막 한 푼)까지[107] 다 치러야 한다는 말씀이다. 즉 화해하지 못하고 그 죄(빚)가 조금이라도 남아 있다면 결국 하나님의 심판, 곧 지옥의 형벌을 피할 수 없다는 의미인 것이다.

하지만 이제 성도들은 그리스도를 구주로 영접함으로 모든 죄가 정결케 되고 율법, 곧 죄와 사망의 굴레에서 벗어나 하나님의 심판을 면하게 되었다. 사탄으로부터 고발당하더라도, 오직 우리 주 예수님이 이루신 죄로부터의 속량을 믿음으로써 성도들은 그 의를 힘입어 하나님과의 화해가 이루어진다. 그리스도의 구속으로 인류의 죄가 전부 해결되었기 때문이다.[108]

예수님의 단번의 희생 제사로 속량이 이루어진 지금은, 사람과 화해를 위해 반드시 다리로 먼저 가라는 당위성보다 화해 자체를 반드시 하라는 사실에 적용되어야 할 것으로 보인다. 그 시점이 예배 전후인지 따지는 것보다 상황에 따라 하나님 앞에 먼저 회개(자백)할 때도 있을 것이다.[109] 이는 과오를 씻어 정결해지는 일이다. 상대가 가까이 없다면 형제에 대한 잘못을 하나님께 자백하고, 아울러 형제와 화해하기 위해서 할 수 있는 노력을 다해

---

107 마 5:26의 '한 푼'은 헬라어직역성경(허성갑)에 '코드란트'로 번역된다. 1코드란트는 1/64데나리온이며, 1데나리온은 당시 노동자의 하루 임금이다.

108 요 19:30 "예수께서 신 포도주를 받으신 후에 이르시되 다 이루었다 하시고 머리를 숙이니 영혼이 떠나가시니라"

109 요일 1:9 "만일 우리가 우리 죄를 자백하면 그는 미쁘시고 의로우사 우리 죄를 사하시며 우리를 모든 불의에서 깨끗하게 하실 것이요"

야 할 것이다.

살인의 동기는 마음의 분노에서 시작되고 대개 말의 욕설로 발전하며 저주로써 실행에 옮겨진다. 그러므로 성도들은 다른 사람이 우리에게 잘못을 저지를 때에 먼저 자기 자신이 하나님 앞에 크게 부족한 자임을 깨닫고 우리는 참고 용서해야 한다. 하나님이 우리를 사랑하시는 것처럼, 다른 사람의 영혼을 소중히 여기며 아무도 미워하지 말고 내 이웃을 사랑하는 마음을 가져야 한다. 그리고 언제나 자신을 살피고 회개하는 삶이 일상 생활화되어야 한다.

그러할 때 하나님은 보혜사 성령을 통해 성도들이 경건하게 살아가는 데 필요한 모든 것을 채워 주실 것이다. 이 진리의 길을 걷는데 혼자가 아니라 하나님이 보내신 성령이 항상 함께하신다는 것을 결코 잊어서는 안 되며, 자아를 죽이고 그리스도를 삶의 주인으로 인정하고 의지해야 한다. 이것이 곧 그리스도와 동행하는 삶의 방향이다.

△ 심판대

(1) 그리스도의 심판대

칠년대환난이 지나 천년왕국을 앞두고 첫째—생명의—부활이 있을 때, 예수님이 공중 강림하셔서 성도들과 함께 혼인잔치를 하신다.[110] 그리고 성도들의 행실에 따라 각각 선악 간에 계수되는 그리스도의 심판이 있겠고[111] 이

110 마 25:10 "그들이 사러 간 사이에 신랑이 오므로 준비하였던 자들은 함께 혼인 잔치에 들어가고 문은 닫힌지라"

111 고후 5:10 "이는 우리가 다 반드시 그리스도의 심판대 앞에 나타나게 되어 각각 선악간에 그 몸으로 행한 것을 따라 받으려 함이라"

들은 상급으로 다섯달란트 두달란트, 열고을 다섯고을 등을 받게 된다.[112] 또 재림하신 후, 칠년대환난을 지난 육에 속한 자들을 양과 염소로 구분하는 심판이 있다. 이때 양은 대환난에서 하나님의 백성들을 도운 자들로서 천년왕국에 들어가고, 염소는 이들을 돕지 않은 자들로서 영벌에 들어갈 것이다.[113]

고전 3:11-15 "이 닦아 둔 것 외에 능히 다른 터를 닦아 둘 자가 없으니 이 터는 곧 예수 그리스도라 만일 누구든지 금이나 은이나 보석이나 나무나 풀이나 짚으로 이 터 위에 세우면 각 사람의 공적이 나타날 터인데 그 날이 공적을 밝히리니 이는 불로 나타내고 그 불이 각 사람의 공적이 어떠한 것을 시험할 것임이라 만일 누구든지 그 위에 세운 공적이 그대로 있으면 상을 받고 누구든지 그 공적이 불타면 해를 받으리니 그러나 자신은 구원을 받되 불 가운데서 받은 것 같으리라"

롬 14:10-12 "그런데 네가 어찌하여 네 형제를 판단하느냐? 어찌하여 네 형제를 무시하느냐? 우리가 다 그리스도의 심판석 앞에 서리라. 기록된바, 내가 살아 있음을 두고 맹세하노니 모든 무릎이 내게 굴복하고 모든 혀가 하나님께 자백하리라. 주가 말하노라, 하였느니라. 그러므로 이와 같이 우리 각 사람이 자신에 관하여 하나님께 회계 보고를 하리라"(KJV흠정역 정동수).

계 19:8 "그에게 빛나고 깨끗한 세마포 옷을 입도록 허락하셨으니 이 세마포 옷은 성도들의 옳은 행실이로 다 하더라"

112 마 25:19-25,30 "오랜 후에 그 종들의 주인이 돌아와 그들과 결산할새 다섯 달란트 받았던 자는 다섯 달란트를 더 가지고 와서 이르되 주인이여 내게 다섯 달란트를 주셨는데 보소서 내가 또 다섯 달란트를 남겼나이다 그 주인이 이르되 잘하였도다 착하고 충성된 종아 네가 적은 일에 충성하였으매 내가 많은 것을 네게 맡기리니 네 주인의 즐거움에 참여할지어다 하고 두 달란트 받았던 자도 와서 이르되 주인이여 내게 두 달란트를 주셨는데 보소서 내가 또 두 달란트를 남겼나이다 그 주인이 이르되 잘하였도다 착하고 충성된 종아 네가 적은 일에 충성하였으매 내가 많은 것을 네게 맡기리니 네 주인의 즐거움에 참여할지어다 하고 한 달란트 받았던 자는 와서 이르되 주인이여 당신은 굳은 사람이라 심지 않은 데서 거두고 헤치지 않은 데서 모으는 줄을 내가 알았으므로 두려워하여 나가서 당신의 달란트를 땅에 감추어 두었었나이다 보소서 당신의 것을 가지셨나이다 ... 이 무익한 종을 바깥 어두운 데로 내쫓으라 거기서 슬피 울며 이를 갈리라 하니라"

눅 19:15-19 "귀인이 왕위를 받아가지고 돌아와서 은화를 준 종들이 각각 어떻게 장사하였는지를 알고자 하여 그들을 부르니 그 첫째가 나아와 이르되 주인이여 당신의 한 므나로 열 므나를 남겼나이다 주인이 이르되 잘하였다 착한 종이여 네가 지극히 작은 것에 충성하였으니 열 고을 권세를 차지하라 하고 그 둘째가 와서 이르되 주인이여 당신의 한 므나로 다섯 므나를 만들었나이다 주인이 그에게도 이르되 너도 다섯 고을을 차지하라 하고"

113 마 25:31-33,46 "인자가 자기 영광으로 모든 천사와 함께 올 때에 자기 영광의 보좌에 앉으리니 모든 민족을 그 앞에 모으고 각각 구분하기를 목자가 양과 염소를 구분하는

(2) 흰 보좌의 심판대

천년왕국이 지나고, 둘째—사망의—부활 시 흰白 보좌에서 내려지는 하나님의 최후 심판이다. 이때 양에 속하여 천년왕국으로 들어갔던 자들 가운데 천 년이 차서 사탄이 풀려날 때 미혹되지 않은 자들이 영생에 들어간다. 그래서 생명책에 기록된 모든 성도들이 영생복락의 세계인 새 예루살렘 성, 곧 천국에 입성하게 된다. 하지만 끝내 하나님의 사랑을 배반함으로써 생명책에 기록되지 않은 모든 불신자들은 영원히 꺼지지 않는 불못인 지옥에 던져질 것이다.[114]

b. 간음에 대하여

(5:27-30)

또 간음하지 말라 하였다는 것을 너희가 들었으나 나는 너희에게 이르노니 음욕을 품고 여자를 보는 자마다 마음에 이미 간음하였느니라 만일 네 오른 눈이 너로 실족하게 하거든 빼어 내버리라 네 백체 중 하나가 없어지고 온 몸이 지옥에 던져지지 않는 것이 유익하며 또한 만일 네 오른손이 너로 실족

것 같이 하여 양은 그 오른편에 염소는 왼편에 두리라 ··· 그들은 영벌에, 의인들은 영생에 들어가리라 하시니라"

114 계 20:11-15 "또 내가 크고 흰 보좌와 그 위에 앉으신 이를 보니 땅과 하늘이 그 앞에서 피하여 간 데 없더라 또 내가 보니 죽은 자들이 큰 자나 작은 자나 그 보좌 앞에 서 있는데 책들이 펴 있고 또 다른 책이 펴졌으니 곧 생명책이라 죽은 자들이 자기 행위를 따라 책들에 기록된 대로 심판을 받으니 ··· 사망과 음부도 불못에 던져지니 이것은 둘째 사망 곧 불못이라 누구든지 생명책에 기록되지 못한 자는 불못에 던져지더라"
마 3:12 "손에 키를 들고 자기의 타작 마당을 정하게 하사 알곡은 모아 곳간에 들이고 쭉정이는 꺼지지 않는 불에 태우시리라"

하게 하거든 찍어 내버리라 네 백체 중 하나가 없어지고 온 몸이 지옥에 던져지지 않는 것이 유익하니라

예수님은 제자들에게 유대 사회의 유전(전통)에 따라 그릇 전하여진 간음에 대한 율법관을 지적하신다. 그들은 마음과 연관하지 않고 오직 외부적으로 나타나는 행위만 간음에 해당되었다. 하지만 예수님은 마음으로 여자를 보고 음욕을 품은 것도 이미 간음했다고 하신다. 결과적 행위에 앞서 동기적인 사고思考의 중심을 보신 것이다.

그리고 죄의 주요한 경로로써 눈과 손의 부정不淨을 경계하시며, 백체 중 하나가 없어지는 것이 온 몸이 지옥의 불 속에 던져지는 고통보다 나음을 비유적으로 강조하신다.

그리스도의 피로써 속량함이 없었다면 하나님의 고결하신 거룩성 앞에 당당히 설 수 있는 사람은 아무도 없을 것이다. 하나님이 바라시는 본래 의의 기준은 행위를 넘어 마음속의 생각까지 감찰하시기 때문이다. 따라서 본문은 사람의 행위(자기의 의)로는 이룰 수 없으며, 그리스도를 통해서만 성취할 수 있는 하나님의 의에 대한 절대 당위성을 함의한다. 율법은 사람들로 하여금 자기가 죄인임을 깨닫게 하여 그리스도의 복음으로 인도하는 몽학선생(초등교사)의 역할을 할 뿐이다.[115]

하나님이 남자의 갈비뼈를 취해 여자를 만드신 것은 둘이 한 몸으로서 물리적으로 뗄 수 없다는 뜻이 담겨있다. 또 이성 간에 서로 사랑하게 하신 것

115 갈 3:24-25 "이같이 율법이 우리를 그리스도께로 인도하는 초등교사가 되어 우리로 하여금 믿음으로 말미암아 의롭다 함을 얻게 하려 함이라 믿음이 온 후로는 우리가 초등교사 아래에 있지 아니하도다"

은 사람들이 누릴 수 있는 귀한 특권이다. 하지만 부부로서 허락된 이성 외에는 마음으로 음욕을 품어도 간음에 속해, 하나님의 거룩성은 성적인 순결과 더불어 깨끗한 양심이 의에 본질을 이룸을 유추할 수 있다.

이성에 대한 욕심은 죄로, 죄는 사망으로, 사망의 결과는 결국 지옥의 형벌을 맞게 된다.[116] 죄인들이 지옥 불 속에 던져지는 고통보다 차라리 실족케 하는 눈과 손을 없애는 편이 유익하다고 하신 것은, 죄성을 지닌 온 인류에게 의에 대한 하나님 은혜의 필요성을 절실히 깨닫게 하신다.

성도들은 그리스도의 단번의 제사로 정결케 한 사실을 오직 믿음으로써 죄사함을 통해 하나님의 의를 거저 얻고 온 몸이 지옥에 던져지는 형벌을 면하게 되었다. 하나님의 자비와 은혜로 얻은 천국의 시민권자로서 성령 안에서 의와 평강과 희락을 맛보며 이를 영원토록 누리게 된 것이다.

c. 이혼에 대하여

(5:31-32)

또 일렀으되 누구든지 아내를 버리려거든 이혼 증서를 줄 것이라 하였으나 나는 너희에게 이르노니 누구든지 음행한 이유 없이 아내를 버리면 이는 그로 간음하게 함이요 또 누구든지 버림받은 여자에게 장가드는 자도 간음함이니라

신명기 24장에 기록된 이혼에 관한 하나님의 말씀은, 자기 아내에게 수치

116 약 1:15 "욕심이 잉태한즉 죄를 낳고 죄가 장성한즉 사망을 낳느니라"

스러운 일을 발견하면 이혼 증서로써 다른 사람의 아내가 될 수 있도록 하셨다.[117] 그러나 당시 유대 사회는, 수치되는 일은 빼버리고, 아무 허물없는 아내라도 쉽게 이혼 증서로 이혼하고 버리면 다른 사람의 아내가 되었다. 이 역시 모세의 율법이 잘못 유전된 행태다.

음행한 연고 없이 여자를 버리면, 그 혼인 관계는 원칙상 취소된 것이 아니라 오히려 그 여자를 간음하게 하고 그 여자를 취한 남자도 간음하는 것이 되어 하나님의 뜻을 거스르는 행위다. 음행은 스스로 결혼 관계를 무너뜨리는 행위이므로 이혼을 허락하셨지만, 음행 외에는 간음의 동기가 되어 이혼을 금지하신 것이다.

이처럼 부정한 일을 저지른 사실이 없는 이혼은, 간음의 가능성을 낳는 죄악으로서 하나님이 바라시는 의의 기준에 이르지 못한다. 따라서 하나님의 거룩성에 비추어 볼 때 오늘날 한국교회 성도들의 해이된 이혼에 관한 기독교적 윤리도 더욱 높아져야 할 것이다.

d. 맹세에 대하여

(5:33-37)

또 옛 사람에게 말한 바 헛 맹세를 하지 말고 네 맹세한 것을 주께 지키라 하였다는 것을 너희가 들었으나 나는 너희에게 이르노니 도무지 맹세하지 말지니 하늘로도 하지 말라 이는 하나님의 보좌임이요 땅으로도 하지 말라 이

117 신 24:1-2 "사람이 아내를 맞이하여 데려온 후에 그에게 수치되는 일이 있음을 발견하고 그를 기뻐하지 아니하면 이혼 증서를 써서 그의 손에 주고 그를 자기 집에서 내보낼 것이요 그 여자는 그의 집에서 나가서 다른 사람의 아내가 되려니와"

는 하나님의 발등상임이요 예루살렘으로도 하지 말라 이는 큰 임금의 성임이요 네 머리로도 하지 말라 이는 네가 한 터럭도 희고 검게 할 수 없음이라 오직 너희 말은 옳다 옳다, 아니라 아니라 하라 이에서 지나는 것은 악으로부터 나느니라

모세의 율법에는 하나님의 이름으로 거짓 맹세하거나 서원한 것을 깨뜨리는 것을 금하였다.[118] 그래서인지 당시 율법 사회에서 유대인들은 하나님의 이름으로 맹세하는 것을 아주 중요하게 생각했으며, 맹세한 것은 시인하고 그것을 하나님 앞에서 지킬 것을 강조하였다. 그것이 참이든 거짓이든, 옳은 것이든 틀린 것이든 맹세한 것은 반드시 지켜야 한다고 믿었던 것이다.

그리고 율법에 그들의 편견을 붙여 꾸며서 함부로 맹세하거나 그것을 실행하지 않고 교묘한 궤변으로 변호하는 일이 잦았다. 또 자기 이익이나 명예를 위해서 하나님의 신용을 끌어오려고 하였다. 심지어 사람이 자기 소유를 하나님 섬기는 데 쓸 것이라고 고르반 선언을 하면, 그 재산으로 부모를 돕지 않아도 된다고 하는 위선적 행태를 보였다.[119]

만일 어떤 사람이 자기 욕심을 위해 하나님의 이름으로 거짓 맹세를 한다면 하나님을 모독하는 것과 같다. 이는 여호와의 이름을 망령되게 부르지 말라는 계명을 어기는 것으로 결국 하나님께 욕을 돌리는 일이다.[120] 게다가

---

118 레 19:12 "너희는 내 이름으로 거짓 맹세함으로 네 하나님의 이름을 욕되게 하지 말라 나는 여호와이니라"
민 30:2 "사람이 여호와께 서원하였거나 결심하고 서약하였으면 깨뜨리지 말고 그가 입으로 말한 대로 다 이행할 것이니라"

119 막 7:11 "너희는 이르되 사람이 아버지에게나 어머니에게나 말하기를 내가 드려 유익하게 할 것이 고르반 곧 하나님께 드림이 되었다고 하기만 하면 그만이라 하고"

120 출 20:7 "너는 네 하나님 여호와의 이름을 망령되게 부르지 말라 여호와는 그의 이름을 망령되게 부르는 자를 죄 없다 하지 아니하리라"

하나님의 이름으로 맹세하는 것을 피하기 위해 하늘로나, 땅으로나, 예루살렘으로나, 자기의 머리를 두고 한 맹세들도 위선적 행위들이다. 이는 하나님의 보좌요, 발등상이요, 도성으로서 결국 그분을 가리키는 것이 되며, 사람은 그 자체로서 아무것도 스스로 검거나 희게 할 수 없는 존재들인 것이다.

사람은 미래에 대한 하나님의 뜻을 정확히 모른다. 미래는 하나님의 영역으로 미래에 대하여 맹세하고 큰소리를 치는 것은 악하고 교만한 마음의 발로다. 그래서 예수님은 도무지 맹세하지 말고 '옳다 또는 아니다'라고 할 것을 가르치신 바 이것만이 하나님의 거룩하신 뜻에 부합한다 하겠다. 이에서 더하는 것은 악에서 나와 결국 위선이 포장되기 쉽기 때문이다.

서기관과 바리새인들은 헛 맹세하지 않고 맹세한 것을 주께 지킴으로써 율법에는 저촉되지 않았을지도 모른다. 하지만 맹세는 맹세 그 자체로서 말의 허위성을 내포하는 것이 되어 하나님이 바라시는 바 의義에 이르지 못하며, 진실로 주님 안에 거한다면 맹세가 필요 없을 것이다. 성도들은 맹세가 아니라 하나님께 간절히 기도드려야 한다. 하나님은 우리를 위한 선한 계획을 가지고 계시며, 우리가 겸손히 기도드릴 때 성령의 역사를 통해 모든 주권과 능력으로 그 일들을 이루어 주실 것이다.

e. 복수에 대하여

(5:38-42)

또 눈은 눈으로, 이는 이로 갚으라 하였다는 것을 너희가 들었으나 나는 너희에게 이르노니 악한 자를 대적하지 말라 누구든지 네 오른편 뺨을 치거든 왼편도 돌려 대며 또 너를 고발하여 속옷을 가지고자 하는 자에게 겉옷까지도 가지게 하며 또 누구든지 너로억지로 오 리를 가게 하거든 그 사람과 십 리를 동행하고 네게 구하는 자에게 주며 네게 꾸고자 하는 자에게 거절하지 말라

하나님은 사람들이 개인적으로 복수하는 것을 엄히 금하셨다. 모든 일에 대한 심판은 하나님이 하시며 개인적으로 원수 갚는 것은 죄라는 뜻이다. 또 악을 행하는 자들을 긍휼히 여기지 말고 눈에는 눈, 이에는 이로 갚으라고 하셨다.[121] 이는 결코 복수를 위한 법이 아닌, 하나님의 질서와 공의에 입각한 사법적司法的 개념이다.[122] 율법에 따라 재판의 공정을 위하여 치밀한 세칙까지 마련되었고, 과잉 보복의 우려 때문에 재판장에게 맡겨 법적으로 처리하도록 하신 것이다.

모세를 통해 주신 이러한 율법 규정들은 사람들이 피해를 입은 것에 대한 보상적 차원이지 복수를 합법화하신 것이 아니다. 유대인의 그릇된 유전(전통)들은 사적私的 복수율復讐律로 사람들을 가르쳤지만, 예수님은 이를 시정하고자 율법의 참뜻인 희생적 사랑의 정신을 강조하신다.

오른편 뺨을 칠 때 왼편도 돌려대는 것은, 악한 자에게 맞서지 않는 마음의 태도를 말하며 악을 시정하는 참다운 사랑의 실천 방법이다. 나에게 해

---

121 신 19:19-21 "그가 그의 형제에게 행하려고 꾀한 그대로 그에게 행하여 너희 중에서 악을 제하라 그리하면 그 남은 자들이 듣고 두려워하여 다시는 그런 악을 너희 중에서 행하지 아니하리라 네 눈이 긍휼히 여기지 말라 생명에는 생명으로, 눈에는 눈으로, 이에는 이로, 손에는 손으로, 발에는 발로이니라"

122 레 19:18 "원수를 갚지 말며 동포를 원망하지 말며 네 이웃 사랑하기를 네 자신과 같이 사랑하라 나는 여호와이니라"
출 21:26-27 "사람이 그 남종의 한 눈이나 여종의 한 눈을 쳐서 상하게 하면 그 눈에 대한 보상으로 그를 놓아 줄 것이며 그 남종의 이나 여종의 이를 쳐서 빠뜨리면 그 이에 대한 보상으로 그를 놓아 줄지니라"

를 가한 자에 대한 복수를 위해 악한 자를 상대해서 이기려면 그보다 더 악해질 수밖에 없다. 또 고발하여 속옷을 원하는 자에게 겉옷까지 가지게 하는 것은, 송사하여 취하려는 자에게 더 주어 사랑으로 상대방을 감화시키라는 뜻이다. 그리고 억지로 오리를 가게 할 때 십리를 동행하여 오히려 사랑으로 정복할 것을 가르치신다.

이렇듯 예수님은 악을 행하는 자들을 대적하지 말고 무조건적, 일방적, 헌신적인 사랑으로 더 잘해주라고 하신다. 단순히 참는 것에 그치지 말고, 수응酬應의 태도로 사람을 대하며 적극적인 선으로 감화시켜 악을 이기도록 하신 것이다. 하나님은 원수를 갚도록 독생자를 이 세상에 보내신 것이 아니라 희생을 통해 구원의 사랑을 나타내기 위하여 보내셨음을 명심해야 한다.

따라서 오늘날 성도들에게, 고난과 아픔을 무릅쓰고 이타주의의 실현과 원수까지도 용서하고 사랑하는 그리스도의 심장을 닮는 신앙인의 자세가 절실히 요구된다. 이를 위해 자기에게 해를 가한 악한 자들을 용서하고 하나님께 맡겨야 한다. 그리고 우리 안에 내주하시는 그리스도께 의지하며 우리를 도우실 성령의 인도를 절대 사모해야 한다. 이것이야말로 악(사탄)을 이기고 오로지 하나님의 영광을 위하여 인내하며 걸어가야 할 길이다. 이때 하나님은 하늘의 복과 더불어 세상의 복을 채워 주심으로써 성도들이 진실로 영육 간에 풍성한 삶을 누리게 될 것이다.

f. 사랑에 대하여

(5:43-44)

또 네 이웃을 사랑하고 네 원수를 미워하라 하였다는 것을 너희가 들었으나 나는 너희에게 이르노니 너희 원수를 사랑하며 너희를 박해하는 자를 위하여 기도하라

유대인들의 이방인들을 차별화하는 선민의식이 그들과의 접촉으로 인해 죄에 오염될 수 있다고 여겼다. 더욱이 그들의 유전(전통)은 "네 이웃을 사랑하고"라는 하나님의 말씀에 "네 원수를 미워하라"는 자기들의 그릇된 사상을 더한 것이었다. 이처럼 유대인들은 하나님의 말씀을 조금씩 변형시켜 가르쳤다. 그러나 예수님은 이웃과 원수를 사랑하는 것이야말로 사랑의 참 모습이므로 그 교정을 말씀하신다.

자기가 당한 억울한 일들을 개인적으로 보복하지 말고 오히려 사랑하라는 말씀은 그분이 가르치신 실천적 윤리 가운데 최절정의 것이다. 그리스도의 아가페적 사랑은 원수를 사랑하고 박해하는 자를 위해 기도하는 것인바, 십자가에 달리실 때 그들을 위한 기도와 더불어 자신을 화해의 제물로 드림으로 몸소 본을 보이셨다.[123] 그리스도의 희생적 사랑과 중생(거듭남)에 대한 가르침에, 하나님의 의를 얻어 율법을 완성하는 길이 있으며 이는 모든 철학과 종교 위에 초연한다.

율법의 참뜻과 선지자들이 했던 예언의 궁극적 목적은 사랑이다. 그래서 남을 사랑하는 자는 온 율법을 다 이루는 일인 것이다.[124] 이 세상에서 참으

123 눅 23:33-34 "해골이라 하는 곳에 이르러 거기서 예수를 십자가에 못 박고 두 행악자도 그렇게 하니 하나는 우편에, 하나는 좌편에 있더라 이에 예수께서 이르시되 아버지 저들을 사하여 주옵소서 자기들이 하는 것을 알지 못함이니이다 하시더라 그들이 그의 옷을 나눠 제비 뽑을새"

124 롬 13:8-10 "피차 사랑의 빚 외에는 아무에게든지 아무 빚도 지지 말라 남을 사랑하는 자는 율법을 다 이루었느니라 간음하지 말라, 살인하지 말라, 도둑질하지 말라,

로 불쌍한 사람은 하나님의 백성을 박해하고 대적하는 사람들이다. 하지만 그들이 복음의 진리를 깨달아 회개함으로써 주님께 돌아와 악한 태도가 변하는 것을 주변에서 종종 보게 된다. 우리도 과거에 하나님을 알지 못한 영적 고아의 신분에서 이제는 거룩한 하나님의 자녀가 되었다. 그러므로 우리를 박해하는 자들과 비록 원수일지라도 불쌍히 여겨서 선대하고 기도하는 것은 하나님의 자녀로서 이웃을 사랑하는 지극히 당연한 일이라 하겠다.

> (5:45-48)
> 이같이 한즉 하늘에 계신 너희 아버지의 아들이 되리니 이는 하나님이 그 해를 악인과 선인에게 비추시며 비를 의로운 자와 불의한 자에게 내려주심이라 너희가 너희를 사랑하는 자를 사랑하면 무슨 상이 있으리요 세리도 이같이 아니하느냐 또 너희가 너희 형제에게만 문안하면 남보다 더하는 것이 무엇이냐 이방인들도 이같이 아니하느냐 그러므로 하늘에 계신 너희 아버지의 온전하심과 같이 너희도 온전하라

이같이 한즉, 곧 원수를 사랑하고 박해하는 자를 위해 기도하는 자는, 하나님을 따르고 그분의 성품에 참여하는 자로서 영광스런 하나님의 아들이 된다는 뜻이다. 원수를 미워하는 자는 육적인 사람이지만, 원수까지 사랑하는 자는 영에 속하여 영이신 하나님의 성품을 닮은 아들로서의 정체성을 드러낸다.

탐내지 말라 한 것과 그 외에 다른 계명이 있을지라도 네 이웃을 네 자신과 같이 사랑하라 하신 그 말씀 가운데 다 들었느니라 사랑은 이웃에게 악을 행하지 아니하나니 그러므로 사랑은 율법의 완성이니라"

하나님은 햇빛과 비를 주실 때도 악인과 선인, 그리고 의로운 자와 불의한 자 구별 없이 이 세상 모든 사람에게 미친다. 또한 누구에게나 복음을 듣게 하시는 바, 이는 하나님의 일반 은총으로서 온 세상을 향한 그분의 사랑이며 모든 사람에게 공통적으로 주어진다.

당시 유대인의 눈에, 세리는 그들을 지배하는 로마를 위해 세금을 징수함으로 매국적 행위를 하는 자들이었다. 본토 출신에게 멸시받는 존재들로 죄인의 대명사가 되었을 뿐만 아니라 이방인과의 접촉으로 인해 부정한 자들로 취급되었다. 하지만 세리도 자기를 사랑하는 자를 사랑할 줄 알며 이방인도 형제에게는 문안할 줄 아는 자들이었다.

문안 인사는 적대 감정이 없다는 의미를 담은 사랑의 표현이다. 비록 선민의식을 가진 유대인들은 이방인들을 개나 돼지처럼 여겼지만[125] 그들도 형제끼리는 문안하였던 것이다. 그러므로 예수님은 자기가 좋아하는 사람만 사랑하고 형제에게만 문안하는 이기적 사랑은 아무런 상이 없다고 하신다.

예수님은 베드로에게 죄를 범한 형제를 일곱 번씩 일흔 번이라도 용서하라고 하셨다.[126] 잘못한 자를 무한정 용서하라는 의미다. 성도들은 하늘 아버지의 온전하심 같이 한없이 인내하고 사랑하는 수준 높은 도덕률을 가져야 한다. 그리고 자기를 미워하는 자들과 원수에 대해서도 아가페적인 사랑을 할 때 하나님으로부터 상을 받을 만한 일임을 유념해야 한다.

이를테면 항상 형제와 화목하고, 악한 자를 대적하지 않고 오른뺨을 때리

---

125 마 15:26 "대답하여 이르시되 자녀의 떡을 취하여 개들에게 던짐이 마땅하지 아니하니라"

126 마 18:21-22 "그 때에 베드로가 나아와 이르되 주여 형제가 내게 죄를 범하면 몇 번이나 용서하여 주리이까 일곱 번까지 하오리이까 예수께서 이르시되 네게 이르노니 일곱 번뿐 아니라 일곱 번을 일흔 번까지라도 할지니라"

면 왼빰을 내밀며, 속옷을 달라하면 겉옷까지 내어주고, 억지로 오리를 가기 원할 때 십리를 동행하고, 구하는 자에게 주며 꾸고자 하는 자에게 거절하지 말고, 원수를 사랑하며 박해하는 자를 위해 기도하는 것들이다. 이처럼 예수님은 하늘에 계신 아버지와 같이 우리도 온전하기를 바라신다.

사람의 행위로는 스스로 하나님이 바라시는 의(천국에 들어가기에 합당한 자격)에 절대 도달할 수 없다. 하나님 앞에 겸손한 마음으로 부족한 것을 인정하고 그리스도의 속량을 믿고 의지할 때, 하나님의 의가 자기에게 전가되며 성령을 통해 그분의 성품과 능력을 나타내신다. 그래서 성도들은 그리스도의 구속을 받아 옛 사람을 벗고 거듭남으로써 성령의 능력을 힘입어 선으로 악을 이기는 온전한 삶이 목표가 되어야 한다. 아울러 죄성을 지닌 사람으로서, 그리스도처럼 완전해질 수 없을지라도 온전함을 향해 부단히 애쓰는 참신한 노력이 절실히 요구된다고 하겠다.[127]

△ 그리스도의 장성한 분량

우리가 다 하나님의 아들을 믿는 것과 아는 일에 하나가 되어 온전한 사람을 이루어 그리스도의 장성한 분량이 충만한 데까지 이르리니 이는 우리가 이제부터 어린 아이가 되지 아니하여 사람의 속임수와 간사한 유혹에 빠져 온갖 교훈의 풍조에 밀려 요동하지 않게 하려 함이라 오직 사랑 안에서 참된 것을 하여 범사에 그에게까지 자랄지라 그는 머리니 곧 그리스도라 그에게서 온 몸이 각 마디를 통하여 도움을 받음으로 연결되고 결합되어 각 지체의 분량대로 역사하여 그 몸을 자라게 하며 사랑 안

---

127 빌 3:12 "내가 이미 얻었다 함도 아니요 온전히 이루었다 함도 아니라 오직 내가 그리스도 예수께 잡힌 바 된 그것을 잡으려고 달려가노라"

에서 스스로 세우느니라 (엡 4:13-16)

바울의 말처럼, 우리가 항상 그리스도를 위하여 죽음에 넘겨짐은 그분의 생명력을 우리 몸에 나타내려 하는 것이다.[128] 그리스도와의 연합된 삶으로 성령을 좇아 살아갈 때 속사람이 날로 새로워져 성장한 만큼 하나님의 영적인 것들을 누릴 수 있게 된다.[129] 그래서 성도들은 각자의 몸에서 뿜어져 나오는 성령의 9가지 열매들(사랑, 기쁨, 화평, 인내, 자비, 양선, 충성, 온유, 절제)로써 영적 성숙의 척도를 짐작할 수 있다.[130]

에스겔은 환상에서 물이 사람의 발목에서, 무릎으로, 허리로 점점 차올라 결국 걸어서 건널 수 없는 깊이의 강에 이르는 광경을 보았다.[131] 물이 점점 사람의 몸에 차오르는 것은 성도들의 성령 충만한 정도를 나타내는 적절한 상징적 비유다. 이는 하나님의 도움 없이 성도들이 홀로 험난한 세상을 스스로 이기며 살아갈 수 없으므로 항상 그리스도 안에 거해야 함을 말해준다. 마음에 내주하시는 그리스도께 의탁할 때, 물이 점차 차오르는 것처럼, 의지한 만큼 점차 변화를 받아 성령 충만한 성숙한 성도로서 세상을 안전하게 항

128 고후 4:10-11 "우리가 항상 예수의 죽음을 몸에 짊어짐은 예수의 생명이 또한 우리 몸에 나타나게 하려 함이라 우리 살아 있는 자가 항상 예수를 위하여 죽음에 넘겨짐은 예수의 생명이 또한 우리 죽을 육체에 나타나게 하려 함이라"

129 고후 4:16-17 "그러므로 우리가 낙심하지 아니하노니 우리의 겉사람은 낡아지나 우리의 속사람은 날로 새로워지도다 우리가 잠시 받는 환난의 경한 것이 지극히 크고 영원한 영광의 중한 것을 우리에게 이루게 함이니"

130 갈 5:22-23 "오직 성령의 열매는 사랑과 희락과 화평과 오래 참음과 자비와 양선과 충성과 온유와 절제니 이같은 것을 금지할 법이 없느니라"

131 겔 47:3-5 "그 사람이 손에 줄을 잡고 동쪽으로 나아가며 천 척을 측량한 후에 내게 그 물을 건너게 하시니 물이 발목에 오르더니 다시 천 척을 측량하고 내게 물을 건너게 하시니 물이 무릎에 오르고 다시 천 척을 측량하고 내게 물을 건너게 하시니 물이 허리에 오르고 다시 천 척을 측량하시니 물이 내가 건너지 못할 강이 된지라 그 물이 가득하여 헤엄칠 만한 물이요 사람이 능히 건너지 못할 강이더라"

해할 수 있을 것이다.

이렇듯 성령 충만함으로 그리스도의 장성한 분량에 이르는 길에 대해, 사도 요한이 세 단계(자녀들아, 청년들아, 아비들아)로 구분하여 역설力說하였는 바, 그 의미들을 관련 성경 말씀을 기준으로 다음과 같이 살펴본다.

아이들아 내가 너희에게 쓴 것은 너희가 아버지를 알았음이요 아비들아 내가 너희에게 쓴 것은 너희가 태초부터 계신 이를 알았음이요 청년들아 내가 너희에게 쓴 것은 너희가 강하고 하나님의 말씀이 너희 안에 거하시며 너희가 흉악한 자를 이기었음이라 (요일 2:14)

1단계(자녀들아)

그리스도의 대속과 부활을 단순한 지식이 아닌, 믿음으로 죄사함을 받고 하나님의 의를 얻어 거듭나 영적 아버지를 알게 된 성도들을 말한다.[132] 이들은 예수님이 십자가에서 단번의 희생 제사를 드리고 다시 살아나신 일을 마음에 믿으므로 성령의 인침을 받고 갓 구주를 영접한 성도들로서,[133] 어린 아이들Little children(요일 2:12, KJV)에 비유된다. 반면 이른바 영지주의자들은, 육은 악하다고 말하며 육신으로 오신 예수님과 그의 부활을 부인한다. 그리고 이신득의以信得義(그리스도의 구속에 대한 믿음을 통해 의인의 신분을 얻는 것)의 도道

132 롬 10:9-10 "네가 만일 네 입으로 예수를 주로 시인하며 또 하나님께서 그를 죽은 자 가운데서 살리신 것을 네 마음에 믿으면 구원을 받으리라 사람이 마음으로 믿어 의에 이르고 입으로 시인하여 구원에 이르느니라"

133 요일 2:12 "자녀들아 내가 너희에게 쓰는 것은 너희 죄가 그의 이름으로 말미암아 사함을 받았음이요"
요일 2:1 "나의 자녀들아 내가 이것을 너희에게 씀은 너희로 죄를 범하지 않게 하려 함이라 만일 누가 죄를 범하여도 아버지 앞에서 우리에게 대언자가 있으니 곧 의로우신 예수 그리스도시라"

로써 거듭나지 못해, 영을 앎으로 구원 얻는다는 어리석은 주장을 한다.[134]

2단계(청년들아)

그리스도의 속량을 믿음으로 정죄 받지 않고 생명의 성령의 법에 따라 죄와 사망의 법에서 해방된 것을 깨달은 성도들이다. 여기에 속한 이들은 청년처럼 야무지고 굳센 믿음으로 공중권세 잡은 흉악한 사탄을 이기고 죄의 늪에서 벗어났다.[135] 그리고 몸에 거하는 죄성으로 인한 과오들은—예수님이 자신을 구주로 믿어 깨끗해진 제자들의 발에 묻은 먼지를 씻어주시는 것처럼—회개와 자백을 통해 불의(먼지)를 털어내고 항상 청결함을 유지한다.[136] 이들은 남자(사내)아이에 속해 장차 칠년대환난 전에 시험의 때를 면하여 첫 열매로 휴거된다.[137]

---

134 요일 4:1-5 "사랑하는 자들아 영을 다 믿지 말고 오직 영들이 하나님께 속하였나 분별하라 많은 거짓 선지자가 세상에 나왔음이라 이로써 너희가 하나님의 영을 알지니 곧 예수 그리스도께서 육체로 오신 것을 시인하는 영마다 하나님께 속한 것이요 예수를 시인하지 아니하는 영마다 하나님께 속한 것이 아니니 이것이 곧 적그리스도의 영이니라 오리라 한 말을 너희가 들었거니와 지금 벌써 세상에 있느니라 자녀들아 너희는 하나님께 속하였고 또 그들을 이기었나니 이는 너희 안에 계신 이가 세상에 있는 자보다 크심이라 그들은 세상에 속한 고로 세상에 속한 말을 하매 세상이 그들의 말을 듣느니라"

135 엡 2:2 "그 때에 너희는 그 가운데서 행하여 이 세상 풍조를 따르고 공중의 권세 잡은 자를 따랐으니 곧 지금 불순종의 아들들 가운데서 역사하는 영이라"
요일 2:13 "… 청년들아 내가 너희에게 쓰는 것은 너희가 악한 자를 이기었음이라"

136 요일 1:7-9 "그가 빛 가운데 계신 것 같이 우리도 빛 가운데 행하면 우리가 서로 사귐이 있고 그 아들 예수의 피가 우리를 모든 죄에서 깨끗하게 하실 것이요 … 만일 우리가 우리 죄를 자백하면 그는 미쁘시고 의로우사 우리 죄를 사하시며 우리를 모든 불의에서 깨끗하게 하실 것이요"
요 13:10 "예수께서 이르시되 이미 목욕한 자는 발밖에 씻을 필요가 없느니라 온 몸이 깨끗하니라 너희가 깨끗하나 다는 아니니라 하시니"

137 계 3:10 "네가 나의 인내의 말씀을 지켰은즉 내가 또한 너를 지켜 시험의 때를 면하게 하리니 이는 장차 온 세상에 임하여 땅에 거하는 자들을 시험할 때라"
계 12:5-11 "여자가 아들을 낳으니 이는 장차 철장으로 만국을 다스릴 남자라 그 아이를 하나님 앞과 그 보좌 앞으로 올려가더라 … 또 우리 형제들이 어린 양의 피와

3단계(아비들아)

태초부터 가지신 하나님의 피조물에 대한 참 사랑과 더불어 하나님 나라의 의와 평강과 희락의 속성을 깨달아 알고, 항상 그리스도와 동행(교제)하며 성령을 좇아 살아가는 아버지처럼 성숙한 성도들이다.[138] 이들은 자기 몸은 비록 땅에 있지만 영이 주님 안에서 하늘에 앉힌 바 되어, 그리스도의 장성한 분량에 이르는 영적 수준의 세 단계 중 최종 단계에 속한 성도들로 분류할 수 있다.[139] 따라서 우리는 아비들로서의 합당한 신앙인이 지속될 수 있도록 오롯이 그리스도만을 의지하며 언제나 성령 충만함을 구하는 삶의 여정이 되어야 할 것이다.[140]

자기들이 증언하는 말씀으로써 그를 이겼으니 그들은 죽기까지 자기들의 생명을 아끼지 아니하였도다"

138 고후 13:11 "마지막으로 말하노니 형제들아 기뻐하라 온전하게 되며 위로를 받으며 마음을 같이하며 평안할지어다 또 사랑과 평강의 하나님이 너희와 함께 계시리라 거룩하게 입맞춤으로 서로 문안하라"
요일 4:8-10 "사랑하지 아니하는 자는 하나님을 알지 못하나니 이는 하나님은 사랑이심이라 하나님의 사랑이 우리에게 이렇게 나타난 바 되었으니 하나님이 자기의 독생자를 세상에 보내심은 그로 말미암아 우리를 살리려 하심이라 사랑은 여기 있으니 우리가 하나님을 사랑한 것이 아니요 하나님이 우리를 사랑하사 우리 죄를 속하기 위하여 화목 제물로 그 아들을 보내셨음이라"
요일 2:13 "아비들아 내가 너희에게 쓰는 것은 너희가 태초부터 계신 이를 알았음이요 …"

139 엡 2:4-6 "긍휼이 풍성하신 하나님이 우리를 사랑하신 그 큰 사랑을 인하여 허물로 죽은 우리를 그리스도와 함께 살리셨고 (너희는 은혜로 구원을 받은 것이라) 또 함께 일으키사 그리스도 예수 안에서 함께 하늘에 앉히시니"

140 엡 5:17-18 "그러므로 어리석은 자가 되지 말고 오직 주의 뜻이 무엇인가 이해하라 술 취하지 말라 이는 방탕한 것이니 오직 성령으로 충만함을 받으라"
롬 15:13 "소망의 하나님이 모든 기쁨과 평강을 믿음 안에서 너희에게 충만하게 하사 성령의 능력으로 소망이 넘치게 하시기를 원하노라"
요일 4:16-17 "하나님이 우리를 사랑하시는 사랑을 우리가 알고 믿었노니 하나님은 사랑이시라 사랑 안에 거하는 자는 하나님 안에 거하고 하나님도 그의 안에 거하시느니라 이로써 사랑이 우리에게 온전히 이루어진 것은 우리로 심판 날에 담대함을 가지게 하려 함이니 주께서 그러하심과 같이 우리도 이 세상에서 그러하니라"

2. 마태복음 6장

본장을 일관하는 예수님의 사상은, 외식하는 자들에 대하여 위선적 행동에서 떠나 오직 하나님을 상대로 행하라는 것이다. 이를 위해 거짓되기 쉬운 인본주의를 경계하고 은밀한 가운데 계시는 하나님 중심주의, 곧 신본주의를 강조하신다. 그래야 참 신앙으로서 상을 받을 수 있다는 의미다. 그리고 온 인류의 구원을 위해 '주님의 기도'와 함께 먼저 '하나님 나라와 그의 의를 구하라'는 대명제적 교훈으로서 전문 가운데 본론적 성격을 띤다.

1) 구제할 때

(6:1-4)
사람에게 보이려고 그들 앞에서 너희 의를 행하지 않도록 주의하라 그리하지 아니하면 하늘에 계신 너희 아버지께 상을 받지 못하느니라 그러므로 구제할 때에 외식하는 자가 사람에게서 영광을 받으려고 회당과 거리에서 하는 것 같이 너희 앞에 나팔을 불지 말라 진실로 너희에게 이르노니 그들은 자기 상을 이미 받았느니라 너는 구제할 때에 오른손이 하는 것을 왼손이 모르게 하여 네 구제함을 은밀하게 하라 은밀한 중에 보시는 너의 아버지께서 갚으시리라

하나님은 은밀한 중의 선행을 기뻐하시므로 당시 유대인들이 구제할 때 보이는 외식하는 경건에 대해 예수님은 실패한 것으로 여기신다. 그래서 예수님은 유대 사회에 만연한 외식하는 행동과 위선적인 관습들의 개선 방향

을 가르치신다. 한마디로 사람들에게 보이려는 위선적인 행태를 경계하시며 모든 선행은 아버지 하나님만을 의식하여 행하라는 것이다.

자선을 할 때도 나팔을 부는 것은 자기 자랑으로 삼는 행태며, 대중의 칭찬을 받고자 여러 사람이 알도록 구제했다면 하나님으로부터 받을 상은 없다고 하겠다.[141] 성도들이 이 땅에서 받을 수 있는 최고의 상은, 그리스도의 속량을 믿는 자들에게 하나님이 성령을 주셔서 모든 죄를 씻어주심으로 거듭나 새 생명을 얻는 일이다. 이처럼 성도들이 오직 하나님의 은혜로써 천국(새 예루살렘 성)에 이르는 구원의 상을 얻었지만, 다가올 천년왕국의 때에 다섯 고을, 열 고을을 받게 되는 상급은 이 땅에서의 자기의 선한 행위들과 연관이 있다는 사실을 유념해야 한다.

안타깝게도 대부분 한국교회들의 공통적 문제는 구제나 헌금 같은 신앙적 행위들이 너무 위선적으로 흐르는 경향을 보인다는 점이다. 어떤 선행을 할 때 사람에게 보일 의도를 조금이라도 가졌다면 그 행태에 대해 깊이 자성하고 회개해야 한다.

아나니아와 삽비라는 사람들에게 보이기 위해 거짓된 행동을 하려다 죽임을 당했다.[142] 여기서 하나님은 자기의 영광을 취하고자 성령을 속이고 그

---

141 고전 3:11-15 “이 닦아 둔 것 외에 능히 다른 터를 닦아 둘 자가 없으니 이 터는 곧 예수 그리스도라 만일 누구든지 금이나 은이나 보석이나 나무나 풀이나 짚으로 이 터 위에 세우면 각 사람의 공적이 나타날 터인데 그 날이 공적을 밝히리니 이는 불로 나타내고 그 불이 각 사람의 공적이 어떠한 것을 시험할 것임이라 만일 누구든지 그 위에 세운 공적이 그대로 있으면 상을 받고 누구든지 그 공적이 불타면 해를 받으리니 그러나 자신은 구원을 받되 불 가운데서 받은 것 같으리라”

142 행 5:1-10 “아나니아라 하는 사람이 그의 아내 삽비라와 더불어 소유를 팔아 그 값에서 얼마를 감추매 그 아내도 알더라 얼마만 가져다가 사도들의 발 앞에 두니 베드로가 이르되 아나니아야 어찌하여 사탄이 네 마음에 가득하여 네가 성령을 속이고 땅 값 얼마를 감추었느냐 땅이 그대로 있을 때에는 네 땅이 아니며 판 후에도 네 마음대로 할 수가 없더냐 어찌하여 이 일을 네 마음에 두었느냐 사람에게 거짓말한 것이 아니요 하나님께로다 아나니아가 이 말을 듣고 엎드러져 혼이 떠나니 이 일

분을 기만하는 행위를 심히 가증히 여기시는 것을 알 수 있다. 신앙생활은 하나님과 나 사이의 아주 은밀한 사랑의 고백 같은 것으로 사람들 앞에서 드러낼 이유가 전혀 없다. 게다가 하나님이 주실 상을 스스로 차버리는 결과를 초래할 수 있어 성도들은 하나님과의 관계가 위선적이 되지 않도록 주의해야 한다.

예수님은 구제할 때도 오른손이 하는 것을 왼손이 모르게 하라고 하신다. 이는 바리새인들의 외식주의를 경계하며 어떠한 선행이든지 명예심을 버리고 자신과 전혀 무관한 것처럼 기억하거나 의식도 하지 말라는 뜻으로 읽혀진다. 항상 은밀한 중에 모든 것을 보고 계시며 성도들의 형편과 처지를 자신보다 더 잘 아시는 신실하신 아버지 하나님이 다 갚아주실 것이다.

구제할 때 회당이나 거리에서 사람들 앞에 나팔소리를 내는 따위의 경건은 이미 인사와 칭찬을 받아 그것으로 상이 끝나버린다. 외식하는 자들은 위선자로서 남을 기만하며 자신도 속이는 일이 된다. 그러므로 선행을 할 때는 항상 상대방을 긍휼히 여기는 마음과 함께 자랑하려는 태도를 버리고 은밀히 해야 한다.

이때 은밀히 하라는 것은, 언제든지 숨어서만 하라는 것이 아니라 사람들에게 보이려고 일부러 하는 동기를 경계해야 한다는 뜻이다. 선행을 나타냄으로 그리스도인으로서 빛이 된다면 이 역시 하나님께 영광이 될 것이다(5:16). 우리 육안의 모든 현상 세계는 하나님의 말씀으로 말미암아 나타난

을 듣는 사람이 다 크게 두려워하더라 … 베드로가 이르되 그 땅 판 값이 이것뿐이냐 내게 말하라 하니 이르되 예 이것뿐이라 하더라 … 곧 그가 베드로의 발 앞에 엎드러져 혼이 떠나는지라 젊은 사람들이 들어와 죽은 것을 보고 메어다가 그의 남편 곁에 장사하니"

것들이다.[143] 그 창조주 하나님은 사람의 중심을 보시므로 세상 가운데서 성도들은 하나님의 자녀로서 아버지를 기쁘시게 하려는 동기만 있어야 한다.

많은 사람들이 하나님에 대하여 열의를 가졌지만 사탄의 계략에 빠져 율법의 의righteousness of the law, 즉 외적인 의무를 행하는 것에 얽매인다. 이는 바로 자기의 열심으로 의를 얻고자 했던 가인의 제사처럼, 하나님의 뜻과 거리가 멀다는 사실을 기억해야 한다. 그들은 아벨이 제사를 통해 믿음으로 얻었던 하나님의 의와는 무관하게 스스로의 노력을 통해서 하나님 앞에서 인정받고자 한다.[144] 그러나 하나님은 노예의 열심보다 아버지를 신뢰하고 사랑하는 아들의 심정으로 행할 때 기뻐하신다. 이 아들은 거룩하신 하나님 앞에 자기의 부족한 것을 알며 위선적이지 않고, 또 아버지를 진실로 사랑하는 미더운 마음을 가졌기 때문이다.

2) 기도할 때

(6:5-8)

또 너희는 기도할 때에 외식하는 자와 같이 하지 말라 그들은 사람에게 보이려고 회당과 큰 거리 어귀에 서서 기도하기를 좋아하느니라 내가 진실로 너희에게 이르노니 그들은 자기 상을 이미 받았느니라 너는 기도할 때에 네 골방에 들어가 문을 닫고 은밀한 중에 계신 네 아버지께 기도하라 은밀한 중에 보시는 네 아버지께서 갚으시리라 또 기도할 때에 이방인과 같이 중언부언

---

143 히 11:3 "믿음으로 모든 세계가 하나님의 말씀으로 지어진 줄을 우리가 아나니 보이는 것은 나타난 것으로 말미암아 된 것이 아니니라"

144 롬 1:17 "복음에는 하나님의 의가 나타나서 믿음으로 믿음에 이르게 하나니 기록된 바 오직 의인은 믿음으로 말미암아 살리라 함과 같으니라"

하지 말라 그들은 말을 많이 하여야 들으실 줄 생각하느니라 그러므로 그들을 본받지 말라 구하기 전에 너희에게 있어야 할 것을 하나님 너희 아버지께서 아시느니라

당시 유대인들이 즐겨했던 회당과 큰 거리 어귀에서 외식하는 기도는, 하나님이 기뻐하시는 내밀한 골방의 기도와 대비된다. 그들은 사람들에게 경건하도록 보이고자 스스로 자신을 속이며 자기 만족에 도취된 위선자들이었다. 중심을 보시는 하나님께 드리는 간절한 호소가 아니라 허황된 마음에서 나오는 외식하는 기도였던 것이다.

그들은 하루에 세 번씩 성전이나 골방에서 기도하였다.[145] 이 시간에 외출 중이면 길가에서 기도하였고, 그러다가 나중에는 일부러 외출하여 많은 사람이 있는 회당이나 거리 어귀에서 외식하는 기도를 하였다고 한다. 사람들에게 경건하다는 말을 들으려는 명예심의 발로였을 것이다.

이처럼 사람들에게 보이기 위해 기도한다면 그는 사람들로부터 이미 상을 받은 바 되어 하나님께는 받을 상이 없는 셈이다. 기도할 때는 오직 은밀한 중에 보시는 아버지 하나님만을 향해 내밀하게 내 마음을 쏟아야 한다. 그래서 예수님은 기도할 때에 다른 사람에게 보이려고 하지 말고 오직 하나님 한 분만을 바라보며 골방에서 기도하라고 하신다. 장소를 불문하고 상황에 따라선 어디든지 은밀한 골방이 될 수 있지만 사람들에게 드러내고자 외식하는 기도는 하나님 앞에 오히려 불충한 짓이 되고 만다.

---

145 행 3:1 "제 구 시 기도 시간에 베드로와 요한이 성전에 올라갈새"
단 6:10 "다니엘이 이 조서에 왕의 도장이 찍힌 것을 알고도 자기 집에 돌아가서는 윗방에 올라가 예루살렘으로 향한 창문을 열고 전에 하던 대로 하루 세 번씩 무릎을 꿇고 기도하며 그의 하나님께 감사하였더라"

오늘날 교회에서 행하는 소위 대표 기도가 그 자체는 잘못이 아닐지라도, 기도자는 하나님의 인정보다 사람의 칭찬에 관심을 갖는 기도는 아닌지 각자 되돌아보아야 한다. 기도는 하나님과 인격적으로 만나고 소통하는 대화다. 그러므로 명예심이나 수사적 표현을 버리고 오직 자녀가 아버지에게 말씀을 드리듯이 진실한 마음과 확실한 믿음을 가지고 간구해야 한다.

외식하는 기도는 하나님과의 귀중한 교제 시간에 마치 연극하는 꼴이다. 사람들에게 칭찬이나 어떠한 유익을 얻으려는 기도는 역겨워 하나님의 마음을 얻지 못할 것이다. 하지만 아침이든 저녁이든, 골방이 있든지 없든지, 개인적인 상태를 조성하여 은밀한 가운데 보시는 아버지 하나님께 진심으로 구할 때 진정한 기도로서 응답해 주실 것이다.

예수님은 또 기도할 때에 이방인처럼 중언부언하지 말라고 하신다. 이는 마음에 신앙이나 간절함이 없이 빈 말을 반복해서 하는 기도를 말하며, 그 이유는 말을 많이 하여야 신이 듣고 감동한다는 것이다.[146] 즉 거짓의 아비인 사탄이 하나님을 모르는 이방인들에게 자신의 이미지를 신GOD의 개념 속에 집어넣어 속이는 행태다.

가톨릭교회나 절에서 기도할 때 같은 기도문을 계속 반복하는 것을 볼 수 있다. 하나님은 기도하기 전에 이미 우리에게 필요한 것을 모두 알고 계신다. 우리는 사탄에게 속아 진정한 열망과 믿음이 없이 무의미한 기도를 길게 반복하는 것을 경계해야 한다.

예수님은 잡히시기 전날 밤에 겟세마네 동산에서 홀로 밤을 지새우며 간

---

146 왕상 18:26 “그들이 받은 송아지를 가져다가 잡고 아침부터 낮까지 바알의 이름을 불러 이르되 바알이여 우리에게 응답하소서 하나 아무 소리도 없고 아무 응답하는 자도 없으므로 그들이 그 쌓은 제단 주위에서 뛰놀더라”

절하게 많은 기도를 드리셨다. 이처럼 하나님과의 인격적인 깊고 은밀한 교제가 영적 기도다. 따라서 성도들은 아버지 하나님께 자기의 소원을 진솔하게 아뢰며, 반복된 말 보다 마음에 뜨거운 열정을 가지고 많은 기도를 드려야 한다.

하늘 아버지께서 우리 형편의 모든 것들을 다 아시지만, 연인과 사랑하듯이 성도들과의 깊은 교제를 원하시므로 진실한 마음으로 간절히 기도를 드릴 때 기뻐하실 것이다. 성도들이 기도하고 구제하고 금식하는 것은 모두 하나님과 교제하는 사랑의 밀어로서 이때 외식하는 행태들을 싫어하시는 것은 당연한 이치라고 하겠다.

△ '주님의 기도' 교훈

예수님이 제자들에게 유대인들의 외식하는 기도와 이방인들의 중언부언하는 기도 행태를 경계하신 후에, 당시 상황에 절대 필요한 내용을 예(例)로써 모범적 기도로 가르치신다(6:9-13). 이때는 하나님의 경륜 가운데, 무엇보다 이 땅에서 죄의 해결을 위해 그리스도의 극적인 단번의 희생 제사가 절실히 필요한 시기였다. 그래서 인류의 구원이라는 당면한 과제에 대하여 간결하면서도 함축성 있는 내용으로 기도의 본을 삼으셨다. 즉 우리가 하나님의 뜻에 따라 땅에서 죄사함을 얻고 또 일용할 생명의 영적 양식을 얻어 구원에 이를 수 있도록 가르치신 이른바 주기도문(이하 주님의 기도라 한다.)이다.

주님의 기도는 먼저 그 대상을 부르고, 두 부분으로 나누어지는 여섯 문구(본론에 해당)의 간구 후에 송영으로 끝을 맺는다. 본론의 전반부는 하나님의 영광과 이 땅에 그분의 나라의 임재를 위하여 기도하고, 후반부는 인류의 영생과 더불어 이 세상을 살아가는데 반드시 필요한 참복을 간구하는 내용이다.[147] 기도에 대한 바른 예시를 보여주신 이 기도문에는 완벽한 조직으로써 시의적절한 죄사함과 성령 임재에 대한 비전vision이 담겨있다.

우리는 이 교훈의 시기가 율법의 마침으로 오신 예수님이 십자가 희생 제사를 앞둔 중차대한 시대적 상황이었음을 기억해야 한다. 다시 말해 예수님이 죄 가운데 있는 인류의 구원을 위해 친히 단번의 십자가 대속의 제사를 예정하시고 이를 위해 제자들을 가르치신 준비 기도의 성격이다. 이후 이 주님의 기도는 예수님이 십자가 대속을 이루시고 부활·승천하셔서 이 땅에 성령을 보내심으로 모두 이루어졌다.

결론적으로 그리스도의 속량을 믿는 자들에게 성령을 인치심으로 성도들의 마음에 하나님의 나라와 그의 나라를 이루셨으며, 이로써 하늘에서와 같이 땅에서도 아버지의 뜻이 이루어졌다. 구하고 찾으며 두드리는 자에게 일용할 영적 양식인 좋은 것(성령)이 생명수로 공급되고 있으며(7:7,11) 죄사함과 함께 악에서 구원함을 받은 모든 성도가 이를 증거한다. 따라서 주님의 기도에 대한 주제문과 주제어를 전문 가운데서 각각 찾는다면, '먼저 그의 나라와 그의 의를 구하라'(6:33)와 '좋은 것'(7:11)이라고 할 수 있겠다.[148]

오늘날 성도들은 이 기도에 대한 응답으로, 하나님의 은혜 가운데 성령을 맛보고 누리며 살아가고 있다. 오직 하나님 아버지의 사랑과 구원의 은총을 힘입어 성령을 좇아 살아가는 복음 가운데 있는 것이다. 그러므로 교회에서 예배, 각종 모임, 또는 기도 후에 중언부언하듯이 주님의 기도를 암송하는 행태들은 적절하지 않아 보인다. 지금은 하나님 나라의 확장과 함께 성령

147 김서택, 『새마태복음(상) 강해』 (서울 : 기독교문사, 2014), 426.
148 박윤선, 『산상보훈 강해』, 186.

충만함을 구함으로써 이를 좇아 행하고, 또 그리스도의 구원의 은혜와 인도하심에 감사하며 하나님께 영광을 돌려야 할 때다.

> (6:9-10)
> 그러므로 너희는 이렇게 기도하라 하늘에 계신 우리 아버지여 이름이 거룩히 여김을 받으시오며 나라가 임하시오며 뜻이 하늘에서 이루어진 것 같이 땅에서도 이루어지이다

"너희는 이렇게 기도하라"고 하신 것은 단순히 문자적 반복 행태의 기도를 의미하지 않는다. 단지 자구적인 답습과 신약시대 동안 반복하여 주술처럼 외우도록 하신 뜻은 더욱 아니다. 따라서 각 구절에 담긴 의미들을 상세히 살펴보기로 한다.

본문은 기도문의 전반부로서, 기도의 대상을 부르고, 이어 하나님의 이름을 높이며 그분의 나라의 임재와 더불어 뜻이 성취되시기를 바라는 세 가지의 기도가 나타나 있다. 이 내용들은 상호 밀접한 연관성을 가진다.

하늘에 계신 우리 아버지여

여기서 '하늘'은 창조주 하나님의 보좌로서 영광을 상징하며, 하나님은 거기뿐만 아니라 모든 우주에 편만遍滿하게 계신 분이다. 따라서 '하늘에 계신' 것은 고귀성, 절대성, 전지전능성을 함의하며, 사람들로 하여금 초월적인 하나님에 대한 무한한 소망과 절대적 믿음을 갖고 기도할 것을 바라시는 뜻이 담겨있다. 또 '우리 아버지'라 부르는 것은 선하신 영적 아버지로서 친밀성이 묻어나며, 믿음의 형제들이 하나님의 자녀들로서 서로 간에 사랑의 감정

이 얼마나 친밀해야 하는지를 보여준다.

우리는 그리스도를 주로 고백하는 순간부터 하나님의 영광스러운 자녀가 되고, 기도는 사랑스러운 자녀로서 아버지와 나누는 영적 교제가 된다. 더욱이 이 땅에서 최고의 사랑이 자녀들에 대한 부모의 사랑이듯이, 아버지 하나님도 영적 자녀들을 위해 독생자를 보내사 십자가 위에서 죽기까지 사랑을 나타내셨다. 하나님의 아들이신 그리스도를 믿음으로 양자된 성도들에게 그분에게 속한 모든 것을 소유케 하시고 자녀가 되는 권세와 함께 그 특권을 누리도록 하신 것이다.

이름이 거룩히 여김을 받으시오며

이때 '이름'은 하나님의 모든 속성들, 곧 사랑, 권능, 지혜, 공의, 진리 등을 상징한다. 따라서 이 기도는 오직 하나님만을 절대적으로 거룩한 분으로서 신뢰한다는 고백과 동시에 마땅히 거기에 합당한 영광을 올려드린다.

'거룩하다'라는 말은 히브리어 카도쉬qadoshi인데, 이 단어는 원래 '휘장'이라는 말에서 파생되어 '구별하다'는 뜻을 담고 있다.[149] 하나님은 우주 만물의 주인으로서 모든 죄와 어두움이 전혀 없으시고 속된 세상사와 구별된다는 것이다. 거룩성은 하나님의 불변적 속성이며 스스로 존재하는 분으로서 그분의 이름에는 항상 거룩하신 인격과 능력과 권위도 함께 한다.[150]

본래 사람은, 아담과 하와가 선악과(선악을 알게 하는 지식 나무의 열매)를 따먹지 말라는 하나님의 명령에 불순종하여 거룩한 의의 길을 떠난 것이 죽음에

149 이상근, 『신약성서주해 마태복음』, 116.

150 출 3:14 "하나님이 모세에게 이르시되 나는 스스로 있는 자이니라 또 이르시되 너는 이스라엘 자손에게 이같이 이르기를 스스로 있는 자가 나를 너희에게 보내셨다 하라"

이르게 되었다. 그래서 주님의 기도에 담긴 중심사상은 죄사함에 대한 간구일 수밖에 없다. 아울러 하나님의 특성 가운데 특별히 거룩히 여김을 받으시라는 기도가 호칭 다음 첫 문구에 등장한다. 이는 하나님 아버지 홀로 죄와 구별되어 거룩히 여김을 받으실 분임을 강조하신 것으로 읽혀진다.

예수님이 주님의 기도를 가르치신 지 얼마 후에, 친히 단번의 희생 제사를 드리고 부활하사, 이를 믿는 자들이 하나님의 의를 회복하여 거룩한 자들로서 새 생명을 얻게 되었다. 그러므로 하나님의 거룩하신 이름을 높이는 것은, 이러한 모든 일들로 인해 감사와 영광의 찬양을 미리 올려드린 기도라고도 할 수 있다. 또한 절대 무흠하신 지존자로서 거룩하신 하나님이 모든 피조물에게 항상 경외와 예배의 대상이 되는 것은 지극히 당연한 일이다.

나라가 임하시오며

이 '나라'는 아버지 하나님의 왕국(나라)을 일컬으며 또 그분이 왕으로서 지배하시는 영역을 뜻한다. 이 땅에서의 하나님 나라는, 자기가 죄인인 것을 깨닫고 그리스도의 속량을 믿음으로 중생할 때 성도들의 마음에 성령의 임재로 이루어진다. 영이 죽어 있는 자들이 그리스도 진리의 빛으로 죄와 사망의 늪에서 해방되고 하나님의 영이 임재하사 거듭나 살아남으로써 하나님의 나라가 이루어지는 것이다.

여기서 우리는, 예수님이 이 기도를 가르치던 시기가 오순절 전이라 아직 성령이 이 세상에 임재하지 않은 때였음을 유의해야 한다. 따라서 성령과 더불어 하나님의 나라가 이 땅에 임하도록 해 달라는 기도다.

결국 이 기도는 그리스도를 구주로 믿는 자들의 마음 속에 성령의 인치심으로 응답되었다. 즉 그리스도의 단번의 제사를 통해 이루어지는 일로써,

예수님이 부활·승천하신 후에 성령을 보내심으로 성취되었다. 그러므로 영적 관점에서 성도들에게 하나님 나라는 현세부터 실현되고 있음을 알 수 있다.[151]

장차 이방인의 충만한 수가 차고 온 이스라엘이 구원을 얻을 때, 예수님이 만주의 주요 왕 중의 왕으로 재림하셔서 천 년 동안 성도들과 함께 이 땅을 다스리신다.[152] 이후 천년왕국이 끝나고, 성도들은 본향인 천국(새 예루살렘 성)에서 영생을 누리게 된다. 이처럼 하나님의 나라는, 그리스도의 속량과 더불어 성도들 마음속에 이루어졌지만, 세상 끝날에 비로소 영원한 천국에 이르는 이중적 구조를 지닌다.

거듭난 성도들은, 약 이천 년 전부터, 하나님 나라가 시작되어 그리스도의 복음을 전하며 다시 오실 그분을 기다리고 있는 중이다. 하지만 대부분 유대인들은 아직도 그리스도의 구속救贖을 믿지 않으므로 이 땅에서 하나님 나라를 맛보지 못하고 있는 안타까운 상황이다.

뜻이 하늘에서 이루어진 것 같이 땅에서도 이루어지이다

이 기도는 하나님의 선하시며 기뻐하시고 온전하신 뜻이 하늘에서 이루어진 것처럼 땅에서도 성취하여 주시라는 간구다.[153] 더럽혀진 이 땅에서도, 하

---

151 눅 17:21 "또 여기 있다 저기 있다고도 못하리니 하나님의 나라는 너희 안에 있느니라"
롬 14:17 "하나님의 나라는 먹는 것과 마시는 것이 아니요 오직 성령 안에 있는 의와 평강과 희락이라"

152 롬 11:25-27 "형제들아 너희가 스스로 지혜 있다 하면서 이 신비를 너희가 모르기를 내가 원하지 아니하노니 이 신비는 이방인의 충만한 수가 들어오기까지 이스라엘의 더러는 우둔하게 된 것이라 그리하여 온 이스라엘이 구원을 받으리라 기록된 바 구원자가 시온에서 오사 야곱에게서 경건하지 않은 것을 돌이키시겠고 내가 그들의 죄를 없이 할 때에 그들에게 이루어질 내 언약이 이것이라 함과 같으니라"

153 롬 12:2 "너희는 이 세대를 본받지 말고 오직 마음을 새롭게 함으로 변화를 받아 하

늘에서와 같이 죄악으로부터 구하여 주시기를 바라는 기도인 것이다.

사탄은 하나님과 사람 사이에서 사람으로 하여금 하나님의 뜻을 따르지 못하도록 훼방한다. 이런 사탄의 간계를 배제하며 하나님의 선한 뜻을 이루시려는 데 이 기도의 주지가 있다. 하나님이 우리 속에 정한 영을 창조하사 악한 것들로부터 해방하여 주시기를 바라는 것이다.[154] 즉 하늘에 있는 영적 존재들이 하나님이 뜻하시는 데로 모든 것을 따르듯이, 이 땅에서도 사람들이 사탄으로부터 벗어나서 죄와 사망의 늪으로부터 해방시켜 주시기를 구하는 기도다.[155]

이 간구대로 그리스도의 속량으로 첫째 것(죄와 사망의 법)을 폐하고 둘째 것(생명의 성령의 법)을 세우심으로써 이 땅에도 하나님의 뜻이 이루어졌다.[156] 다시 말해 예수님이 십자가 위에서 징계(채찍, 죽으심)를 받아 대속하신 보혈의 공로로 우리가 이 땅에서 죄사함을 얻고, 또 부활하사 사망 권세를 이기고 평화와 나음(치유)을 입게 되었다.[157] 하나님의 구속 사업의 경륜에 따라,

---

나님의 선하시고 기뻐하시고 온전하신 뜻이 무엇인지 분별하도록 하라"

154 겔 36:26-27 "또 새 영을 너희 속에 두고 새 마음을 너희에게 주되 너희 육신에서 굳은 마음을 제거하고 부드러운 마음을 줄 것이며 또 내 영을 너희 속에 두어 너희로 내 율례를 행하게 하리니 너희가 내 규례를 지켜 행할지라"

155 히 13:20-21 "양들의 큰 목자이신 우리 주 예수를 영원한 언약의 피로 죽은 자 가운데서 이끌어 내신 평강의 하나님이 모든 선한 일에 너희를 온전하게 하사 자기 뜻을 행하게 하시고 그 앞에 즐거운 것을 예수 그리스도로 말미암아 우리 가운데서 이루시기를 원하노라 영광이 그에게 세세무궁토록 있을지어다 아멘"

156 히 10:9-10 "그 후에 말씀하시기를 보시옵소서 내가 하나님의 뜻을 행하러 왔나이다 하셨으니 그 첫째 것을 폐하심은 둘째 것을 세우려 하심이라 이 뜻을 따라 예수 그리스도의 몸을 단번에 드리심으로 말미암아 우리가 거룩함을 얻었노라"
롬 8:1-2 "그러므로 이제 그리스도 예수 안에 있는 자에게는 결코 정죄함이 없나니 이는 그리스도 예수 안에 있는 생명의 성령의 법이 죄와 사망의 법에서 너를 해방하였음이라"

157 사 54:4-5 "두려워하지 말라 네가 수치를 당하지 아니하리라 놀라지 말라 네가 부끄러움을 보지 아니하리라 네가 네 젊었을 때의 수치를 잊겠고 과부 때의 치욕을 다시 기억함이 없으리니 이는 너를 지으신 이가 네 남편이시라 그의 이름은 만군의 여호와이시며 네 구속자는 이스라엘의 거룩한 이시라 그는 온 땅의 하나님이라 일

그리스도를 통해 희생 제사를 드리고 부활·승천하신 후 좋은 것(7:11), 곧 성령을 이 땅에 보내심으로써 기도가 성취된 것이다.

이에 그리스도를 구주로 믿음으로 거듭난 성도들은 생명의 성령의 법에 따라 땅에서 거룩한 신의 성품에 참여할 수 있게 되었다.[158] 이는 성령의 인치심으로 하나님의 나라가 자기 마음 속에 임할 때 누구나 누릴 수 있는 결과로서, 예수님이 창세 전에 누렸던 하늘의 영광을 하나님 아버지의 이름으로 나타내주신 것이다.[159]

앞서, 이 기도는 그리스도의 단번의 제사와 부활을 믿는 성도들에게 하나님의 나라와 함께 하나님의 의를 얻게 하사 다 이루어진 것을 보았다. 이제는 이에 대한 하나님의 은혜에 감격하며 감사할 때로서, 아직도 주님의 기도를 중언부언 암송하는 것은 옳지 않다. 오히려 성령 충만함과 더불어 죄로부터 속량하신 그리스도의 복음을 바르게 깨닫게 하여 주시고,[160] 이 땅에서 하나님의 나라가 더욱 확장될 수 있도록 간구함이 적절하다 하겠다.

컬음을 받으실 것이라"
요 10:10 "도둑이 오는 것은 도둑질하고 죽이고 멸망시키려는 것뿐이요 내가 온 것은 양으로 생명을 얻게 하고 더 풍성히 얻게 하려는 것이라"
마 8:17 "이는 선지자 이사야를 통하여 하신 말씀에 우리의 연약한 것을 친히 담당하시고 병을 짊어지셨도다 함을 이루려 하심이더라"

158 엡 1:4-5 "곧 창세 전에 그리스도 안에서 우리를 택하사 우리로 사랑 안에서 그 앞에 거룩하고 흠이 없게 하시려고 그 기쁘신 뜻대로 우리를 예정하사 예수 그리스도로 말미암아 자기의 아들들이 되게 하셨으니"

159 요 17:5-6 "아버지여 창세 전에 내가 아버지와 함께 가졌던 영화로써 지금도 아버지와 함께 나를 영화롭게 하옵소서 세상 중에서 내게 주신 사람들에게 내가 아버지의 이름을 나타내었나이다 그들은 아버지의 것이었는데 내게 주셨으며 그들은 아버지의 말씀을 지키었나이다"

160 엡 1:7 "우리는 그리스도 안에서 그의 은혜의 풍성함을 따라 그의 피로 말미암아 속량 곧 죄 사함을 받았느니라"

(6:11-13)

오늘 우리에게 일용할 양식을 주시옵고 우리가 우리에게 죄 지은 자를 사하여 준 것 같이 우리 죄를 사하여 주시옵고 우리를 시험에 들게 하지 마시옵고 다만 악에서 구하시옵소서 (나라와 권세와 영광이 아버지께 영원히 있사옵나이다 아멘)

본문은 기도문의 후반부로써 '우리에게 … 우리 죄를 … 우리를 …'의 목적어와 함께 인간의 부족함과 연약함에 대해 하나님의 도우심을 구하는 세 가지 기도가 등장한다. 이는 우리가 영생을 얻고 이 세상에서 하나님의 뜻을 좇아 살아가는 데 반드시 필요한 기도들이다. 또 원문에는 없으나 다른 사본에 기록된 송영이 나온다.[161]

오늘 우리에게 일용할 양식을 주시옵고

'일용할'은 '필요한'의 뜻을 담고 있다. 그리고 '양식'에 대해서는 육적 양식, 영적 양식, 영육 간에 필요한 모든 것 등으로 주석가들의 견해가 나누어진다. 초기 교부들은 이를 물질적 의미의 양식이 아니라 '성찬이나 하나님의 말씀'으로 해석하였다고 한다. 이는 그리스도의 몸이 참된 양식이며[162] 하나님의 말씀이 순전하고 신령한 젖이라는[163] 성경 말씀과 일맥상통한다. 따라서 필자는 교부들의 주장에 더하여, 성경에 기초한 통전적, 논리적 관점

161 마 6:13 (헬라어직역성경 허성갑), 각주 참고.

162 요 6:54-55 "내 살을 먹고 내 피를 마시는 자는 영생을 가졌고 마지막 날에 내가 그를 다시 살리리니 내 살은 참된 양식이요 내 피는 참된 음료로다"

163 벧전 2:2 "갓난 아기들 같이 순전하고 신령한 젖을 사모하라 이는 그로 말미암아 너희로 구원에 이르도록 자라게 하려 함이라"

에서 '일용할 양식'의 참 의미를 좀 더 상세히 살펴보기로 한다.

첫째, 만일 일용할 양식이 육적 양식의 빵bread을 의미한다면, 예수님이 지적하신 대로, 이방인들이 무엇을 먹을까 무엇을 마실까를 염려하여 매일 구하는 것이 되어 적절하지 않다(6:31-32). 더욱이 예수님은 썩을 양식을 위해 일하지 말고 인자가 주실 영생하도록 있는 양식을 위하여 하라고 하셨다. 여기서 인자가 주시는 양식은, 하나님이 인치셔서 십자가 희생 제사로 드리실 그리스도 자신을 말한다.[164] 그러므로 이 양식은 빵이 아니라 영적 양식을 가리키며, 성찬이라고 하는 교부들의 견해와 일치한다.

둘째, 예수님은 사람이 떡으로만 살 것이 아니요 하나님의 입으로부터 나오는 모든 말씀으로 살 것이라고 하셨다.[165] 인간이 몸을 지탱하기 위해 물리적인 빵이 필요하지만, 하나님의 말씀만이 참으로 생명력 있는 삶을 살아가게 할 수 있다.[166] 이때 양식을 단순히 하나님의 말씀이라고 한다면 다소 추상적이다. 그래서 이를 구체적으로 살펴보면 이른바 좋은 것(성령)을 통해 영적 양식으로 공급해 주시는 것을 발견할 수 있다(7:11).[167] 이 성령은 오직

---

164 요 6:27 "썩을 양식을 위하여 일하지 말고 영생하도록 있는 양식을 위하여 하라 이 양식은 인자가 너희에게 주리니 인자는 아버지 하나님께서 인치신 자니라"

165 마 4:4 "예수께서 대답하여 이르시되 기록되었으되 사람이 떡으로만 살 것이 아니요 하나님의 입으로부터 나오는 모든 말씀으로 살 것이라 하였느니라 하시니"

166 신 34:7 "모세가 죽을 때 나이 백이십 세였으나 그의 눈이 흐리지 아니하였고 기력이 쇠하지 아니하였더라"
롬 4:19 "그가 백 세나 되어 자기 몸이 죽은 것 같고 사라의 태가 죽은 것 같음을 알고도 믿음이 약하여지지 아니하고"

167 눅 11:13 "너희가 악할지라도 좋은 것을 자식에게 줄 줄 알거든 하물며 너희 하늘 아버지께서 구하는 자에게 성령을 주시지 않겠느냐 하시니라"
사 40:29-31 "피곤한 자에게는 능력을 주시며 무능한 자에게는 힘을 더하시나니 소년이라도 피곤하며 곤비하며 장정이라도 넘어지며 쓰러지되 오직 여호와를 앙망하는 자는 새 힘을 얻으리니 독수리가 날개치며 올라감 같을 것이요 달음박질하여도 곤비하지 아니하겠고 걸어가도 피곤하지 아니하리로다"
시 103:5 "좋은 것으로 네 소원을 만족하게 하사 네 청춘을 독수리 같이 새롭게 하시는도다"

그리스도를 구주로 믿는 자들에게 하나님이 인쳐주시며 신령한 젖으로서 영적 생명의 양식이 된다.[168]

셋째, 예수님이 나의 양식은, 나를 보내신 이의 뜻을 행하며 그의 일을 온전히 이루는 것이라고 하셨다.[169] 이는 첫째 것(옛 계명인 율법)을 폐하고, 둘째 것(그리스도의 단번의 제사와 부활로써 속량함을 이루시는 새 언약)을 다시 세우시고,[170] 증표로써 오순절날 생명수인 성령을 일용할 영적 양식으로 보내주셨다.[171] 따라서 목마른 자들에게 생수처럼 공급하시는 보혜사 성령을 통해 모든 것을 가르쳐주고 인도하시며 치유해 주신다.[172] 바꾸어 말해 하나님의 나라와 그의 의義를 구하는 자들에게,[173] 생명의 양식으로써 그리스도의 희생

---

168 벧전 2:2 "갓난 아기들 같이 순전하고 신령한 젖을 사모하라 이는 그로 말미암아 너희로 구원에 이르도록 자라게 하려 함이라"
요 6:63 "살리는 것은 영이니 육은 무익하니라 내가 너희에게 이른 말은 영이요 생명이라"

169 요 4:34 "예수께서 이르시되 나의 양식은 나를 보내신 이의 뜻을 행하며 그의 일을 온전히 이루는 이것이니라"

170 히 10:9-10 "그 후에 말씀하시기를 보시옵소서 내가 하나님의 뜻을 행하러 왔나이다 하셨으니 그 첫째 것을 폐하심은 둘째 것을 세우려 하심이라 이 뜻을 따라 예수 그리스도의 몸을 단번에 드리심으로 말미암아 우리가 거룩함을 얻었노라"

171 행 2:1-4 "오순절 날이 이미 이르매 그들이 다같이 한 곳에 모였더니 홀연히 하늘로부터 급하고 강한 바람 같은 소리가 있어 그들이 앉은 온 집에 가득하며 마치 불의 혀처럼 갈라지는 것들이 그들에게 보여 각 사람 위에 하나씩 임하여 있더니 그들이 다 성령의 충만함을 받고 성령이 말하게 하심을 따라 다른 언어들로 말하기를 시작하니라"

172 요 7:37-39 "명절 끝날 곧 큰 날에 예수께서 서서 외쳐 이르시되 누구든지 목마르거든 내게로 와서 마시라 나를 믿는 자는 성경에 이름과 같이 그 배에서 생수의 강이 흘러나오리라 하시니 이는 그를 믿는 자들이 받을 성령을 가리켜 말씀하신 것이라 (예수께서 아직 영광을 받지 않으셨으므로 성령이 아직 그들에게 계시지 아니하시더라)"
요 14:26 "보혜사 곧 아버지께서 내 이름으로 보내실 성령 그가 너희에게 모든 것을 가르치고 내가 너희에게 말한 모든 것을 생각나게 하리라"
요일 2:27 "너희는 주께 받은 바 기름 부음이 너희 안에 거하나니 아무도 너희를 가르칠 필요가 없고 오직 그의 기름 부음이 모든 것을 너희에게 가르치며 또 참되고 거짓이 없으니 너희를 가르치신 그대로 주 안에 거하라"

173 눅 17:20-21 "바리새인들이 하나님의 나라가 어느 때에 임하나이까 묻거늘 예수께

제사와 함께 성령을 인쳐주시고, 이방인들이 구하는 육적 양식까지 필요에 따라 채워 주신다(6:33, 7:11).

결론적으로, 예수님은 십자가 위에서 대속의 제사를 앞두고, 하나님께서 만나처럼 일용할 생명의 양식을 보내주시기 바라는 기도를 제자들에게 가르치셨다. 즉 생수 같은 영적 양식을 바라며 구하라는 기도다. 얼마 지나지 않아 예수님이 인류의 죄사함을 위해 몸소 단번의 제사를 드리고 부활·승천하신 후에, 성령을 보내사 하나님의 뜻을 이루심으로 이 기도는 응답되었다. 그리스도의 속량을 믿는 성도들에게 일용할 생명의 양식으로서 성령을 거저 선물하신 것이다.

그러므로 예수님이 온 인류를 대신하여 찢기신 몸과 흘리신 피를 기념(기억)하는 '성찬'과 더불어 생수처럼 목마른 자들에게 공급하시는 '성령'이 우리에게 일용할 참된 양식이라 하겠다. 현재의 너머에는 영원만이 존재할 뿐인 것으로 성도들은 성령이 항상 함께 하시기에 내일을 염려할 필요가 없다. 또 오늘날 교회들은 일용할 양식으로 주신 성찬의 의미를 헤아린다면, 년 1~2회 정도로 기념하고 마는 행태를 되돌아보고 자성하여 그 횟수를 더욱 늘려야 마땅하다고 하겠다. 최소한 주 1회 이상이 바람직할 것이나 우선 월 1회부터 점진적으로 확대해 나갈 것을 강권해 본다.

서 대답하여 이르시되 하나님의 나라는 볼 수 있게 임하는 것이 아니요 또 여기 있다 저기 있다고도 못하리니 하나님의 나라는 너희 안에 있느니라"
롬 3:22-24 "곧 예수 그리스도를 믿음으로 말미암아 모든 믿는 자에게 미치는 하나님의 의니 차별이 없느니라 모든 사람이 죄를 범하였으매 하나님의 영광에 이르지 못하더니 그리스도 예수 안에 있는 속량으로 말미암아 하나님의 은혜로 값 없이 의롭다 하심을 얻은 자 되었느니라"

우리가 우리에게 죄지은 자를 사하여 준 것 같이 우리 죄를 사하여 주시옵고

하나님이 아담과 하와에게 금하신 선악을 알게 하는 지식 나무의 열매를 따 먹는 불순종으로 인해 죄가 사람의 몸 안에 들어와 거룩하신 하나님과 멀어지게 되었다. 그래서 우리가 우리에게 잘못한 자를 용서하듯이, 하나님께 죄사함의 은총을 구하도록 가르치신 기도다. 마리아가 향유로써 제사를 준비한 것처럼, 예수님이 제자들에게 온 인류의 죄로부터의 속량을 원하는 예비적 기도를 가르치신 것이다.

유의할 점은, 우리가 우리에게 죄지은 자를 사하여 준 그 공로로 우리 죄를 사하여 주시기를 구하는 기도가 아니다. 우리의 노력으로 씻을 수 없는 죄악들로부터 오로지 하나님의 자비와 긍휼을 바라며 은혜로써 우리를 영원히 속량해 주시기를 바라는 기도다. 즉 우리에게 해를 입힌 자들을 우리가 용서해 준 것과 같이 하나님이 우리 죄를 영원토록 사면해 주시기를 바라는 간구다.

당시는 모든 피조물을 향한 하나님의 사랑을 죄(사탄)가 방해하고 있는 상황이었다. 예수님이 초림하신 이유는, 그러한 죄의 문제를 해결함으로써 우리를 구원하고자 이 땅에 오셨다. 따라서 이사야 선지자의 예언처럼, 우리를 멸망의 구덩이에서 건져내고 허물을 도말하사 우리의 모든 죄를 해결하여 주시기를 아버지 하나님께 구하라는 것이다.[174] 그러므로 이 기도는 아주 시의적절한 기도가 아닐 수 없다. 모든 인류에게 절대적으로 필요한 중차대

174 사 38:17 "보옵소서 내게 큰 고통을 더하신 것은 내게 평안을 주려 하심이라 주께서 내 영혼을 사랑하사 멸망의 구덩이에서 건지셨고 내 모든 죄를 주의 등 뒤에 던지셨나이다"
사 43:25 "나 곧 나는 나를 위하여 네 허물을 도말하는 자니 네 죄를 기억하지 아니하리라"

한 죄사함(구원)에 대해, 빚진 자들이 탕감받은 것처럼 하나님의 은혜를 구하고 있기 때문이다.[175]

또한 예수님은 십자가 대속의 제사가 임박한 상황에서, 죄사함을 얻게 한 후 성령을 보내시려는 예정으로 이 기도를 가르치셨다. 그리고 아가페적 사랑이 예수님의 중심사상인 것으로[176] 죄에 대한 일시적 개념의 율법적 용서가 아닌 영속을 위한 간구다.[177] 이는 결국 그리스도 대속과 부활의 은총으로 응답되었고, 우리는 오직 이를 믿음으로 성령을 받고 거룩함을 얻게 되었다.[178]

이제 그리스도 안에 있는 사람은 생명의 성령의 법으로 인해 죄와 사망의 법에서 해방되었으며, 성령을 좇아 행함으로써 육체의 소욕에서 벗어나 율법의 요구를 이루게 되었다. 게다가 만일 우리 안에 거하는 죄성을 이기지 못해 잘못을 할 때는 하나님께 자백함으로 모든 불의에서 깨끗함을 얻게 된 것이다.[179] 이는 모두 예수님이 십자가 위에서 피 흘리사 온 인류의 죗값을 다 지불하신 대가다.

---

175 존 칼빈, 『기독교 강요』 양낙홍 역 (경기 : 크리스찬다이제스트, 2012), 182.

176 갈 2:20 "내가 그리스도와 함께 십자가에 못 박혔나니 그런즉 이제는 내가 사는 것이 아니요 오직 내 안에 그리스도께서 사시는 것이라 이제 내가 육체 가운데 사는 것은 나를 사랑하사 나를 위하여 자기 자신을 버리신 하나님의 아들을 믿는 믿음 안에서 사는 것이라"

177 마 18:21-22 "그 때에 베드로가 나아와 이르되 주여 형제가 내게 죄를 범하면 몇 번이나 용서하여 주리이까 일곱 번까지 하오리이까 예수께서 이르시되 네게 이르노니 일곱 번뿐 아니라 일곱 번을 일흔 번까지라도 할지니라"
딛 2:14 "그가 우리를 대신하여 자신을 주심은 모든 불법에서 우리를 속량하시고 우리를 깨끗하게 하사 선한 일을 열심히 하는 자기 백성이 되게 하려 하심이라"

178 히 10:10 "이 뜻을 따라 예수 그리스도의 몸을 단번에 드리심으로 말미암아 우리가 거룩함을 얻었노라"

179 롬 7:20 "만일 내가 원하지 아니하는 그것을 하면 이를 행하는 자는 내가 아니요 내 속에 거하는 죄니라"
요일 1:9 "만일 우리가 우리 죄를 자백하면 그는 미쁘시고 의로우사 우리 죄를 사하시며 우리를 모든 불의에서 깨끗하게 하실 것이요"

우리가 하나님 앞에 탕감 받은 죄의 값은 다른 사람이 우리에게 잘못한 것보다 도저히 비교할 수 없을 만큼 엄청나게 크다. 성도들은 하나님으로부터 용서받은 지극하신 사랑으로 인하여, 우리에게 잘못한 자들을 너그럽게 용서할 수 있어야 한다. 예수님은 긍휼히 여기는 자가 긍휼히 여김을 받는다고 말씀하신다(5:7). 우리가 그리스도의 십자가 공로로 인한 죄사함의 은총을 누리고자 한다면, 다른 사람이 우리게 잘못한 것도 마땅히 용서해야 할 것이다(6:14-15).

우리를 시험에 들게 하지 마시옵고 다만 악에서 구하시옵소서

사탄은 세상의 왕으로서 불순종의 자녀들 가운데 막강한 권력을 행사한다. 또 사람들에게 악한 마음과 생각들을 불러일으켜서 마침내 하나님으로부터 멀어지게 하려는 특성을 지녔다. 하나님은 자녀들을 연단하기 위해 시험하시지만,[180] 사탄은 항상 사람들을 넘어뜨려 멸망시키고자 유혹한다. 그래서 사탄의 세력을 이기는 것이 시험에 들지 않는 일이며 바로 악에서 구하여지는 일이다.

본절은 이를 위해 사람들이 사탄의 유혹에 넘어지지 않고 오직 악에서 구하여 주실 것을 바라는 간절한 기도다.[181] 결국 하나님은 그리스도의 속량을 믿는 자들에게 성령의 도우심을 받아 사탄의 유혹으로부터 오는 시험과 악을 이기게 하셨다.[182] 따라서 주님의 기도는 예수님이 단번의 제사로 우리의

---

180 고전 10:13 "사람이 감당할 시험 밖에는 너희가 당한 것이 없나니 오직 하나님은 미쁘사 너희가 감당하지 못할 시험 당함을 허락하지 아니하시고 시험 당할 즈음에 또한 피할 길을 내사 너희로 능히 감당하게 하시느니라"

181 약 1:12 "시험을 참는 자는 복이 있나니 이는 시련을 견디어 낸 자가 주께서 자기를 사랑하는 자들에게 약속하신 생명의 면류관을 얻을 것이기 때문이라"

182 롬 8:2 "이는 그리스도 예수 안에 있는 생명의 성령의 법이 죄와 사망의 법에서 너

죄를 영속하시고 성령을 보내사 영생을 얻게 하심으로 모두 응답되었다.

하지만 우리 안에 거하는 죄성으로 인해 죄의 불씨는 여전히 남아 있다. 이제 우리는 주님이 이루신 대속의 은혜에 감사하면서 항상 하나님의 뜻인 성령을 좇아 살아감으로 육체(세상)적 유혹들에서 벗어나야 한다.[183] 예상치 못한 많은 어려움이나 위기를 맞게 될 때도 언제나 흔들리지 않고 힘 있게 설 수 있도록 성령의 도우심을 간절히 구해야 할 것이다.

나라와 권세와 영광이 아버지께 영원히 있사옵나이다 아멘

여기서 '나라'는 현세와 내세에 하나님이 친히 다스리시는 영역의 왕국을 말한다(6:10). 따라서 이 송영은 성령을 통해 우리 안에 이루어지는 하나님의 나라와 이 세상을 이기는 그리스도의 권세와 영광이 영원히 하나님께 속함을 확고히 믿는다는 신앙고백이다. 나아가 다가올 천국에서 하나님의 절대적 권능과 거룩하신 속성들과 하시는 모든 일들에 대한 엄숙한 찬양이기도 하다.

우리의 힘과 능력은 모두 하나님께로부터 나오므로, 결코 누군가 이 영광을 가로채서는 안 되며 권능이 나온 데로 영광이 돌아가야 하는 것은 당연한 이치다. 한편 위 구절은 기도문의 격식을 갖추기 위해 후에 삽입한 것으로 보는 견해가 우세하다.

를 해방하였음이라"

183 갈 5:16 "내가 이르노니 너희는 성령을 따라 행하라 그리하면 육체의 욕심을 이루지 아니하리라"

(6:14-15)

너희가 사람의 잘못을 용서하면 너희 하늘 아버지께서도 너희 잘못을 용서하시려니와 너희가 사람의 잘못을 용서하지 아니하면 너희 아버지께서도 너희 잘못을 용서하지 아니하시리라

주님의 기도에 있어서 죄에 대한 용서는 그리스도의 속량으로 인해 우리가 얻는 영원한 죄사함을 구하는 기도다. 하지만 본문에서 잘못을 용서받는다는 것은 상급의 기준이 되는 구체적 과실들에 대한 하나님의 용서로 읽혀진다. 전자는 온 인류의 영속을 위한 기도로써 십자가 위에서 그리스도의 단번의 제사를 통해 이루셨다. 그러나 후자는 우리가 속량을 받은 후에, 우리에게 잘못한 자들에 대해 소홀하기 쉬운 용서를, 주님이 우리를 용서하신 것 같이 하라고 강조하신 것이다.

하나님은 우리가 다른 사람의 과실을 진정으로 용서할 때 우리의 모든 과실도 용서해 주신다.[184] 이는 우리가 다른 사람의 작은 잘못을 용서해 줌으로써 우리의 많은 잘못들을 다 용서받는 것과 같다고 할 수 있다.[185]

인류의 구원을 위한 예수님의 십자가 사건은 이를 믿는 모든 자의 죄를 영원히 속량하심으로써 역사상 가장 위대한 사랑을 확증하셨다. 이때 하나님이 우리에게 주신 소중하고 값진 선물이 용서다. 따라서 하나님의 자녀들은 자기에게 잘못한 자를 마땅히 용서해 주어야 한다. 이는 이해관계나 불필요한 자존심 등으로 막혀 있는 관계를 원상태로 회복하는 것이다. 이처럼

184 마 18:35 "너희가 각각 마음으로부터 형제를 용서하지 아니하면 나의 하늘 아버지께서도 너희에게 이와 같이 하시리라"

185 김서택, 『새마태복음(상) 강해』, 448.

하나님은 자녀들이 다른 사람의 과실을 용서하는 자를 기뻐하시며 서로 사랑하기를 간절히 바라고 계신다.

그러므로 우리는 억울한 일을 당할 때도 친히 원수를 갚지 말고 하나님의 진노하심에 맡겨야 한다.[186] 야고보는 긍휼을 베풀지 않은 자는 긍휼 없는 심판을 받으며 또 긍휼은 심판을 이기고 기뻐한다고 하였다.[187] 그리스도로 인해 엄청난 죄를 탕감받은 빚진 자로서 잘못을 서로 용서하고 사랑하는 것은 성도들의 당연한 자세일 것이다.

3) 금식할 때

(6:16-18)

금식할 때에 너희는 외식하는 자들과 같이 슬픈 기색을 보이지 말라 그들은 금식하는 것을 사람에게 보이려고 얼굴을 흉하게 하느니라 내가 진실로 너희에게 이르노니 그들은 자기 상을 이미 받았느니라 너는 금식할 때에 머리에 기름을 바르고 얼굴을 씻으라 이는 금식하는 자로 사람에게 보이지 않고 오직 은밀한 중에 계신 네 아버지께 보이게 하려 함이라 은밀한 중에 보시는 네 아버지께서 갚으시리라

예수님은 다른 사람에게 드러낼 의도로 금식하는 것은 이미 상을 받은 바

---

186 롬 12:19-20 "내 사랑하는 자들아 너희가 친히 원수를 갚지 말고 하나님의 진노하심에 맡기라 기록되었으되 원수 갚는 것이 내게 있으니 내가 갚으리라고 주께서 말씀하시니라 네 원수가 주리거든 먹이고 목마르거든 마시게 하라 그리함으로 네가 숯불을 그 머리에 쌓아 놓으리라"

187 약 2:13 "긍휼을 베풀지 않은 자는 긍휼 없는 심판을 받으리라 긍휼은 심판을 이기고 기뻐하느니라"(KJV 흠정역 정동수).

되어 하나님으로부터는 받을 상이 없다고 하신다. 금식의 가치를 인정하면서 잘못된 동기로 금식하는 것을 지적하시며, 그 목적이 회개하고 기도하는 데에 있으므로 하나님 앞에 은밀하게 하라는 것이다.

금식은 하나님에 대한 사랑의 표현인 것으로 거짓되거나 형식적이어서는 안 된다. 우리는 이사야 선지자의 예언을 통해서, 구약시대에 금식이 위선적으로 행해질 때 신랄한 비판이 있었다는 것을 볼 수 있다.[188] 특히 금식하면서도 이웃을 억압하거나 이웃 구제에 무관심한 경우 혹독한 비판이 가해졌다.[189]

또 예수님은 금식할 때, 사람들로부터 받을 영광을 위해 외식하는 자들처럼 슬픈 기색을 하며 얼굴을 흉하게 하지 말라고 하신다. 얼굴을 찡그리며 고행주의의 태도를 보이는 것은 위선적 행태의 표징이다. 오히려 머리에 기름을 바르고 얼굴을 씻어 외관을 단정히 하고 평소처럼 자연스러운 태도를 취하라고 하신다. 이때 머리에 기름을 바르라는 것은 문자적 의미보다 거짓 경건에 대한 경계를 강조하신 것으로 보인다.

당시 어떤 자들은 금식할 때에, 그들이 평소에 입던 옷을 입지 않고 애곡하는 옷차림을 하고 자기 머리와 얼굴에 재를 발라서 창백한 모습으로 사람

---

188 사 58:3-5 "우리가 금식하되 어찌하여 주께서 보지 아니하시오며 우리가 마음을 괴롭게 하되 어찌하여 주께서 알아 주지 아니하시나이까 보라 너희가 금식하는 날에 오락을 구하며 온갖 일을 시키는도다 보라 너희가 금식하면서 논쟁하며 다투며 악한 주먹으로 치는도다 너희가 오늘 금식하는 것은 너희의 목소리를 상달하게 하려는 것이 아니니라 이것이 어찌 내가 기뻐하는 금식이 되겠으며 이것이 어찌 사람이 자기의 마음을 괴롭게 하는 날이 되겠느냐 그의 머리를 갈대 같이 숙이고 굵은 베와 재를 펴는 것을 어찌 금식이라 하겠으며 여호와께 열납될 날이라 하겠느냐"

189 사 58:6-7 "내가 기뻐하는 금식은 흉악의 결박을 풀어 주며 멍에의 줄을 끌러 주며 압제 당하는 자를 자유하게 하며 모든 멍에를 꺾는 것이 아니겠느냐 또 주린 자에게 네 양식을 나누어 주며 유리하는 빈민을 집에 들이며 헐벗은 자를 보면 입히며 또 네 골육을 피하여 스스로 숨지 아니하는 것이 아니겠느냐"

들의 칭찬과 동정을 구하였다고 한다. 그러나 예수님은 인위적인 행태를 더하는 위선으로 자기 의義를 자랑의 도구로 삼지 말 것과 오직 하나님과 소통하는 참된 신앙인으로서 경건을 바라신다.

이른바 금식 기도는 사람들과 상관없이 하나님 앞에 나를 낮추고 어려움을 고백하는 신앙 행위로서 하나님이 은밀한 중에 보시고 다 갚으실 것이다. 만일 사람들에게 보이려고 한다면 하나님과는 아무런 상관없는 자기만족에 그치는 행태로서 차라리 하지 않은 편이 낫다고 하겠다.

금식할 때 각자 처한 상황은 다를지라도 그들의 기도에 간절함과 진정성을 더함으로써 오직 그리스도 안에서 깊은 교제와 묵상을 통해 성령 충만함을 얻는다. 따라서 주변의 여러 사람의 시선을 의식하여 자신의 의를 세우려는 욕구를 버리고 주님이 보시기에 위선적 행위들을 절대 삼가해야 한다. 자기가 걷는 길에 주의를 기울이고 오직 하나님 아버지만을 향해 자신의 영혼을 겸손히 성령께 의지하며 간구해야 할 것이다.

4) 보물을 쌓을 때

(6:19-21)

너희를 위하여 보물을 땅에 쌓아 두지 말라 거기는 좀과 동록이 해하며 도둑이 구멍을 뚫고 도둑질하느니라 오직 너희를 위하여 보물을 하늘에 쌓아 두라 거기는 좀이나 동록이 해하지 못하며 도둑이 구멍을 뚫지도 못하고 도둑질도 못하느니라 네 보물 있는 그 곳에는 네 마음도 있느니라

예수님이 보물을 땅에 쌓아 두지 말라고 하심으로써 자기를 위해 세상적

일에만 물질을 사용하는 것을 경계하신다. 나아가 이 세상에서의 명예와 권세 등 현세적으로 보이는 현상에서 최고의 가치와 행복을 찾지 말라는 함의다.

이 세상에 현혹되어 땅에 쌓아 둔 재물은 그 가치가 영구적이지 못하고 결국 소멸되고 없어진다. 이 땅 위에 지나치게 물질을 축적하여 보화를 쌓아 두려고 한다면, 그는 비록 살아 있지만 영적으로 죽은 자라고 할 수 있다. 재물 있는 곳에 그의 마음도 있기 때문이다. 그래서 예수님은 부자가 하나님 나라에 들어가는 것보다 낙타가 바늘귀를 통과하는 것이 쉽다고 하셨다.[190]

실로 초대교회 성도들은 누구든지 자기의 것을 주장하지 않고 서로 통용하는 거룩한 교제 가운데 있었다.[191] 이처럼 이 땅의 재물로써 영원한 생명의 가치인 내 이웃을 사랑하는 것이야말로 하늘 창고에 보물을 쌓는 일이다. 이러한 선한 행동들이 하늘에 쌓는 보화가 되어 자기가 수고한 대로 보상을 받는 근거가 될 것이다.[192]

사람은 누구나 자기가 중요하고 값진 보물처럼 여기는 일에 가장 많이 생각하고 관심을 갖게 된다. 거듭난 성도들의 삶의 목표는 이 땅에서의 부귀영화가 아닌 주님 나라를 바라보는 것이어야 한다. 그곳이야말로 주님과 더불어 평강 가운데 희락을 누릴 수 있는 영원한 안식처다. 세속적인 땅에 속

---

190 마 19:24 "다시 너희에게 말하노니 낙타가 바늘귀로 들어가는 것이 부자가 하나님의 나라에 들어가는 것보다 쉬우니라 하시니"

191 행 2:44 "믿는 사람이 다 함께 있어 모든 물건을 서로 통용하고"
행 4:32 "믿는 무리가 한마음과 한 뜻이 되어 모든 물건을 서로 통용하고 자기 재물을 조금이라도 자기 것이라 하는 이가 하나도 없더라"

192 고전 3:8 "심는 이와 물 주는 이는 한가지이나 각각 자기가 일한 대로 자기의 상을 받으리라"

한 것들은, 우리의 본향인 거룩한 하늘의 것들과 대비되는 개념들로서 결국 없어져 사라질 것들이다.

그러므로 성도들은 영안을 밝게 하여 이 땅에서의 명예와 쾌락과 방탕에 마음을 두지 말고 항상 영원한 하늘의 가치를 생각하고 선한 일을 도모하는 데 힘써야 한다. 즉 내 이웃을 사랑하고 하나님 아버지의 영광을 위한 선한 일에 가장 큰 가치를 두고 물질을 사용하며 형제들이 긴급히 필요할 때 기꺼이 나눠 줄 수 있어야 한다. 하늘 은행에 저축한 보물들은 하나님이 기뻐하시는 뜻에 따라 언젠가 반드시 보상해 주실 것이다.[193]

(6:22-24)

눈은 몸의 등불이니 그러므로 네 눈이 성하면 온 몸이 밝을 것이요 눈이 나쁘면 온 몸이 어두울 것이니 그러므로 네게 있는 빛이 어두우면 그 어둠이 얼마나 더하겠느냐 한 사람이 두 주인을 섬기지 못할 것이니 혹 이를 미워하고 저를 사랑하거나 혹 이를 중히 여기고 저를 경히 여김이라 너희가 하나님과 재물을 겸하여 섬기지 못하느니라

'눈'은 마음의 순수성을 나타내며 영안靈眼으로서의 상징적 의미를 지닌다. 따라서 각자 사람의 눈은 마음이 보는 바와 거의 일치한다고 볼 수 있다. 눈이 세상적 재물을 향할 때 그 마음은 어두워지며 영안의 세계를 바라보는 데 한계에 부딪힌다. 또 '눈은 몸의 등불'은 하나님의 진리에 대한 영안이 밝아야 우리의 인생이 올바른 길로 갈 수 있다는 은유적 표현이다. 그리고 '눈

193 잠 19:17 "가난한 자를 불쌍히 여기는 것은 여호와께 꾸어 드리는 것이니 그의 선행을 그에게 갚아 주시리라"

이 성하면'은 영적으로 타락하지 않고 건강하다는 뜻으로, 사람이 영안이 열리면 영적 통찰력이 밝아져 진리에 대한 바른 지혜를 갖게 된다. 순전한 마음으로 하나님을 안다는 것이다.

또한 '온 몸'은 영적 차원의 전인격全人格을 상징한다. 자기의 마음속에 그리스도의 빛이 없으면 영안이 흐려져 온 몸이 어두워지고 영혼이 진리를 분별하지 못하는 흑암 상태에 놓이게 된다. 마음이 순수하지 않아 세속적인 것들만 추구한다면 온 몸이 거룩하지 못하고 불의로 가득 찬 상태가 되는 것이다. 그래서 자기를 위해 이 땅에 재물을 쌓아 두는 자는 영안이 주님을 향해 고정되어 있지 않다고 할 수 있다.

하지만 그리스도의 빛으로 영안이 밝아지면 영적 세계를 밝혀주는 마음의 등불로 인해 참 진리를 온전히 깨닫게 된다. 오직 죄를 속량하신 그리스도의 진리 안에 있는 성도들은 참된 하늘의 지식으로 점점 충만해진다. 이들은 하나님께로부터 받은 기름부음(성령)이 모든 것을 가르치며 의와 평강과 희락의 나라로 안내한다. 그러므로 진정으로 가치 있는 삶을 살기 위해서는 덧없는 재물을 신뢰하지 말고 자기를 위해 그것들을 필요 이상으로 땅에 쌓아 두지 말아야 한다.

만일 금이나 은에서 도움을 얻으려고 의지한다면 영안이 어두워져 큰 착각에 빠질 것이다. 도리어 하나님만을 신뢰할 때 그분의 신실하심과 진실하심이 모든 방패가 되고 그분의 권능 아래서 안전한 도움을 얻을 수 있다. 예수님은, 사람은 결국 하나님께 속하거나 죄에 예속될 수밖에 없으므로 두 마음을 품어 재물을 우상화하지 말라고 하신다. 두 주인을 섬겨 하나님으로부터 멀어져 범죄하는 것을 경계하신 것이다.

사실 종은 자기의 전全 의지를 동원해 주인의 명령에 순종해야 하므로 두 주인을 동시에 섬길 수 없다. 재물을 지배하지 못하면 지배를 당하게 되어 결코 참다운 하나님의 종이 될 수 없는 것이다. 두 주인은 본질적으로 달라 한편을 사랑하려면 마음이 그곳을 향해야 하고 다른 한편은 미워해야 한다. 사람이 양다리를 걸친다면 어느 쪽에서도 진정한 평안과 안식을 얻을 수 없을 것이다. 그러므로 죄와 사망의 법에서 해방되어 생명의 성령의 법을 따르는 그리스도의 참 종들은 영안이 밝아져 하나님과 재물을 겸하여 섬기지 않는다.[194]

하나님을 믿는다는 것은 그리스도를 통해 우리를 구원하신 것과 삶의 주인으로서 신뢰하고 그분 없이는 아무것도 할 수 없다는 것을 자각하는 일이다. 나아가 하나님을 사랑하는 것은 그분의 아가페적 사랑을 깨닫고 자기의 마음과 목숨과 뜻과 생각과 힘을 다하여 따르는 일이다. 재물이 그 역할들을 대신할 수 없는 것은 자명하다. 우리가 오직 그리스도를 믿고 의지하며 성령을 좇아 살아갈 때 참 평안과 자유와 행복을 누릴 수 있겠다.

재물을 하나님 대신 사랑하고 신뢰한다면, 그것들을 통해 위안을 얻거나 살아갈 수 있기를 바라므로 서서히 그를 유혹하며 우상mammon으로 다가올 것이다. 따라서 본문의 참뜻은 재물을 전혀 가져서는 안 된다는 것이 아니라 재물을 필요 이상 쌓아둠으로써 우상화하지 말라는 교훈으로 읽힌다. 재물이 하나님 아버지와 내 이웃을 사랑하는 방향으로 쓰일 때 보물을 하늘 창고에 쌓는 일이 될 것이다.

---

194 고후 6:14-16 "너희는 믿지 않는 자와 멍에를 함께 메지 말라 의와 불법이 어찌 함께 하며 빛과 어둠이 어찌 사귀며 그리스도와 벨리알이 어찌 조화되며 믿는 자와 믿지 않는 자가 어찌 상관하며 하나님의 성전과 우상이 어찌 일치가 되리요 우리는 살아 계신 하나님의 성전이라 이와 같이 하나님께서 이르시되 내가 그들 가운데 거하며 두루 행하여 나는 그들의 하나님이 되고 그들은 나의 백성이 되리라"

5) 먼저 하나님 나라와 그의 의를 구하라

(6:25-30)

그러므로 내가 너희에게 이르노니 목숨을 위하여 무엇을 먹을까 무엇을 마실까 몸을 위하여 무엇을 입을까 염려하지 말라 목숨이 음식보다 중하지 아니하며 몸이 의복보다 중하지 아니하냐 공중의 새를 보라 심지도 않고 거두지도 않고 창고에 모아들이지도 아니하되 너희 하늘 아버지께서 기르시나니 너희는 이것들보다 귀하지 아니하냐 너희 중에 누가 염려함으로 그 키를 한 자라도 더할 수 있겠느냐 또 너희가 어찌 의복을 위하여 염려하느냐 들의 백합화가 어떻게 자라는가 생각하여 보라 수고도 아니하고 길쌈도 아니하느니라 그러나 내가 너희에게 말하노니 솔로몬의 모든 영광으로도 입은 것이 이 꽃 하나만 같지 못하였느니라 오늘 있다가 내일 아궁이에 던져지는 들풀도 하나님이 이렇게 입히시거든 하물며 너희일까보냐 믿음이 작은 자들아

하늘 아버지는 공중의 새가 씨를 뿌리거나 거두지 않아도, 들에 핀 백합화가 수고나 길쌈을 하지 않아도 섭리 가운데 다 먹이고 입히신다. 예수님은, 사람의 목숨과 몸은 그것들보다 훨씬 귀하므로 마땅히 하나님이 친히 돌보실진대 헛된 염려를 하지 말라고 역설하신다.[195] 하나님이 우리에게 생명을 주셨으니 그 생명을 유지할 수 있도록 음식을 주시고, 또 몸을 주셨으니 그 몸을 덮을 수 있도록 의복도 주실 것이기 때문이다.

---

195 롬 1:21 "하나님을 알되 하나님을 영화롭게도 아니하며 감사하지도 아니하고 오히려 그 생각이 허망하여지며 미련한 마음이 어두워졌나니"

음식과 의복은 사람이 세상을 살아가는 데 없어서는 안 될 가장 기본적이며 중요한 것들로서, 이에 대한 염려들은 그의 마음을 분열시킨다. 염려는 사탄이 주는 것으로 성도들의 삶을 방해할 뿐 아무런 유익을 주지 못한다. 목숨을 위해 무엇을 먹을까 무엇을 마실까 몸을 위해 무엇을 입을까 염려하지 말라는 것은, 아무 일에도 관심을 갖지 말라는 뜻이 결코 아니다. 응분의 노력을 하면서 모든 것을 아버지 하나님께 맡기며 믿음 가운데 염려하지 않는 생활이 신앙인의 삶이어야 한다.

공중 나는 새와 들에 핀 백합화 비유는, 하늘과 땅 어디든지 모든 피조물에게 전지전능하신 하나님의 섭리와 권능이 미치고 있음을 깨닫게 해준다. 우리는 하나님 앞에 공중의 새들과 들풀보다 비교할 수 없을 만큼 귀중한 존재들이다. 따라서 우리의 구주이신 그리스도 안에서 염려를 믿음으로 이길 때 평강과 기쁨 가운데 밝은 미래를 향해 나아갈 수 있을 것이다.

우리는 수많은 피조물, 특히 아름다운 꽃의 모습들에서 형언할 수 없이 찬란한 창조주 하나님의 미적 감성을 느낄 수 있다. 예수님은, 어떤 예술가도 흉내 낼 수 없는 순수하고 아름다운 꽃잎으로 입히신 백합화에 나타난 하나님의 영광을 솔로몬의 인위적 영광과 비교하신다. 이는 진리를 사랑하며 하나님을 의지하고 성령을 좇아 살아가는 성도들의 삶이, 세상적 부귀영화를 누리는 생활보다 훨씬 고귀하고 값진 것임을 상징적으로 보여준다.

그리고 염려하는 제자들의 믿음이 작음을 나무라시며, 하나님의 자녀들은 아궁이에 던져지는 들풀보다 더 중하고 귀하므로 좋은 것으로 주실 것을 암시하신다. 이는 이어지는 말씀들 가운데, 먼저 하나님의 나라와 그의 의를 구하는 자(6:33)에게 '좋은 것(성령)'을 보내주신다는 말씀으로 귀결된다

(7:11).[196] 여기서 보듯이 성도들이 성경에 대한 논리적, 통전적 이해로써 하나님의 섭리를 발견할 때 성령 안에서 그리스도와의 더욱 깊은 교제를 나눌 수 있게 된다.

(6:31-33)

그러므로 염려하여 이르기를 무엇을 먹을까 무엇을 마실까 무엇을 입을까 하지 말라 이는 다 이방인들이 구하는 것이라 너희 하늘 아버지께서 이 모든 것이 너희에게 있어야 할 줄을 아시느니라 그런즉 너희는 먼저 그의 나라와 그의 의를 구하라 그리하면 이 모든 것을 너희에게 더하시리라

예수님이 제자들에게 이 세상을 살아가는 데 있어서 진정 무엇이 중요한지를 강조하시는 장면이다. 한마디로 먼저 '하나님의 나라와 그의 의義'를 얻도록 구하라는 것이다. 이는 그리스도의 속량을 믿는 자들이 죄사함의 확신과 더불어 거듭날 때 인쳐지는 성령을 통해 얻어진다. 이신칭의以信稱義의 도道로써, 성령 안에서 하나님의 나라를 얻은 성도들에게 하나님의 의가 이루어지기 때문이다.[197] 이러할 때 이 세상에서 필요한 모든 것들도 함께 해결해 주신다는 하나님의 언약이자 불변의 진리로서 중생(거듭남)의 절대적 당위성을 알 수 있는 대목이다.

이에 대한 간구는, 그리스도의 대속과 부활 · 승천하신 후 이 땅에서 이를 믿는 자들에게 좋은 것(성령)을 생명수로 공급해 주심으로 모두 응답되었다.

---

196 눅 11:13 "너희가 악할지라도 좋은 것을 자식에게 줄 줄 알거든 하물며 너희 하늘 아버지께서 구하는 자에게 성령을 주시지 않겠느냐 하시니라"

197 롬 14:17 "하나님의 나라는 먹는 것과 마시는 것이 아니요 오직 성령 안에 있는 의와 평강과 희락이라"

오순절 이후 성도들은 하나님의 사랑과 은혜에 감사하며 성령 안에서 행복한 삶을 누리는 위치에 이르게 된 것이다. 따라서 복음의 요점이 되며, 성령으로 함의되는 '하나님 나라와 그의 의'에 대하여 좀 더 상세히 살펴보기로 한다.

먼저 '하나님의 의'는 그리스도의 속량을 믿는 모든 자들이 차별 없이 받는 은혜의 선물이다. 이는 사람(율법)의 행위에 따른 의(6:1)가 아닌 하나님의 거룩하신 뜻에 합당한 의義, righteousness다. 죄인의 신분으로는 어느 누구도 절대 하나님 앞에 설 수 없다. 자기의 의로는 절대 하나님이 요구하시는 의에 이를 수 없으며 오직 그리스도의 속량을 믿어 새 생명으로 거듭날 때 가능하다.[198] 그래서 예수님이 인류의 영원한 속죄를 위해 단번의 희생 제사를 드리고 부활하사 하나님의 의를 다 이루심으로 율법의 완성과 함께 그 마침이 되신 것이다.

바울은, 예수님이 우리의 죄를 위해 죽었다 살아나셨음을 깨달아 마음에 믿음으로 하나님의 의를 얻고 입으로 시인함으로 구원에 이른다고 하였다.[199] '의'는 '죄'와 상반된 개념으로, 누구나 죄의 문제는 인생에 있어서 가

---

198 롬 10:2-3 "내가 증언하노니 그들이 하나님께 열심이 있으나 올바른 지식을 따른 것이 아니니라 하나님의 의를 모르고 자기 의를 세우려고 힘써 하나님의 의에 복종하지 아니하였느니라"
롬 3:20 "그러므로 율법의 행위로 그의 앞에 의롭다 하심을 얻을 육체가 없나니 율법으로는 죄를 깨달음이니라"

199 롬 10:9-10 "네가 만일 네 입으로 예수를 주로 시인하며 또 하나님께서 그를 죽은 자 가운데서 살리신 것을 네 마음에 믿으면 구원을 받으리라 사람이 마음으로 믿어 의에 이르고 입으로 시인하여 구원에 이르느니라"
고후 5:21 "하나님이 죄를 알지도 못하신 이를 우리를 대신하여 죄로 삼으신 것은 우리로 하여금 그 안에서 하나님의 의가 되게 하려 하심이라"
사 50:8-9 "나를 의롭다 하시는 이가 가까이 계시니 나와 다툴 자가 누구냐 나와 함께 설지어다 나의 대적이 누구냐 내게 가까이 나아올지어다 보라 주 여호와께서 나를 도우시리니 나를 정죄할 자 누구냐 보라 그들은 다 옷과 같이 해어지며 좀이 그들을 먹으리라"

장 우선적으로 해결해야 할 중차대한 과제다. 하나님에 대해 단순히 인식하는 지적 수준에 머무는 것이 아니라, 그리스도를 구주로 믿는 자들에게 의의 옷을 거저 입혀주시는 것에 대한 전인적인 믿음을 가져야 한다.

이때 우리는 부족하지만, 은혜로 얻는 하나님의 의로써 과거, 현재, 그리고 미래까지 포함한 영원한 죄사함의 은총을 깨닫고 구원의 확신에 거하게 된다. 더불어 하나님이 보내주시는 영적 생명의 양식인 성령을 보증으로 받는 것이다.

또한 예수님은, 이 땅에서 '하나님의 나라'는 볼 수 있게 임하는 것이 아니라 너희 안에 있다고 하셨다.[200] 이는 그리스도를 구주로 믿는 자들이 성령의 인침을 받음으로[201] 그 마음에 의와 평강과 희락이 넘치는 하나님 나라가 이루어지는 것을 뜻한다. 그리고 영생하게 될 하나님의 나라는 물과 성령으로 거듭나지 않으면 들어갈 수 없다고 하셨다.[202] 여기서 물은 육체(또는 침례)를 상징한다.[203] 따라서 성도들이 성령 침례를 받음으로 거듭나 장차 육체가 살아나신 예수님처럼 부활하여 변화될 때 하늘 아버지의 나라인 천국

---

200 눅 17:20-21 "바리새인들이 하나님의 나라가 어느 때에 임하나이까 묻거늘 예수께서 대답하여 이르시되 하나님의 나라는 볼 수 있게 임하는 것이 아니요 또 여기 있다 저기 있다고도 못하리니 하나님의 나라는 너희 안에 있느니라"

201 갈 3:14 "이는 그리스도 예수 안에서 아브라함의 복이 이방인에게 미치게 하고 또 우리로 하여금 믿음으로 말미암아 성령의 약속을 받게 하려 함이라"
행 2:38 "베드로가 이르되 너희가 회개하여 각각 예수 그리스도의 이름으로 세례를 받고 죄 사함을 받으라 그리하면 성령의 선물을 받으리니"

202 요 3:5-6 "예수께서 대답하시되 진실로 진실로 네게 이르노니 사람이 물과 성령으로 나지 아니하면 하나님의 나라에 들어갈 수 없느니라 육으로 난 것은 육이요 영으로 난 것은 영이니"

203 요일 5:6 "이는 물과 피로 임하신 이시니 곧 예수 그리스도시라 물로만 아니요 물과 피로 임하셨고 증언하는 이는 성령이시니 성령은 진리니라"
벧전 3:21 "그 일과 동일한 모형 곧 침례가 예수 그리스도의 부활로 말미암아 이제 또한 우리를 구원하나니 (이것은 육체의 더러운 것을 제거하는 것이 아니요, 선한 양심이 하나님을 향하여 응답하는 것이니라.)"(KJV 흠정역 정동수).

에 들어갈 수 있다는 뜻이다. 그러므로 하나님의 나라는 현세에서 성도들의 마음에 이루어지지만, 다가올 새 예루살렘 성(천국)에서 누리게 되는 이중적 의미를 지닌다.

본문의 이방인들은 하나님에 관해서는 무관심하면서 육적(세상적)으로 먹고 마시고 입을 것을 추구하는 무리들이다. 물질적인 것들에 초연한 영원한 본향을 향한 영적인 신앙의 자세를 모르기 때문에 항상 세상적 염려와 근심에 쫓기는 삶을 살아간다. 그리고 그들은 추종하는 종교를 통해 기도하는 복들이 현세적이요 물질적인 것들로 주류를 이룬다. 죄인으로서의 신분과 참신이신 하나님을 알지 못한 결과다.

그러므로 예수님은 먼저 새 생명의 회복을 강조하시고 죄의 문제 해결을 위해 먼저 하나님 나라와 그의 의를 구하면 그 위에 세상에서 필요한 모든 것들도 더하겠다는 말씀이다. 우리가 그리스도를 구주로 믿어 거듭나서 성령을 좇아 살아갈 때 모든 세상적인 염려들은 하나님이 감당하여 주실 것이다. 지혜를 구한 솔로몬에게 부귀영화를 더하신 일은 성도들에게 좋은 표증이 된다.[204]

앞서 오직 그리스도의 속량을 믿음으로 '하나님의 나라와 그의 의'를 거저 얻게 된 것을 살펴보았다. 이처럼 사람의 행위가 아닌, 깨달아 믿음으로 얻어진다. 그래서 하나님의 은혜로 성령이 인쳐짐으로써 성도들의 마음속에 모든 죄가 씻겨져 그분과 화해를 이루고 그리스도의 임재가 이루어진 것

204 왕상 3:9-13 "누가 주의 이 많은 백성을 재판할 수 있사오리이까 듣는 마음을 종에게 주사 주의 백성을 재판하여 선악을 분별하게 하옵소서 솔로몬이 이것을 구하매 그 말씀이 주의 마음에 든지라 … 내가 네 말대로 하여 네게 지혜롭고 총명한 마음을 주노니 네 앞에도 너와 같은 자가 없었거니와 네 뒤에도 너와 같은 자가 일어남이 없으리라 내가 또 네가 구하지 아니한 부귀와 영광도 네게 주노니 네 평생에 왕들 중에 너와 같은 자가 없을 것이라"

이다. 따라서 본문은 전문 가운데 천국 복음에 관한 핵심 구절이자 그 절정을 이루는 대주제가 담겨있다고 할 수 있다.

성령은 진리의 영으로서 그리스도를 구주로 믿는 성도들에게 생수와 같이 목마름을 해결해 주신다. 더욱이 하나님은 성도들을 고아와 같이 버려두지 않고 성령을 좇아 살게 하심으로 높아진 율법의 요구를 이루게 하셨다.[205] 그러므로 이른바 황금률로 일컫는 율법과 선지자들의 강령처럼, 남이 나에게 해주기를 바라는 대로 성령 안에서 서로 사랑하는 성도들이 되어야 한다(7:12).

△ 하나님 의義와 하나님 의意

전자의 하나님의 의義는, 앞서 살펴본 대로 그리스도의 속량을 믿는 자들이 성령의 인침을 받아 거듭날 때 거저 얻는 정의righteousness를 말한다. 그리스도의 구속을 믿는 자들에게 하나님이 주시는 은혜의 의로서 이신칭의以信稱義 또는 이신득의以信得義라고도 한다. 이들이 성령을 좇아 살아갈 때, 하나님의 뜻대로 행하는 자들로서 그리스도의 터, 곧 반석 위에 집을 짓는 지혜로운 자에 속한다(7:21, 24).

언젠가 가톨릭교회의 고위 성직자가 "기독교나 불교나 관계없이 사람의 선한 행위로 구원을 얻는다"라고 말하는 것을 영상을 통해 들은 적이 있다.

---

205 요 14:16-18 "내가 아버지께 구하겠으니 그가 또 다른 보혜사를 너희에게 주사 영원토록 너희와 함께 있게 하리니 그는 진리의 영이라 세상은 능히 그를 받지 못하나니 이는 그를 보지도 못하고 알지도 못함이라 그러나 너희는 그를 아나니 그는 너희와 함께 거하심이요 또 너희 속에 계시겠음이라 내가 너희를 고아와 같이 버려두지 아니하고 너희에게로 오리라"

순간 내 귀를 의심하였다. 이는 사람의 행위가 아니라, 오직 그리스도의 속량을 믿음에 따라 하나님의 의義를 얻은 자로서 구원에 이르는 복음의 본질에서 크게 벗어난 사고였기 때문이다.[206] 이처럼 하나님을 믿는다고 하면서도, 예수님을 믿지 않더라도 착한 일을 한 자들이 구원을 얻는다고 탈성경적, 비복음적인 주장을 하는 자들을 흔히 볼 수 있다. 너무 안타까운 일이 아닐 수 없다.

바울은 율법에 대한 다툼을 이단이라고 하였다.[207] 하나님의 의義에 대한 참뜻을 온전히 이해하지 못하고 율법을 기준으로 논쟁함으로써 사람의 행위를 구원의 요건으로 삼는 행태를 지적한 것이다.[208] 여기에 속한 자들은 그리스도의 진리에 반反한 음행의 늪에서 벗어나 속히 복음의 본질을 깨닫고 회개해야 한다.

한편 후자의 하나님 의意는, 하나님께서 어떤 일을 하고자 하시는 뜻will, 의지 또는 이루시려는 계획을 의미한다.(이를 전자의 하나님 의義와 혼동해서는 안 된다.) 사람들은 때로 무슨 일에 대해 하나님의 뜻이 아님에도 불구하고 사탄의 계략으로 인해 성령이 하시는 일로 속는 경우가 종종 있다. 성도들은 항상 범사에 성경을 기준으로 하나님의 뜻을 헤아려 보고, 또 성령 안에서 깊이 묵상함으로써 그분의 뜻을 온전히 분별할 수 있는 영안을 구해야 할 것이다.

---

206 갈 3:1-2 "어리석도다 갈라디아 사람들아 예수 그리스도께서 십자가에 못 박히신 것이 너희 눈 앞에 밝히 보이거늘 누가 너희를 꾀더냐 내가 너희에게서 다만 이것을 알려 하노니 너희가 성령을 받은 것이 율법의 행위로냐 혹은 듣고 믿음으로냐"

207 딛 3:9-10 "그러나 어리석은 변론과 족보 이야기와 분쟁과 율법에 대한 다툼은 피하라 이것은 무익한 것이요 헛된 것이니라 이단에 속한 사람을 한두 번 훈계한 후에 멀리하라"

208 갈 1:6 "그리스도의 은혜로 너희를 부르신 이를 이같이 속히 떠나 다른 복음을 따르는 것을 내가 이상하게 여기노라"

△ 거듭난 자

예수님이 십자가 위에서 단번의 희생 제사를 드리시고(사람들의 과거·현재·미래의 모든 죄값을 치르심) 살아나셨다. 다시 살리신 것은 하나님이 의롭게 여겨주신다는 법적 행위다. 이에 대해 자기 마음에 온전히 믿어질 때 하나님의 의義를 얻어 거듭났다고 말한다. 즉 그리스도의 속량을 단순히 지식적으로 아는 것을 넘어 구주이심을 마음으로 깨달아 믿는 자들이다. 이들은 성령의 인침을 받고 죄사함을 얻어 새 생명으로 거듭난 자들로서, 죄와 사망의 법에서 벗어나 죄의 굴레에서 해방되었다.[209] 그래서 죄인이라 불리지 않고, 생명의 성령의 법에 따라 그리스도에게 속한 자로서 부족하지만 하나님으로부터 의롭다 여기심을 받는 것이다.

또한 이들이 하나님의 뜻대로 행한다는 것은, 첫째 것(옛 것인 율법)을 폐하고 둘째 것(새 언약에 따라 단번의 제사로 얻은 하나님의 의)을 이루신 그리스도에 대한 믿음으로, 하나님의 의義를 얻고 성령을 좇아 살아가는 것을 말한다.[210] 바꾸어 말해 반석이신 그리스도 위에 집을 지은 자들이다(7:21-27).

베드로는 침례baptism(온몸이 물에 담겨졌다 위로 다시 올라오는 바, 이는 그 몸이 죄에 대하여 죽고 의義의 몸으로 다시 살아나는 것을 비유함)는 구원의 모형이요 하나님

---

209 요 4:14 "내가 주는 물을 마시는 자는 영원히 목마르지 아니하리니 내가 주는 물은 그 속에서 영생하도록 솟아나는 샘물이 되리라"
요 4:34 "예수께서 이르시되 나의 양식은 나를 보내신 이의 뜻을 행하며 그의 일을 온전히 이루는 이것이니라"

210 갈 2:19 "내가 율법으로 말미암아 율법에 대하여 죽었나니 이는 하나님에 대하여 살려 함이라"
히 10:9-10 "후에 말씀하시기를 보시옵소서 내가 하나님의 뜻을 행하러 왔나이다 하셨으니 그 첫째 것을 폐하심은 둘째 것을 세우려 하심이라 이 뜻을 따라 예수 그리스도의 몸을 단번에 드리심으로 말미암아 우리가 거룩함을 얻었노라"

을 향한 선한 양심의 응답이라고 하였다.[211] 우리는 그리스도의 대속과 부활을 오직 믿음으로 그분과 연합하여 중생, 곧 거듭나서 새 생명을 얻는다.[212] 그러므로 오늘날 교회들에서 침례를 세례(머리에 물방울을 뿌리거나 붓는 방법으로, 모든 죄악을 씻는 표시로 베푸는 의식)로 대체하는 것은 복음의 본질을 흐리게 하는 그릇된 행태다.

우리가 예수님이 보내신 성령 침례를 받고 거듭날 때 '하나님 나라와 그의 의'를 거저 얻게 된다. 즉 거듭나는 것과 하나님 의義를 얻는 것은 같은 개념이며, 또 거듭나야 부활에 참예參詣하여 하나님 나라(천국)에 이를 수 있다.[213] 성도들이 이 땅에서 성령을 좇아 살아갈 때, 위선과 거짓된 진리에 속지 않으며 영에 속한 자로서 이긴 자의 삶이 될 것이다.

(6:34)

그러므로 내일 일을 위하여 염려하지 말라 내일 일은 내일이 염려할 것이요 한 날의 괴로움은 그 날로 족하니라

---

211 벧전 3:21 "그 일과 동일한 모형 곧 침례가 예수 그리스도의 부활로 말미암아 이제 또한 우리를 구원하나니 (이것은 육체의 더러운 것을 제거하는 것이 아니요, 선한 양심이 하나님을 향하여 응답하는 것이니라.)" (KJV흠정역 정동수).

212 벧전 1:3 "우리 주 예수 그리스도의 아버지 하나님을 찬송하리로다 그의 많으신 긍휼대로 예수 그리스도를 죽은 자 가운데서 부활하게 하심으로 말미암아 우리를 거듭나게 하사 산 소망이 있게 하시며"

213 요 3:3-5 "예수께서 대답하여 이르시되 진실로 진실로 네게 이르노니 사람이 거듭나지 아니하면 하나님의 나라를 볼 수 없느니라 니고데모가 이르되 사람이 늙으면 어떻게 날 수 있사옵나이까 두 번째 모태에 들어갔다가 날 수 있사옵나이까 예수께서 대답하시되 진실로 진실로 네게 이르노니 사람이 물과 성령으로 나지 아니하면 하나님의 나라에 들어갈 수 없느니라"
벧전 1:23 "너희가 거듭난 것은 썩어질 씨로 된 것이 아니요 썩지 아니할 씨로 된 것이니 살아 있고 항상 있는 하나님의 말씀으로 되었느니라"

'한 날의 괴로움'은 우리의 현실에서 일상 마주치는 한 날의 온갖 악한 일들을 말한다. 그래서 예수님은 한 날의 악한 일들은 그 날에 겪은 것으로 충분하다고 하시며 내일 일을 위해 미리 염려하지 말라고 하신다.[214] 하나님의 나라와 그의 의를 구할 때 임재하시는 성령을 좇아 행함으로(6:33, 7:11), 세상적 염려들을 이기고 의와 평강과 희락 속에서 마르지 않는 생수를 마시며 참 평안과 자유를 누릴 수 있다.[215]

이때 하나님은 성도들의 작은 일들까지도 항상 큰 관심을 갖고 돌보신다. 하지만 계속적인 염려는 자녀들의 필요를 미리 아시며 풍족히 채우시는 아버지 하나님께 대한 불신에 따름이다. 성도들은 세상적인 염려와 욕심을 버리고, 장래의 일들을 하나님께 모두 맡기며 오직 성령 안에서 평강 가운데 그리스도와 동행하는 삶이 되어야 할 것이다.

---

214 마 6:34 "그러므로 내일을 염려하지 마라. 내일은 그날 염려하여라. 한 날의 악은 그날로 충분하다"(헬라어직역성경 허성갑).

215 갈 5:16 "내가 이르노니 너희는 성령을 따라 행하라 그리하면 육체의 욕심을 이루지 아니하리라"
롬 14:17 "하나님의 나라는 먹는 것과 마시는 것이 아니요 오직 성령 안에 있는 의와 평강과 희락이라"

3. 마태복음 7장

본장은 천국 성도로서 신앙생활을 할 때 유의해야 할 점들을 강론하신다. 즉 사람을 대할 때, 자신에 대하여, 그리고 교회적 경계들로서 전문 가운데 결론적 부분이다. 좋은 것(성령)을 좇아 율법과 선지자들이 바라는 이른바 황금률을 이루고, 반석이신 그리스도 위에 집을 짓고 하나님 아버지의 뜻대로 행하는 성도들의 삶을 강조하신다.

1) 비판하지 마라

(7:1-5)
비판을 받지 아니하려거든 비판하지 말라 너희가 비판하는 그 비판으로 너희가 비판을 받을 것이요 너희가 헤아리는 그 헤아림으로 너희가 헤아림을 받을 것이니라 어찌하여 형제의 눈 속에 있는 티는 보고 네 눈 속에 있는 들보는 깨닫지 못하느냐 보라 네 눈 속에 들보가 있는데 어찌하여 형제에게 말하기를 나로 네 눈 속에 있는 티를 빼게 하라 하겠느냐 외식하는 자여 먼저 네 눈 속에서 들보를 빼어라 그 후에야 밝히 보고 형제의 눈 속에서 티를 빼리라

'비판하지 말라'는 법정에서 재판관이 되지 말라는 뜻이 아닌, 함부로 남을 판단하는 것을 경계하신 말씀이다. 형제를 비방하고 판단하는 자는 율법에 따라 정죄하는 것과 같다. 사람은 누구를 비방할 권세도 능력도 없고 온전히 알 수 있는 지혜도 부족하며 오직 하나님만 이 일을 감당하실 수 있

다.[216] 오히려 다른 사람을 불쌍히 여기는 자를 하나님도 긍휼히 여기사 정죄하지 않으실 것이다.[217]

우리는 주변에서 다른 사람의 잘못에 대하여 비판을 한 자가 똑같은 잘못을 저지르는 것을 흔히 본다. 우리가 어떤 일에 대해 옳고 그름을 판단할 수 있지만 그 일을 통해서 다른 사람을 정죄하거나 비판해서는 안 된다. 남에 대한 비판은 자기중심적인 교만한 마음의 발로인 것으로 자신에 대한 비판을 자성적으로 할 일이지 남에게 할 일은 아니다.

'비판을 받지 아니하려거든 비판하지 말라'는 것은 심판 날에 하나님이 사람을 어떻게 다루실 것인지 보여주신 보편적 원리이기도 하다. 바울은 비판하는 사람은 자기도 그 척도에 따라 심판을 받게 된다고 했다.[218] 우리는 예수님의 재림하실 때 선악 행위에 따른 보상을 그리스도의 심판대에서 받게 된다. 이때 다른 사람을 비판하며 재는 그 자(척도)가 예수님이 나를 판단하시는 기준으로 부메랑이 되어 돌아올 것이다.[219]

한편 '눈'은 마음 또는 심령을 비유한다. 그리고 '눈 속에 있는 티'는 마음 속의 작은 허물을, '눈 속에 있는 들보'는 교만한 마음이나 위선자들의 완고

---

216 약 4:11-12 "형제들아 서로 비방하지 말라 형제를 비방하는 자나 형제를 판단하는 자는 곧 율법을 비방하고 율법을 판단하는 것이라 네가 만일 율법을 판단하면 율법의 준행자가 아니요 재판관이로다 입법자와 재판관은 오직 한 분이시니 능히 구원하기도 하시며 멸하기도 하시느니라 너는 누구이기에 이웃을 판단하느냐"

217 고전 11:30-32 "그러므로 너희 중에 약한 자와 병든 자가 많고 잠자는 자도 적지 아니하니 우리가 우리를 살폈으면 판단을 받지 아니하려니와 우리가 판단을 받는 것은 주께 징계를 받는 것이니 이는 우리로 세상과 함께 정죄함을 받지 않게 하려 하심이라"

218 롬 2:1-3 "그러므로 남을 판단하는 사람아, 누구를 막론하고 네가 핑계하지 못할 것은 남을 판단하는 것으로 네가 너를 정죄함이니 판단하는 네가 같은 일을 행함이니라 … 이런 일을 행하는 자를 판단하고도 같은 일을 행하는 사람아, 네가 하나님의 심판을 피할 줄로 생각하느냐"

219 마 7:2 "너희가 비판하는 그 비판으로 너희가 비판받을 것이고, 너희가 재는 그 자로 너희가 재어질 것이다"

하고 사악한 큰 잘못을 비유한다. 따라서 네 눈 속의 들보를 빼야 형제 눈 속의 작은 티를 뺄 수 있다는 것은, 자기의 큰 과실에 대한 진정한 회개가 있은 후에야 비로소 밝은 영안으로 형제의 작은 허물을 가르칠 통찰력을 가질 수 있다는 의미다.

영적으로 거듭나지 않은 사람이 형제에 대하여 신앙상담을 할 때에는 그 눈이 어두워 피상담자를 잘못된 길로 인도하기 쉽다. 마치 맹인이 길을 안내하는 것과 같다. 성도들은 항상 자신의 잘못이 있는지 먼저 되돌아보고 하나님 앞에 자백하고 회개해야 한다. 그래야 마침내 청결해진 마음과 성령의 도우심으로 형제의 작은 허물도 밝히 보고 치유가 가능할 것이다.

외식하는 자들의 특징은 자기의 교만한 행태나 큰 잘못을 보려 하지 않고 남의 작은 허물을 지적하는 것을 즐겨한다. 이는 마치 하루살이는 걸러내고 낙타는 삼키는 서기관과 바리새인들과 같다.[220] 그들은 거짓되고 심히 부패하여 그 심령에 들보가 들어 있으며 오늘날 우리의 위선적인 모습이기도 하다.

(7:6)

거룩한 것을 개에게 주지 말며 너희 진주를 돼지 앞에 던지지 말라 그들이 그것을 발로 밟고 돌이켜 너희를 찢어 상하게 할까 염려하라

'거룩한 것'은 하나님의 진리의 말씀 혹은 성직聖職을, '진주'는 예수님의 천국 복음을 비유한다.[221] 반면 '개와 돼지'는 그리스도의 도道에 대한 배교

220 마 23:24 "맹인 된 인도자여 하루살이는 걸러 내고 낙타는 삼키는도다"
221 마 13:45-46 "또 천국은 마치 좋은 진주를 구하는 장사와 같으니 극히 값진 진주 하

자 또는 배(탐욕)로써 하나님을 섬기는 거짓 일꾼들과 진리의 가치를 모르는 자들을 비유한다. 또 부정한 동물로서, 유대인들이 하나님의 자녀가 아닌 더러운 이방인들을 가리키는 대명사가 되었으며,[222] 그들은 먹는 것과 대접받는 것을 탐하는 자들로 항상 주의해야 한다.

천국에 입성하기 위해서는 오직 그리스도의 복음뿐이므로 교회는 누구에게나 열려 있어야 하며 모든 자에게 전해져야 한다. 그러나 하나님의 거룩한 신성은 반드시 방어되어야 하는 바 개, 돼지처럼 무지하고 분별없는 자들에게 거룩한 복음을 함부로 말하지 말아야 한다. 그들이 복음을 듣지 않고 오히려 거룩한 말씀을 짓밟고 성도들을 찢어 상하게 할까 염려되기 때문이다. 그래서 예수님은 거룩한 하나님의 말씀을 받아들일 상태가 아닌 자들에게 억지로 전하면 역효과가 나타날 수 있음을 경계하신다.

2) 기도에 힘쓰라

(7:7-11)

구하라 그리하면 너희에게 주실 것이요 찾으라 그리하면 찾아낼 것이요 문을 두드리라 그리하면 너희에게 열릴 것이니 구하는 이마다 받을 것이요 찾는 이는 찾아낼 것이요 두드리는 이에게는 열릴 것이니라 너희 중에 누가 아

나를 발견하매 가서 자기의 소유를 다 팔아 그 진주를 사느니라"

222 빌 3:2 "개들을 삼가고 행악하는 자들을 삼가고 몸을 상해하는 일을 삼가라"
빌 3:19 "그들의 마침은 멸망이요 그들의 신은 배요 그 영광은 그들의 부끄러움에 있고 땅의 일을 생각하는 자라"
벧후 2:22 "참된 속담에 이르기를 개가 그 토하였던 것에 돌아가고 돼지가 씻었다가 더러운 구덩이에 도로 누웠다 하는 말이 그들에게 응하였도다"
마 15:26 "대답하여 이르시되 자녀의 떡을 취하여 개들에게 던짐이 마땅하지 아니하니라"

들이 떡을 달라 하는데 돌을 주며 생선을 달라 하는데 뱀을 줄 사람이 있겠느냐 너희가 악한 자라도 좋은 것으로 자식에게 줄 줄 알거든 하물며 하늘에 계신 너희 아버지께서 구하는 자에게 좋은 것으로 주시지 않겠느냐

전문을 통해 강론하신 모든 것을 이룰 수 있도록 구하라, 찾으라, 문을 두드리라 반복하시며, 그러면 반드시 '좋은 것'으로 주실 것(받을 것, 찾아낼 것, 열릴 것)이라고 예수님이 확언하신다. 이는 앞서 강조하신 먼저 하나님 나라와 그의 의를 구하는 데 전력을 다하라는 뜻이기도 하다(6:33).

여기서 '좋은 것' 대신 누가복음서에는 '성령'으로 명확히 표기되었음을 주목해야 한다.[223] 즉 좋은 것은 성도들의 모든 삶의 영역에서 도우실 영원한 생명수가 될 보혜사 성령을 의미한다. 따라서 본문은 예수님이 단번의 희생 제사를 드리고 부활·승천하신 후에 거듭난 성도들에게 절대 필요한 성령을 보내줄 것을 약속하시는 장면이라고 할 수 있다. 창세 전에 이미 하나님은 그리스도를 구주로 믿는 자들의 죄사함을 이룸으로 거듭나게 하사 성령을 보내실 계획이셨다.[224] 그러므로 이를 위해 간구하라는, 경이롭고 놀라운 하나님의 아가페적 사랑과 그리스도의 희생정신이 담겨있는 말씀이다.

또 사람이 악할지라도 자식에게 좋은 것을 줄 터인데, 하물며 선하신 하나

223 눅 11:13 "너희가 악할지라도 좋은 것을 자식에게 줄 줄 알거든 하물며 너희 하늘 아버지께서 구하는 자에게 성령을 주시지 않겠느냐 하시니라"
요일 4:13 "그의 성령을 우리에게 주시므로 우리가 그 안에 거하고 그가 우리 안에 거하시는 줄을 아느니라"

224 엡 1:4-10 "곧 창세 전에 그리스도 안에서 우리를 택하사 우리로 사랑 안에서 그 앞에 거룩하고 흠이 없게 하시려고 … 그 뜻의 비밀을 우리에게 알리신 것이요 그의 기뻐하심을 따라 그리스도 안에서 때가 찬 경륜을 위하여 예정하신 것이니 하늘에 있는 것이나 땅에 있는 것이 다 그리스도 안에서 통일되게 하려 하심이라"

님이 구하는 자에게 좋은 것으로 주시지 않겠느냐고[225] 설의적設疑的 화법으로 강조하신다. 성도들은 범사에 주님을 의지하면서 항상 사랑의 하나님이 기도를 들으신다는 확신과 함께 반드시 응답해 주신다는 절대적 믿음으로 간구해야 한다. 확실한 믿음이 없이 의심을 품고 하는 기도는 무기력하고 나태한 의식에 불과하다.

결국 '하나님의 나라와 그의 의'를 구하는 자들에게 영적인 삶에서 절대적으로 필요한 좋은 것(성령)을 인치심으로 하나님의 위대한 사랑을 확증하셨다. 그래서 성령이 임재한 자들은, 하나님의 나라가 마음속에 이루어지고 더불어 하나님의 의義, 곧 죄로부터 속량을 얻게 되었다. 성령 안에 우리를 소생케 하는 거룩한 생수가 있으며 이는 그리스도를 믿는 자들을 위해 창세 전부터 예비해 두셨던 것이다.

지금 성도들은 그리스도의 생명력으로 죄와 사망의 권세에서 해방되었으며[226] 오순절 주님이 보내신 성령의 도우심으로 복음시대를 살아가고 있다. 성도들의 몸 안에 생명수 같은 성령의 권능이 임함으로 거듭나 새 삶을 얻었으며 의와 평강과 희락 가운데 하나님의 뜻을 실현하는 도구들로 변한 것이다.

△ 성령이 주시는 유익

예수님이 승천하신 후에 언약대로 보혜사 성령을 보내오셨다. 보혜사는

---

225 약 1:17 "온갖 좋은 은사와 온전한 선물이 다 위로부터 빛들의 아버지께로부터 내려오나니 그는 변함도 없으시고 회전하는 그림자도 없으시니라"

226 롬 8:1-2 "그러므로 이제 그리스도 예수 안에 있는 자에게는 결코 정죄함이 없나니 이는 그리스도 예수 안에 있는 생명의 성령의 법이 죄와 사망의 법에서 너를 해방하였음이라"

그리스어로 '파라클레트'라고 하며 이는 위로자, 상담자, 중보자, 변호자, 능력 주는 자, 돕는 자, 비상대기자를 뜻한다. 이처럼 일용할 영적 양식이 되는 좋은 것, 곧 성령이 성도들에게 주시는 유익에 대해 기름부음, 죄사함, 그리고 치유의 관점에서 살펴본다.

하나. 기름부음의 은총[227]

하나님은 그리스도의 속량을 믿을 때 찾아오신 성령의 기름부음을 통해 성도들에게 모든 것을 가르치고 인도해주신다. 즉 성령은 그리스도를 구주로 믿고 의지하는 자들에게 보혜사로서 참 지혜를 주시며 성도들 삶의 전 영역에서 살피며 도우신다. 아울러 성경말씀, 영적 직감, 각종 환상, 음성, 생각, 예언, 꿈, 환경 등 상황에 따라 다양한 맞춤형 방법으로 성도들을 깨우쳐 주신다.[228]

---

227 요일 2:27 "너희는 주께 받은 바 기름 부음이 너희 안에 거하나니 아무도 너희를 가르칠 필요가 없고 오직 그의 기름 부음이 모든 것을 너희에게 가르치며 또 참되고 거짓이 없으니 너희를 가르치신 그대로 주 안에 거하라"
요 14:26 "보혜사 곧 아버지께서 내 이름으로 보내실 성령 그가 너희에게 모든 것을 가르치고 내가 너희에게 말한 모든 것을 생각나게 하리라"

228 행 13:2-3 "주를 섬겨 금식할 때에 성령이 이르시되 내가 불러 시키는 일을 위하여 바나바와 사울을 따로 세우라 하시니 이에 금식하며 기도하고 두 사람에게 안수하여 보내니라"
행 7:55-56 "스데반이 성령 충만하여 하늘을 우러러 주목하여 하나님의 영광과 및 예수께서 하나님 우편에 서신 것을 보고 말하되 보라 하늘이 열리고 인자가 하나님 우편에 서신 것을 보노라 한대"
행 8:29 "성령이 빌립더러 이르시되 이 수레로 가까이 나아가라 하시거늘"
행 10:11-13 "하늘이 열리며 한 그릇이 내려오는 것을 보니 큰 보자기 같고 네 귀를 매어 땅에 드리웠더라 그 안에는 땅에 있는 각종 네 발 가진 짐승과 기는 것과 공중에 나는 것들이 있더라 또 소리가 있으되 베드로야 일어나 잡아 먹어라 하거늘"
마 1:20 "이 일을 생각할 때에 주의 사자가 현몽하여 이르되 다윗의 자손 요셉아 네 아내 마리아 데려오기를 무서워하지 말라 그에게 잉태된 자는 성령으로 된 것이라"
욥 33:14-15 "하나님은 한 번 말씀하시고 다시 말씀하시되 사람은 관심이 없도다 사람이 침상에서 졸며 깊이 잠들 때에나 꿈에나 밤에 환상을 볼 때에"

하나님이 뜻하시는 바는 감히 우리가 헤아릴 수 없을 만큼 광대하고 완전하며 위대하시다. 인간의 생각은 이에 비교할 수 없을 만큼 아주 미미하고 근시안적 사고를 가졌다.[229] 그러므로 성도들은 자기 명철을 의지하지 말고 마음을 다해 주님만을 믿음으로 신뢰해야 한다. 그리고 양들이 목자의 음성을 듣고 따르듯이[230] 아버지의 음성에 순종하며 사랑받는 자녀답게 그리스도를 본받는 자가 되어야 한다. 그리하면 성령이 범사에 온전한 길로 인도해 주실 것이다.[231]

특히 성도들이 그리스도 안에서 깊이 묵상할 때, 모든 것을 아시는 성령의 음성을 들으며 그분과 더 깊은 교제 속으로 들어갈 수 있다. 하나님이 성령을 통해 음성 혹은 싸인을 주시면 시행에 대한 결정은 자유의지를 가진 자기가 하는 것이다. 이때도 성령이 깨우쳐 주시는 지혜로 결정한 후에 평강 가운데 확실한 믿음으로 나아가야 한다.

둘. 죄사함의 은혜

초림 예수님은 부활하신 후, 제자들에게 너희가 성령을 받고 누구든지 죄를 사하면 사하여질 것이라고 하신 바 있다.[232] 이는 성령을 받은 성도들이,

---

229 사 55:8-9 "이는 내 생각이 너희의 생각과 다르며 내 길은 너희의 길과 다름이니라 여호와의 말씀이니라 이는 하늘이 땅보다 높음 같이 내 길은 너희의 길보다 높으며 내 생각은 너희의 생각보다 높음이니라"

230 요 10:3-4 "문지기는 그를 위하여 문을 열고 양은 그의 음성을 듣나니 그가 자기 양의 이름을 각각 불러 인도하여 내느니라 자기 양을 다 내놓은 후에 앞서 가면 양들이 그의 음성을 아는 고로 따라오되"
요 10:27 "내 양은 내 음성을 들으며 나는 그들을 알며 그들은 나를 따르느니라"

231 롬 8:14 "무릇 하나님의 영으로 인도함을 받는 사람은 곧 하나님의 아들이라"
엡 5:1 "그러므로 사랑을 받는 자녀 같이 너희는 하나님을 본받는 자가 되고"
잠 3:5-6 "너는 마음을 다하여 여호와를 신뢰하고 네 명철을 의지하지 말라 너는 범사에 그를 인정하라 그리하면 네 길을 지도하시리라"

232 요 20:21-23 "예수께서 또 이르시되 너희에게 평강이 있을지어다 아버지께서 나를 보내신 것 같이 나도 너희를 보내노라 이 말씀을 하시고 그들을 향하사 숨을 내쉬며 이르시되 성령을 받으라 너희가 누구의 죄든지 사하면 사하여질 것이요 누구의

주님의 긍휼하심을 힘입어 자기에게 잘못한 자의 죄를 용서하면 그의 죄가 사해진다는 의미로 읽혀진다. 지상이나 연옥에서의 벌을 면제받는다는 중세 로마 가톨릭교회의 소위 면죄부와는 본질적으로 다르며, 그들은 하나님의 죄사함의 은혜를 오용한 것이었다.

성도들은 이제 각자 왕 같은 제사장으로서의 역할을 담당해야 한다.[233] 즉 성령의 확증을 통해 각자 왕으로서 제사, 죄사함, 축복의 직분인 영적 제사장의 역할을 회복하고 그리스도와 동행하는 삶이다. 아울러 예수님의 어떠하심이 나의 어떠함이 되도록 이 세상을 살아가는 것이 삶의 방향과 목표가 되어야 한다.[234] 이 길이야말로 그리스도로 인해 죄에서 속량함을 얻고 천국 복음을 전하며 신약시대를 살아가는 하나님 백성들의 참다운 영적 사명이라 하겠다.

오늘날 성도들은 그리스도의 구속으로 인한 죄사함의 은혜 가운데 죄와 사망의 법에서 해방되어 생명의 성령의 법을 좇아 살아가고 있다. 이때 사탄이 호시탐탐 성도들을 유혹함으로써 복음의 본질을 흩트리고 신앙생활을 저해하는 것들을 경계해야 한다. 특히 르네상스, 계몽주의 사상에서 비롯된 인본주의적 고정 관념에 미혹되어 영적인 삶을 부정하고 하나님에 대한 마음을 완고히 하는 것에 주의해야 한다.[235] 그들로부터 자유주의 신학과 공산

죄든지 그대로 두면 그대로 있으리라 하시니라"

233 벧전 2:9 "그러나 너희는 택하신 족속이요 왕 같은 제사장들이요 거룩한 나라요 그의 소유가 된 백성이니 이는 너희를 어두운 데서 불러 내어 그의 기이한 빛에 들어가게 하신 이의 아름다운 덕을 선포하게 하려 하심이라"

234 요일 4:17 "이로써 사랑이 우리에게 온전히 이루어진 것은 우리로 심판 날에 담대함을 가지게 하려 함이니 주께서 그러하심과 같이 우리도 이 세상에서 그러하니라"

235 히 3:7-8 "그러므로 성령이 이르신 바와 같이 오늘 너희가 그의 음성을 듣거든 광야에서 시험하던 날에 거역하던 것 같이 너희 마음을 완고하게 하지 말라"

주의 이념이 대두되었으며, 그러한 자들은 하나님 중심으로의 신본주의적 사고 전환이 절대 필요하다. 올바른 믿음은 자신에 대한 주인의 주체를 나(자아)에서 그리스도로 인식하고 확신하는 것이다.

셋. 치유의 권능

사람들의 병은, 사탄의 공격이나 자연적 원인에 따라 발생하는 경우, 또 자만하지 않도록 예방하거나 하나님의 영광을 나타내는 등 다른 특별한 목적을 위해 주시는 경우가 있다.[236] 이런 일들이 닥쳤을 때 성도들은 성령 안에서 깊이 묵상함으로 하나님의 뜻을 헤아리고 치유의 은총을 간구해야 한다.

또한 하나님의 명령에 불순종하거나 하나님의 뜻을 거역하거나 탐욕적 행위 등 구체적인 죄를 범할 때 병이 발생하는 경우를 성경에서 찾아볼 수 있다.[237] 따라서 성도들이 지은 죄를 발견하면 성찰하는 자세를 가지고 즉시 자백하고 회개하며 병이 낫기를 위해 서로 기도해야 한다.[238]

---

236 마 8:14-15 "예수께서 베드로의 집에 들어가사 그의 장모가 열병으로 앓아 누운 것을 보시고 그의 손을 만지시니 열병이 떠나가고 여인이 일어나서 예수께 수종들더라"
고후 12:7 "여러 계시를 받은 것이 지극히 크므로 너무 자만하지 않게 하시려고 내 육체에 가시 곧 사탄의 사자를 주셨으니 이는 나를 쳐서 너무 자만하지 않게 하려 하심이라"
딤전 5:23 "이제부터는 물만 마시지 말고 네 위장과 자주 나는 병을 위하여는 포도주를 조금씩 쓰라"

237 출 15:26 "이르시되 너희가 너희 하나님 나 여호와의 말을 들어 순종하고 내가 보기에 의를 행하며 내 계명에 귀를 기울이며 내 모든 규례를 지키면 내가 애굽 사람에게 내린 모든 질병 중 하나도 너희에게 내리지 아니하리니 나는 너희를 치료하는 여호와임이라"

238 약 5:13-16 "너희 중에 고난 당하는 자가 있느냐 그는 기도할 것이요 즐거워하는 자가 있느냐 그는 찬송할지니라 너희 중에 병든 자가 있느냐 그는 교회의 장로들을 청할 것이요 그들은 주의 이름으로 기름을 바르며 그를 위하여 기도할지니라 믿음의 기도는 병든 자를 구원하리니 주께서 그를 일으키시리라 혹시 죄를 범하였을지라도 사하심을 받으리라 그러므로 너희 죄를 서로 고백하며 병이 낫기를 위하여 서로 기도하라 의인의 간구는 역사하는 힘이 큼이니라"

병들에 대한 치유의 근원적 배경은, 인류의 속량을 위해 예수님이 십자가에서 단번의 희생 제사를 드리고 부활하심으로 사망 권세를 이기신 것에서 기인한다. 친히 질고를 지고 징계와 채찍을 맞음으로 온 인류가 평화와 나음을 입었으며,[239] 성도들은 오직 이 사실을 믿음으로 죄와 사망의 늪에서 벗어나 새 생명과 참 자유를 얻었다. 그리고 성도들의 영에 찾아오신 그리스도의 생명력과 성령의 권능이 마음과 정신과 몸을 지배함으로써 병들이 치유를 얻게 된다.[240]

그러므로 성령 충만함을 받은 그리스도인이 만유의 주인이시며 살아계신 권능의 예수 그리스도의 이름으로 악한 귀신을 물리칠 때 그가 힘을 잃고 병마가 떠나간다.[241]따라서 예수님에 대한 전인적全人的인 믿음과 더불어 성령 충만함을 받은 그리스도인 가운데 하나님으로부터 신령한 치유의 은사가 나타나는 것이다.[242]

---

239 사 53:4-5 "그는 실로 우리의 질고를 지고 우리의 슬픔을 당하였거늘 우리는 생각하기를 그는 징벌을 받아 하나님께 맞으며 고난을 당한다 하였노라 그가 찔림은 우리의 허물 때문이요 그가 상함은 우리의 죄악 때문이라 그가 징계를 받으므로 우리는 평화를 누리고 그가 채찍에 맞으므로 우리는 나음을 받았도다"

240 행 10:38 "하나님이 나사렛 예수에게 성령과 능력을 기름 붓듯 하셨으매 그가 두루 다니시며 선한 일을 행하시고 마귀에게 눌린 모든 사람을 고치셨으니 이는 하나님이 함께 하셨음이라"

241 행 3:6-8 "베드로가 이르되 은과 금은 내게 없거니와 내게 있는 이것을 네게 주노니 나사렛 예수 그리스도의 이름으로 일어나 걸으라 하고 오른손을 잡아 일으키니 발과 발목이 곧 힘을 얻고 뛰어 서서 걸으며 그들과 함께 성전으로 들어가면서 걷기도 하고 뛰기도 하며 하나님을 찬송하니"
행 16:18 "이같이 여러 날을 하는지라 바울이 심히 괴로워하여 돌이켜 그 귀신에게 이르되 예수 그리스도의 이름으로 내가 네게 명하노니 그에게서 나오라 하니 귀신이 즉시 나오니라"

242 행 19:11-12 "하나님이 바울의 손으로 놀라운 능력을 행하게 하시니 심지어 사람들이 바울의 몸에서 손수건이나 앞치마를 가져다가 병든 사람에게 얹으면 그 병이 떠나고 악귀도 나가더라"
행 28:8-9 "보블리오의 부친이 열병과 이질에 걸려 누워 있거늘 바울이 들어가서 기도하고 그에게 안수하여 낫게 하매 이러므로 섬 가운데 다른 병든 사람들이 와서 고침을 받고"

3) 황금률을 적용하라

(7:12)

그러므로 무엇이든지 남에게 대접을 받고자 하는 대로 너희도 남을 대접하라 이것이 율법이요 선지자니라

여기서 '그러므로'(Therefore, KJV)는 이어지는 내용이 앞 문장과 직접적 연관이 있음을 시사한다. 즉 11절의 하늘 아버지께서 구하는 자에게 보내신 보혜사 좋은 것(성령)의 도움을 받아, 남에게 대접을 받고자 하는 대로 이웃을 대접(사랑)하라는 의미다. 하나님 나라와 그의 의를 구함으로써 인쳐진 성령을 좇아 사람들이 너희에게 해주기를 바라는 대로 너희가 이웃에게 행하는 것이 곧 율법과 선지자들의 참 뜻인 것이다.[243] 이는 하나님을 사랑하고 내 이웃을 사랑하는 것이 율법과 예언서들의 강령이라고 하신 말씀과도 일맥상통한다.[244]

또한 "예수께서 이르시되 나의 양식은 나를 보내신 이의 뜻을 행하며 그의 일을 온전히 이루는 이것이니라"(요 4:34)고 하셨다. 여기서 나를 보내시

고전 12:9 "다른 사람에게는 같은 성령으로 믿음을, 어떤 사람에게는 한 성령으로 병 고치는 은사를,"
고전 12:28 "하나님이 교회 중에 몇을 세우셨으니 첫째는 사도요 둘째는 선지자요 셋째는 교사요 그 다음은 능력을 행하는 자요 그 다음은 병 고치는 은사와 서로 돕는 것과 다스리는 것과 각종 방언을 말하는 것이라"

243 마 7:12 "그러므로 무엇이든지 사람들이 너희에게 해주기를 너희가 바라는 대로 너희도 그들에게 행하여라. 참으로 이것이 토라고 예언서다"(헬라어직역성경 허성갑).

244 마 22:37-40 "예수께서 이르시되 네 마음을 다하고 목숨을 다하고 뜻을 다하여 주 너의 하나님을 사랑하라 하셨으니 이것이 크고 첫째 되는 계명이요 둘째도 그와 같으니 네 이웃을 네 자신 같이 사랑하라 하셨으니 이 두 계명이 온 율법과 선지자의 강령이니라"

는 이의 뜻은, 십자가에 달리사 구속하신 그리스도를 믿음으로 우리로 하여금 영생을 얻게 하시고,[245] 우리를 고아와 같이 버려두지 않기 위해 성령을 보내시는 일임을 유념해야 한다.[246]

그러므로 나의 양식은, 앞서 밝힌 대로, 예수님이 단번의 희생 제사를 드리심으로 이를 기념하기 위한 성찬과 더불어 죄로부터의 속량을 믿는 자들에게 보내주신 성령을 말한다. 성찬을 기억하여 행하고 생명수인 성령을 좇아 살아가는 것이야말로, 율법과 선지자들의 참 뜻인 사랑과 정의를 이루는 방법으로서 이른바 황금률인 것이다.[247]

이와 유사한 소극적 교훈들은 동서양 간에 흔하지만, 황금률은 그리스도의 생명력이 있어 훨씬 적극적이며 모든 윤리의 최고 원칙이 되었다. 사랑을 행한다는 것은 그 반대되는 것을 안 하는 것, 즉 모든 불친절한 생각이나 언행을 하지 않는 것 그 이상의 것이다. 이는 말로만이 아닌, 이웃을 내 몸처럼 행함과 진실함으로 사랑하는 행동의 표출이어야 한다. 남들이 나에게 해주기를 바라는 바를 내가 먼저 다른 사람에게 행함이 그리스도의 사랑을 실

---

245 요 6:40 “내 아버지의 뜻은 아들을 보고 믿는 자마다 영생을 얻는 이것이니 마지막 날에 내가 이를 다시 살리리라 하시니라”

246 요 14:16-18 “내가 아버지께 구하겠으니 그가 또 다른 보혜사를 너희에게 주사 영원토록 너희와 함께 있게 하리니 그는 진리의 영이라 세상은 능히 그를 받지 못하나니 이는 그를 보지도 못하고 알지도 못함이라 그러나 너희는 그를 아나니 그는 너희와 함께 거하심이요 또 너희 속에 계시겠음이라 내가 너희를 고아와 같이 버려두지 아니하고 너희에게로 오리라”

요 7:38-39 “나를 믿는 자는 성경에 이름과 같이 그 배에서 생수의 강이 흘러나오리라 하시니 이는 그를 믿는 자들이 받을 성령을 가리켜 말씀하신 것이라 (예수께서 아직 영광을 받지 않으셨으므로 성령이 아직 그들에게 계시지 아니하시더라)”

247 롬 13:8-10 “피차 사랑의 빚 외에는 아무에게든지 아무 빚도 지지 말라 남을 사랑하는 자는 율법을 다 이루었느니라 간음하지 말라, 살인하지 말라, 도둑질하지 말라, 탐내지 말라 한 것과 그 외에 다른 계명이 있을지라도 네 이웃을 네 자신과 같이 사랑하라 하신 그 말씀 가운데 다 들었느니라 사랑은 이웃에게 악을 행하지 아니하나니 그러므로 사랑은 율법의 완성이니라”

천하는 출발선이라고 하겠다.

4) 좁은 문으로 들어가라

(7:13-14)
좁은 문으로 들어가라 멸망으로 인도하는 문은 크고 그 길이 넓어 그리로 들어가는 자가 많고 생명으로 인도하는 문은 좁고 길이 협착하여 찾는 자가 적음이라

좁은 문으로 들어가면 협착하여 사람들이 많이 찾지 않는 길이요 세상의 모든 것을 내려놓고 가야 하는 길이다. 때로 그리스도로 인해 박해와 고난이 따르기 때문에 위선자들은 가지 않는다(5:10-12). 하지만 하나님의 은혜로 얻는 구원의 길로서 영적 양식인 감추인 만나를 먹으며 의와 평강과 희락을 누릴 수 있는 영생의 길이다.[248] 여기서 만나는 성령을 상징한다. 그래서 성령의 도움으로 가는 길이 바로 그리스도와 동행하는 안전한 생명의 길인 것이다. 그리스도를 구주로 믿어 중생을 경험한 자들이 가는 길이기에 비록 좁을지라도 실상은 항상 기쁨과 즐거움과 화평이 넘친다.

생명(천국)으로 인도하는 좁은 문은 거룩하지 못한 자들이 그리로 들어갈 수 없다. 즉 그리스도의 십자가 대속의 사랑과 부활의 능력을 깨닫지 못해 새 생명으로 거듭나지 않은 자들은 들어갈 수 없는 문이다. 그리스도의 보

248 계 2:17 "귀 있는 자는 성령이 교회들에게 하시는 말씀을 들을지어다 이기는 그에게는 내가 감추었던 만나를 주고 또 흰 돌을 줄 터인데 그 돌 위에 새 이름을 기록한 것이 있나니 받는 자 밖에는 그 이름을 알 사람이 없느니라"

혈로 모든 죄에서 깨끗이 씻겨진 자들만 그 문을 통과할 수 있는 것이다.

반면에 큰 문으로 들어가면 멸망으로 가는 넓은 길이 나온다. 그 길은 사람들이 제멋대로 살아가는 세상의 길로서 넓어서 많은 사람이 그리로 가지만 결국 멸망으로 들어가게 된다. 시류時流대로 사는 넓은 길은 우선 편해 많은 군중이 따라가며 육체의 소욕대로 방종하며 살아간다. 그들은 비록 사람들에게 사랑을 받는다고 할지라도 하나님을 사랑하는 것이 아니라 이 세상을 사랑하는 자들이다. 정작 필요한 하나님의 의를 알지 못하고 자기의 의를 세우려 하기 때문에 하나님 앞에 가증한 자들인 것이다.[249]

육에 속한 자들은 어리석게도 육의 눈으로 보이는 세상만 바라보므로 그 길이 좋아 보이나 진리를 찾지 못해 결국 어둠 속으로 들어간다. 그러나 영에 속한 자들은 비록 길이 험해 보이지만 그리스도의 복음으로 깨어 거듭나 영안이 밝아져 생명의 길을 찾아 영생으로 들어간다. 좁은 길을 걸을 때도 자기를 부인하고 그리스도만을 의지하며, 또 자기 안에 있는 허물을 발견하면 바로 자백하고 그리스도의 보혈로 씻어내곤 한다. 하늘나라로 가는 길은 협착하지만 그리스도를 구주로 믿고 성령 안에서 걷기 때문에 오히려 의와 평강과 희락의 길이다. 그래서 예수님은 좁은 문으로 들어가라고 강권하신다.

5) 거짓 선지자를 삼가라

(7:15-20)

거짓 선지자들을 삼가라 양의 옷을 입고 너희에게 나아오나 속에는 노략질

249 롬 10:3 "하나님의 의를 모르고 자기 의를 세우려고 힘써 하나님의 의에 복종하지 아니하였느니라"

하는 이리라 그들의 열매로 그들을 알지니 가시나무에서 포도를, 또는 엉겅퀴에서 무화과를 따겠느냐 이와 같이 좋은 나무마다 아름다운 열매를 맺고 못된 나무가 나쁜 열매를 맺나니 좋은 나무가 나쁜 열매를 맺을 수 없고 못된 나무가 아름다운 열매를 맺을 수 없느니라 아름다운 열매를 맺지 아니하는 나무마다 찍혀 불에 던져지느니라 이러므로 그들의 열매로 그들을 알리라

본문은 좋은 나무와 못된 나무의 비유로써 그들의 열매로 참 선지자들과 거짓 선지자들을 분별할 수 있다는 의미다. 참 선지자들은 하나님의 뜻을 먼저 깨닫고 백성에게 올바르게 대언하는 자들이다. 즉 하나님의 대리자로서 그분의 말씀을 전하고 가르치는 자들이다. 넓은 의미에서 교사인 것이다. 그러나 거짓 선지자들은 하나님의 말씀을 그릇되게 전함으로써 사람들을 멸망의 길로 인도하는 거짓 예언자들과 거짓 선생들이다. 마치 하나님의 교회를 노략질하는 이리와 같은 자들이다.

거짓 선지자들은 항상 선한 일을 하는, 혹은 유익을 주는 사람의 모습으로 다가온다. 때로 사람들의 영혼을 돌보는 목자처럼 다가오며 필요 이상 친절함으로 다양한 사랑의 모습을 보이기도 한다. 하지만 그들에게는 새 생명이 없으니 결국 사람을 사망의 길로 인도하게 된다.

양(참 선지자)은 자기를 희생하지만 이리(거짓 선지자)는 자기를 위하여 양을 잡아 먹는다. 또한 거짓 선지자들은 양의 옷을 입고 모양은 겸손하며 포장된 사랑으로 다가온다. 그들은 그리스도의 참 진리를 깨닫지 못해 마음속에는 성령이 계시지 않고 야욕이 가득하여 양의 탈을 쓴 위선자들이다. 그리고 성경 말씀을 편의에 따라 자의적으로 왜곡하여 해석함으로 하늘로 가는

길을 가로막는 자들이다.

우리는 주변에서 올바른 신앙을 주장하면서도 사회적으로 큰 물의를 일으키는 행위를 보이는 목자들을 종종 본다. 그가 교회를 진리의 길로 인도해야 마땅하지만 탐욕스러운 이리와 같다면 성도들은 치명적인 해악을 입게 된다. 그래서 예수님은 거짓 선지자들을 삼가라고 하신다.

사람이 범죄한 결과로 자라난 가시나무와 엉겅퀴는 죄악과 저주를 상징한다.[250] 그 나무들은 자체로서 나쁜 나무이기 때문에 좋은 열매를 맺을 수 없다. 가시나무가 포도 열매를 맺을 수 없고 엉겅퀴에서 무화과가 자랄 수 없듯이 열매로써 거짓된 자들을 구별할 수 있을 것이다.

거짓 선지자, 거짓 사도, 거짓 스승들의 공통된 특징은 남을 속이면서 자기를 위하는 위선적인 이기주의자들이다. 그들도 나름대로 이적을 행하며[251] 겉은 온유하고 착해 보이기도 한다. 그러나 마음에 성령의 인치심이 없어 사람들을 구원에 이르게 하는 열매를 맺지 못한다. 그리스도의 생명이 없는 자들이 어찌 사람들을 생명의 길로 안내하며 하나님이 바라시는 아름다운 열매를 맺을 수 있겠는가? 자기 자신도 그 길을 모르는데 남을 인도할 수 없는 것은 자명한 일이다.[252]

게다가 어떤 위선자들은 좁은 문(생명의 길)으로 들어가려고 애쓰는 자들

---

250 창 3:18 "땅이 네게 가시덤불과 엉겅퀴를 낼 것이라 네가 먹을 것은 밭의 채소인즉"
251 신 13:1-2 "너희 중에 선지자나 꿈 꾸는 자가 일어나서 이적과 기사를 네게 보이고 그가 네게 말한 그 이적과 기사가 이루어지고 너희가 알지 못하던 다른 신들을 우리가 따라 섬기자고 말할지라도"
252 마 15:14 "그냥 두라 그들은 맹인이 되어 맹인을 인도하는 자로다 만일 맹인이 맹인을 인도하면 둘이 다 구덩이에 빠지리라 하시니"
마 23:24-26 "맹인 된 인도자여 하루살이는 걸러 내고 낙타는 삼키는도다 화 있을진저 외식하는 서기관들과 바리새인들이여 잔과 대접의 겉은 깨끗이 하되 그 안에는 탐욕과 방탕으로 가득하게 하는도다 눈 먼 바리새인이여 너는 먼저 안을 깨끗이 하라 그리하면 겉도 깨끗하리라"

까지도 미혹하여 넓은 길(멸망의 길)로 가게 한다. 이 시대에도 만연한, 그리스도의 참 사랑을 배반하고 거짓 교훈을 퍼뜨리며 유혹하는 사이비, 이단의 무리들을 하나님이 영벌로 심판하실 날이 머지않아 반드시 도래할 것이다. 좋은 열매를 맺지 못한 나무가 결국 찍혀서 불에 던져지고 마는 것처럼 거짓 선지자들이 멸망 당하게 되는 것은 필연이라고 하겠다.[253]

한편 예수님은 자신을 참 포도나무에 비유하셨으며,[254] 포도나무와 무화과나무 열매는 의와 선을 상징한다.[255] 이처럼 좋은 나무들은 가시나무와 엉겅퀴와 다르게 진액이 흐르기 때문에 반드시 아름다운 열매를 맺는다.[256] 따라서 참 선지자들은 하나님과 이웃을 사랑하고 온유하고 겸손하며 선한 일에 힘써 인내하는 모습들이 일상생활 가운데 자주 나타난다.[257] 이들은 자기의 행위들로써 복음이 전파되고 성령 안에서 하나님 나라가 확장되는 것을 보여준다. 그리고 참 선지자인 것을 선한 열매들이 증명해 주므로 그리스도의 복음으로 새 생명을 얻어 성령을 좇는 삶인지 그 열매들로 알 수 있다.

우리 조상들은 원래 유교, 불교 등 미신적 가르침으로 떫은 열매를 맺는 돌감람나무였다. 그런데 우리가 그리스도를 구주로 믿음으로써 조상의 줄기에서 끊어져서 이스라엘의 참 감람나무에 접붙여지는 은혜를 입었다. 참

---

253 눅 3:9 "이미 도끼가 나무 뿌리에 놓였으니 좋은 열매 맺지 아니하는 나무마다 찍혀 불에 던져지리라"

254 요 15:1 "나는 참포도나무요 내 아버지는 농부라"

255 아 2:13 "무화과나무에는 푸른 열매가 익었고 포도나무는 꽃을 피워 향기를 토하는구나 나의 사랑, 나의 어여쁜 자야 일어나서 함께 가자"

256 갈 5:22-23 "오직 성령의 열매는 사랑과 희락과 화평과 오래 참음과 자비와 양선과 충성과 온유와 절제니 이같은 것을 금지할 법이 없느니라"

257 고전 13:4-7 "사랑은 오래 참고 사랑은 온유하며 시기하지 아니하며 사랑은 자랑하지 아니하며 교만하지 아니하며 무례히 행하지 아니하며 자기의 유익을 구하지 아니하며 성내지 아니하며 악한 것을 생각하지 아니하며 불의를 기뻐하지 아니하며 진리와 함께 기뻐하고 모든 것을 참으며 모든 것을 믿으며 모든 것을 바라며 모든 것을 견디느니라"

감람나무 뿌리의 진액을 받아 우리 민족도 좋은 열매를 맺을 수 있게 된 것이다.

6) 하나님의 뜻대로 행하라

> (7:21-23)
> 나더러 주여 주여 하는 자마다 다 천국에 들어갈 것이 아니요 다만 하늘에 계신 내 아버지의 뜻대로 행하는 자라야 들어가리라 그 날에 많은 사람이 나더러 이르되 주여 주여 우리가 주의 이름으로 선지자 노릇 하며 주의 이름으로 귀신을 쫓아 내며 주의 이름으로 많은 권능을 행하지 아니하였나이까 하리니 그 때에 내가 그들에게 밝히 말하되 내가 너희를 도무지 알지 못하니 불법을 행하는 자들아 내게서 떠나가라 하리라

본문의 밑줄 친, 천국에 들어갈 수 있는 자격을 가진 '내 아버지의 뜻대로 행하는 자'에 대해 성경적 관점에서 살펴보기로 한다.

먼저 우리가 알아야 할 것은 내 아버지의 뜻, 곧 하나님 아버지의 뜻意, will이다. 한마디로 사람들로 하여금 영원한 죄사함을 입어 영생을 얻게 하시려는 하나님의 거룩하신 의지로서 인류의 구원을 위한 하늘 아버지의 경륜을 말한다(6:10). 사람의 행위를 통해 얻을 수 없는 의에 대해 예수님이 온 인류의 죄를 대신하여 죽었다 살아나심을 믿는 자들에게 하나님의 의義를 거저 얻게 하시려는 일인 것이다.[258] 그래서 결국 죄와 사망의 길인 율법을 폐

258 갈 3:10-11 "무릇 율법행위에 속한 자들은 저주 아래에 있나니 기록된 바 누구든지 율법 책에 기록된 대로 모든 일을 항상 행하지 아니하는 자는 저주 아래에 있는 자라 하였음이라 또 하나님 앞에서 아무도 율법으로 말미암아 의롭게 되지 못할 것이

함으로 율법시대를 마감하고, 생명의 성령의 법으로 새 언약을 맺어 거듭난 그리스도의 생명력으로 세상을 이기고 영생을 얻게 하셨다.[259]

나를 보내신 이의 뜻은 내게 주신 자 중에 내가 하나도 잃어버리지 아니하고 마지막 날에 다시 살리는 이것이니라 내 아버지의 뜻은 아들을 보고 믿는 자마다 영생을 얻는 이것이니 마지막 날에 내가 이를 다시 살리리라 하시니라 (요 6:39-40)

따라서 하나님의 뜻대로 행하는 자들은, 첫째 것인 무익한 율법의 길에서 벗어나 둘째 것, 곧 새 언약인 예수님이 단번의 제사로 이루신 영속을 통해 은혜로써 하나님의 의를 얻음으로 거듭나 성령을 좇아 살아가는 자들을 말한다. 반대로 불법을 행하는 자들은, 이러한 거룩하신 하나님의 뜻을 거스르는 자들로서 거듭나지 못하고 죄와 사망의 길에서 육체적 욕심을 따라 살아가는 자들이다. 그러므로 본문에서 주님으로부터 외면받는 불법을 행하는 자들은, 비록 주님의 이름으로 권능은 행했으나 성령을 좇지 않고 자기의 명예와 세상적 욕심을 따르는 거짓 선지자들로 보인다.

위에 말씀하시기를 주께서는 제사와 예물과 번제와 속죄제는 원하지도 아니하고 기뻐하지도 아니하신다 하셨고 (이는 다 율법을 따라 드리는 것이라) 그 후에 말씀하

분명하니 이는 의인은 믿음으로 살리라 하였음이라"

259 히 8:1 "또 주께서 이르시되 그 날 후에 내가 이스라엘 집과 맺을 언약은 이것이니 내 법을 그들의 생각에 두고 그들의 마음에 이것을 기록하리라 나는 그들에게 하나님이 되고 그들은 내게 백성이 되리라"
요일 5:4-5 "무릇 하나님께로부터 난 자마다 세상을 이기느니라 세상을 이기는 승리는 이것이니 우리의 믿음이니라 예수께서 하나님의 아들이심을 믿는 자가 아니면 세상을 이기는 자가 누구냐"

시기를 보시옵소서 내가 하나님의 뜻을 행하러 왔나이다 하셨으니 그 첫째 것을 폐하심은 둘째 것을 세우려 하심이라 이 뜻을 따라 예수 그리스도의 몸을 단번에 드리심으로 말미암아 우리가 거룩함을 얻었노라 (히 10:8-10)

신약시대에 있어서 하나님의 경륜은 그리스도의 대속과 부활을 믿는 자들의 마음에 성령을 인치시고 생명의 성령의 법에 따라 성도들을 인도하시는 것을 알 수 있다.[260] 다시 말해 무익하여 폐해진 구약시대의 율법과 새 언약에서의 성령은 서로 충돌하여 함께 갈 수 없는 구조다.[261] 바울의 말처럼 우리가 하나님에 대하여 살기 위해서는, 죄와 사망의 길로 가는 율법과는 멀어져야 하며 오직 성령을 좇아 살아가야 마땅한 일이다.[262] 그러므로 성도들은 성령을 소멸하지 않도록 항상 성령 충만함을 간구함으로써 하나님의 뜻대로 행하는 자들이 되어야 한다.[263]

이처럼 하나님의 뜻에 따라 그리스도의 속량을 믿는 자들을 의인 삼으시고 더 좋은 소망으로 성령을 좇아 살게 하셨다. 그러나 오늘날 한국의 어떤 위선자들은 지금도 율법을 이행함으로써 의인이 되는 것처럼 그릇된 율법주의적 복음에 오염되어 있다. 그들은 그리스도의 구속을 믿음으로 얻는 거듭난 생명의 교훈보다, 율법시대에 행했던 제사적 율법에 속한 십일조를 드

260 히 8:10 "또 주께서 이르시되 그 날 후에 내가 이스라엘 집과 맺을 언약은 이것이니 내 법을 그들의 생각에 두고 그들의 마음에 이것을 기록하리라 나는 그들에게 하나님이 되고 그들은 내게 백성이 되리라"

261 히 7:18-19 "전에 있던 계명은 연약하고 무익하므로 폐하고 (율법은 아무 것도 온전하게 못할지라) 이에 더 좋은 소망이 생기니 이것으로 우리가 하나님께 가까이 가느니라"

262 갈 2:19 "내가 율법으로 말미암아 율법에 대하여 죽었나니 이는 하나님에 대하여 살려 함이라"

263 살전 5:19 "성령을 소멸하지 말며"

려야 복을 받는다는 거짓된 주장으로 교인들의 눈을 흐리게 한다.(신약시대의 헌금은 자유의 율법대로, 교회와 가난한 자들을 위하여 자기 형편에 맞게 즐거운 마음으로 드리는 것이 하나님을 기쁘시게 하는 일이다.)[264]

혹자는 레위 이전인 아브라함이 십일조를 처음 바쳤기 때문에 십일조와 율법과는 무관하다고 주장한다. 이는 히브리서 기자가 역설한, 아브라함이 십분의 일을 바칠 때 이미 그의 허리에 레위(제사적 율법의 뿌리)가 있었다는 말씀을 간과하고 있다. 더욱이 아브라함부터 십일조의 시발점이 되었다고 하더라도, 멜기세덱의 반차인 그리스도로 인해 무익해진 아론의 반차를 따르는 레위 계통의 제사장 체계가 변하였으므로, 하나님에 대하여 살기 위해서는 율법으로부터 해방되어져야 마땅한 것이다.[265] 안타깝게도 양의 탈을 쓴 거짓 목자들로 인해 예수님이 찢어지는 고통 가운데 하나님의 의를 이루신 십자가 대속의 은혜가 힘을 잃어가는 양상이다.[266]

---

264 고후 9:7 "각각 그 마음에 정한 대로 할 것이요 인색함으로나 억지로 하지 말지니 하나님은 즐겨 내는 자를 사랑하시느니라"
롬 15:25-26 "그러나 이제는 내가 성도를 섬기는 일로 예루살렘에 가노니 이는 마게도냐와 아가야 사람들이 예루살렘 성도 중 가난한 자들을 위하여 기쁘게 얼마를 연보하였음이라"

265 히 7:9-12 "또한 십분의 일을 받는 레위도 아브라함으로 말미암아 십분의 일을 바쳤다고 할 수 있나니 이는 멜기세덱이 아브라함을 만날 때에 레위는 이미 자기 조상의 허리에 있었음이라 레위 계통의 제사 직분으로 말미암아 온전함을 얻을 수 있었으면 (백성이 그 아래에서 율법을 받았으니) 어찌하여 아론의 반차를 따르지 않고 멜기세덱의 반차를 따르는 다른 한 제사장을 세울 필요가 있느냐 제사 직분이 바꾸어졌은즉 율법도 반드시 바꾸어지리니"
히 7:18-19 "전에 있던 계명은 연약하고 무익하므로 폐하고 (율법은 아무 것도 온전하게 못할지라) 이에 더 좋은 소망이 생기니 이것으로 우리가 하나님께 가까이 가느니라"
갈 2:19 "내가 율법으로 말미암아 율법에 대하여 죽었나니 이는 하나님에 대하여 살려함이라"

266 막 2:22 "새 포도주를 낡은 가죽 부대에 넣는 자가 없나니 만일 그렇게 하면 새 포도주가 부대를 터뜨려 포도주와 부대를 버리게 되리라 오직 새 포도주는 새 부대에 넣느니라 하시니라"

앞서 강조했듯이, 그리스도를 구주로 믿음으로써 하나님의 의를 거저 얻어 거듭난 자들이 무익한 율법 조문에서 벗어나 성령을 좇아 사는 자들이 내 아버지의 뜻대로 행하는 자들이다.[267] 따라서 자기 행위로 의를 얻으려는 율법주의자들은, 하나님 앞에서 불법을 행하는 자들에 속한다고 하겠다. 그들은 자신들이 행한 많은 업적으로 구원받을 수 있다고 생각하는 어리석은 부류들이다.

예수님에게 '주여 주여'라고 부르는 자가 외적으로 드러나는 것으로 흠이 없으며 하나님의 뜻과 상관없이 자신의 의지로 선한 일을 꾀할 수도 있을 것이다. 그러나 그들이 새 생명으로 거듭나서 성령을 좇아 행하지 않는다면 결코 하늘나라에 들어가지 못한다. 비록 주님의 이름으로 예언하고 귀신을 내쫓고 많은 권능을 행했을지라도 주님 앞에서 너희를 도무지 알지 못한다고 외면당하게 될 것이다. 그래서 예수님은 제자들에게 "… 귀신들이 너희에게 항복하는 것으로 기뻐하지 말고 너희 이름이 하늘에 기록된 것으로 기뻐하라"(눅 10:20)고 하셨다.

거짓 선지자들도 주님의 이름으로 사역을 하지만 주님을 진정 사랑하여 그리함이 아니요 주님의 이름을 이용할 뿐이다. 그들은 거듭나지 못하고 자기 영광을 위해 하나님의 일을 도모한 자들로서 모래 위에 집을 지은 어리석은 자들이다. 자기의 육체를 위해 세상을 좇아 행한다면 불법을 행한 자

---

267 고후 3:6 "그가 또한 우리를 새 언약의 일꾼 되기에 만족하게 하셨으니 율법 조문으로 하지 아니하고 오직 영으로 함이니 율법 조문은 죽이는 것이요 영은 살리는 것이니라"
갈 5:16-18 "내가 이르노니 너희는 성령을 따라 행하라 그리하면 육체의 욕심을 이루지 아니하리라 육체의 소욕은 성령을 거스르고 성령은 육체를 거스르나니 이 둘이 서로 대적함으로 너희가 원하는 것을 하지 못하게 하려 함이니라 너희가 만일 성령의 인도하시는 바가 되면 율법 아래에 있지 아니하리라"

들로서 하나님의 종으로서 자격이 없다고 하겠다.

한편 본문에서 그 날은, 천국이 도래하기 직전에 행해지는 심판의 날로서, 천년왕국 후 창조주 하나님이 흰 보좌에서 산 자(영생으로 들어갈 자)와 죽은 자(멸망으로 들어갈 자)를 최후 심판하실 때로 보인다.[268] 또한 밝히 말한다는 것은, 심판주이신 예수님의 실로 엄중한 권위를 함의한다. 여기에 예수님이 바로 하나님의 본체시요, 동시에 삼위일체 하나님으로서의 거룩하고도 신묘막측神妙莫測하신 신성이 묻어난다.

△ 올바른 성경적 내세관

많은 기독교인이 낙원과 천국, 또 음부와 지옥을 동일한 개념으로 이해한다. 하지만 성경을 통해 볼 때 이것들은 분명히 각각 다른 곳들을 가리킨다. 성경에 대한 바른 이해는 신앙을 한층 견고히 하며 하나님의 사랑을 더욱 풍성히 깨닫게 한다. 따라서 이와 관련한 성경 말씀들을 면면이 살펴봄으로써 통전적 관점에서 올바른 내세관을 정립하여 보기로 한다.

(1) 낙원과 음부

낙원은 부자의 상에서 떨어지는 것으로 배를 채웠던 거지 나사로가 죽어 아브라함의 품에 안겨 머물렀던 곳이다.[269] 또 예수님이 십자가 위에서 숨을

---

268 계 20:11-15 "또 내가 크고 흰 보좌와 그 위에 앉으신 이를 보니 땅과 하늘이 그 앞에서 피하여 간 데 없더라 … 누구든지 생명책에 기록되지 못한 자는 불못에 던져지더라"

269 눅 16:20-22 "그런데 나사로라 이름하는 한 거지가 헌데 투성이로 그의 대문 앞에 버려진 채 그 부자의 상에서 떨어지는 것으로 배불리려 하매 심지어 개들이 와서

거두시기 전 한 죄수에게 오늘 네가 나와 함께 있으리라고 말씀하시고 함께 머물렀던 곳이기도 하다.[270]

유월절을 앞두고, 예수님이 가룟 유다를 통해 팔리시기 전에, 제자들에게 너희를 위하여 처소를 예비하러 갈 것을 밝히신 적이 있다.[271] 더욱이 바울은, 예수님이 하늘에 오르실 때 만물을 충만하게 하시기 위해 땅의 낮은 곳(음부)으로 내렸다가 오르셨으며 그때 땅 아래서 사로잡은 자(구원받은 의인)들을 이끌고 올라가셨다고 말한다.[272] 이곳이 바로 그가 성령으로 이끌려 간 셋째 하늘, 곧 거듭난 성도들이 가는 낙원이다.[273]

따라서 현재의 낙원은, 구약시대에는 음부와 같이 땅 아래 있었지만, 예수님이 십자가 위에서 대속하신 후 부활·승천하실 때 하늘 위로 옮겨진 것으로 해석된다.[274]

음부는 예수님이 영으로 옥에 가셔서 노아의 때 불순종했던 자들에게 복음을 선포하셨던 곳이다.[275] 또 거지 나사로와 반대로, 날마다 호화로이 연

그 헌데를 핥더라 이에 그 거지가 죽어 천사들에게 받들려 아브라함의 품에 들어가고 부자도 죽어 장사되매"

270 눅 23:43 "예수께서 이르시되 내가 진실로 네게 이르노니 오늘 네가 나와 함께 낙원에 있으리라 하시니라"

271 요 14:2-3 "내 아버지 집에 거할 곳이 많도다 그렇지 않으면 너희에게 일렀으리라 내가 너희를 위하여 거처를 예비하러 가노니 가서 너희를 위하여 거처를 예비하면 내가 다시 와서 너희를 내게로 영접하여 나 있는 곳에 너희도 있게 하리라"

272 엡 4:8-10 "그러므로 이르기를 그가 위로 올라가실 때에 사로잡혔던 자들을 사로잡으시고 사람들에게 선물을 주셨다 하였도다 올라가셨다 하였은즉 땅 아래 낮은 곳으로 내리셨던 것이 아니면 무엇이냐 내리셨던 그가 곧 모든 하늘 위에 오르신 자니 이는 만물을 충만하게 하려 하심이라"

273 고후 12:2 "내가 그리스도 안에 있는 한 사람을 아노니 그는 십사 년 전에 셋째 하늘에 이끌려 간 자라 (그가 몸 안에 있었는지 몸 밖에 있었는지 나는 모르거니와 하나님은 아시느니라)"

274 눅 23:46 "예수께서 큰 소리로 불러 이르시되 아버지 내 영혼을 아버지 손에 부탁하나이다 하고 이 말씀을 하신 후 숨지시니라"

275 벧전 3:19-20 "그가 또한 영으로 가서 옥에 있는 영들에게 선포하시니라 그들은 전에 노아의 날 방주를 준비할 동안 하나님이 오래 참고 기다리실 때에 복종하지 아

락했던 부자가 고통 중에 있었는 바,[276] 그곳이 바로 거듭나지 못한 모든 사람이 가게 되는 음부다. 그리고 아브라함은 하늘로 옮겨지기 전의 낙원과 음부 사이에 왕래할 수 없는 큰 구렁텅이가 가로놓여있었다고 말한다.[277]

사람이 죽을 때 그리스도를 구주로 믿음으로 거듭난 성도들은 먼저 안식의 나라인 낙원에 이른다. 이들의 영혼은 낙원에서 거하다, 예수님이 공중강림하실 때, 곧 마지막 나팔로 인해 성도들의 첫째 부활(생명의 부활) 시에 승천하여 혼인잔치를 하게 된다.[278] 이후에 성도들은 예수님이 이 땅에 재림하심으로써 함께 다스릴 천년왕국으로 들어간다. 그러나 심한 고통이 수반되는 음부에서조차 예수님이 전하셨던 복음을 받아들이지 않은 불신자들은 결국 생명의 부활에 참여하지 못하고, 천년왕국이 지나고 마지막 때 둘째 부활(사망의 부활) 시에 영벌의 심판에 이를 것이다.[279]

니하던 자들이라 방주에서 물로 말미암아 구원을 얻은 자가 몇 명뿐이니 겨우 여덟 명이라"

276 눅 16:19-23 "한 부자가 있어 자색 옷과 고운 베옷을 입고 날마다 호화롭게 즐기더라 … 부자도 죽어 장사되매 그가 음부에서 고통 중에 눈을 들어 멀리 아브라함과 그의 품에 있는 나사로를 보고"

277 눅 16:26 "그뿐 아니라 너희와 우리 사이에 큰 구렁텅이가 놓여 있어 여기서 너희에게 건너가고자 하되 갈 수 없고 거기서 우리에게 건너올 수도 없게 하였느니라"

278 고전 15:51-52 "보라 내가 너희에게 비밀을 말하노니 우리가 다 잠 잘 것이 아니요 마지막 나팔에 순식간에 홀연히 다 변화되리니 나팔 소리가 나매 죽은 자들이 썩지 아니할 것으로 다시 살아나고 우리도 변화되리라"

살전 4:16-17 "주께서 호령과 천사장의 소리와 하나님의 나팔 소리로 친히 하늘로부터 강림하시리니 그리스도 안에서 죽은 자들이 먼저 일어나고 그 후에 우리 살아남은 자들도 그들과 함께 구름 속으로 끌어 올려 공중에서 주를 영접하게 하시리니 그리하여 우리가 항상 주와 함께 있으리라"

계 19:1-7 "이 일 후에 내가 들으니 하늘에 허다한 무리의 큰 음성 같은 것이 있어 이르되 할렐루야 구원과 영광과 능력이 우리 하나님께 있도다 … 우리가 즐거워하고 크게 기뻐하며 그에게 영광을 돌리세 어린 양의 혼인 기약이 이르렀고 그의 아내가 자신을 준비하였으므로"

279 고전 15:22-23 "아담 안에서 모든 사람이 죽은 것 같이 그리스도 안에서 모든 사람이 삶을 얻으리라 그러나 각각 자기 차례대로 되리니 먼저는 첫 열매인 그리스도요 다음에는 그가 강림하실 때에 그리스도에게 속한 자요 그 후에는 마지막이니 그가

만일 사람이 생물학적 죽음으로 구원의 기회가 차단된다면 지금부터 오백 년, 천 년 전에 이 땅에서 그리스도의 이름을 한 번도 들어보지 못하고 죽은 선한 자들의 억울함을 생각해 보라. 세대를 넘어 온 인류를 구원하시려는 하나님의 경륜과도 큰 괴리가 있으며, 공평하신 하나님의 속성에 견주어 볼 때 불공정하지 않는가?

그래서 필자는 성경을 면밀히 분석한 결과, 음부에서 고통 중에 있는 죽은 자들의 회개할 곳이 존재함을 시사하는 말씀들을 여러 곳에서 발견할 수 있었다.(다음 참조) 그리스도의 구속을 믿지 않음으로써 결국 죄사함을 얻지 못한 죄인들이 죄의 대가를 치르며 고통 가운데 있지만 다행히 음부에서 회개한 영혼들은 첫째 생명의 부활에 참여하게 될 것이다. 하지만 그렇지 못한 자들은 둘째 사망의 부활 시에 흰 보좌 심판에 따라 꺼지지 않는 불못에 던져질 것으로 보인다.

한편 가톨릭교회 교리에서의 연옥은, 사람이 죽었을 때 신자, 불신자 모두 일단 머무는 곳이라 주장한다.[280] 이는 앞서 구약시대의 땅 아래 있던 낙원 및 음부와 일면 유사해 보인다. 하지만 그리스도의 의로써 거듭난 성도들은 죽을 때 영혼이 곧장 하늘에 있는 낙원으로 올려지는 바, 신약시대의 음부와는 개념의 큰 차이가 있다고 하겠다.

모든 통치와 모든 권세와 능력을 멸하시고 나라를 아버지 하나님께 바칠 때라"

280 https://terms.naver.com/entry.naver?docId=1126610&cid=40942&categoryId=31575 "연옥은 가톨릭 교리에서 죽은 사람의 영혼이 살아있는 동안 지은 죄를 씻고 천국으로 가기 위해 일시적으로 머무른다고 믿는 장소이다"(두산백과).

음부에 있는 죽은 자들의 회개를 시사하는 성경적 근거들

하나. 요나가 밤낮 사흘을 어두운 물고기 뱃속에 있었던 것처럼 예수님이 사흘 동안 땅속에 계시며,[281] 죽은 자들에게도 복음을 선포하셨던 사실을 알 수 있다.(He descended into hell to the dead, 영어 사도신경)

둘. 베드로는, 죽은 자(음부에 있는 자)들에게도 복음이 전해진 것이 그들이 이 땅에서 방탕해 비록 육체로는 심판을 받으나, 영은 하나님을 따라 살도록 하기 위함이라고 하였다.[282] 또한 주님의 날이 더디오는 이유는, 아무도 멸망하지 않고 다(산 자와 죽은 자 모두) 회개하길 원하시기 때문이라고 한 바 있다.[283]

셋. 바울이, 유대인들을 버린 것이 세상과 화해가 되고 그 받아들이는 것은 죽은 자(음부에 있는 자)들 가운데서 살아나는 것이라고 하였다. 이를 위해 이방인의 충만한 수가 차기까지 유대인을 더러는 우둔하게 하여 불신앙 가운데 있도록 두셨으며, 그리하여 온 이스라엘 백성들이 부활하여 구원받을 것을 예언하였다.[284]

---

281 마 12:40 “요나가 밤낮 사흘 동안 큰 물고기 뱃속에 있었던 것 같이 인자도 밤낮 사흘 동안 땅 속에 있으리라”

282 벧전 4:4-6 “이러므로 너희가 그들과 함께 그런 극한 방탕에 달음질하지 아니하는 것을 그들이 이상히 여겨 비방하나 그들이 산 자와 죽은 자를 심판하기로 예비하신 이에게 사실대로 고하리라 이를 위하여 죽은 자들에게도 복음이 전파되었으니 이는 육체로는 사람으로 심판을 받으나 영으로는 하나님을 따라 살게 하려 함이라”

283 벧후 3:9 “주의 약속은 어떤 이들이 더디다고 생각하는 것 같이 더딘 것이 아니라 오직 주께서는 너희를 대하여 오래 참으사 아무도 멸망하지 아니하고 다 회개하기에 이르기를 원하시느니라”

284 롬 11:11-27 “그러므로 내가 말하노니 그들이 넘어지기까지 실족하였느냐 그럴 수 없느니라 그들이 넘어짐으로 구원이 이방인에게 이르러 이스라엘로 시기나게 함이니라 그들의 넘어짐이 세상의 풍성함이 되며 그들의 실패가 이방인의 풍성함이 되거든 하물며 그들의 충만함이리요 내가 이방인인 너희에게 말하노라 내가 이방인의 사도인 만큼 내 직분을 영광스럽게 여기노니 이는 혹 내 골육을 아무쪼록 시기하게 하여 그들 중에서 얼마를 구원하려 함이라 그들을 버리는 것이 세상의 화목이 되거든 그 받아들이는 것이 죽은 자 가운데서 살아나는 것이 아니면 무엇이리요

넷. 바울이, 고린도교회에서 그 아버지의 아내를 취하여 음행한 자를 사탄에게 넘겨줌으로써, 육신은 멸하고 영은 주님의 재림 시에 구원을 받게 한다고 하였다.[285]

다섯. 죽은 자들의 부활을 생각해 그들을 대신하여 침례를 받았음을 볼 수 있다.[286] 또 유다인들이 우상을 섬기다 죽은 자(음부에 있는 자)들을 위해 부활을 생각하며 속죄의 기도를 드렸다는 사건이 외경에 기록되어 있다(마카오베오기 하권 12:42-45).

(2) 천국과 지옥

천국은, 생명의 부활로 낙원에 머물던 영에 속한 성도들이 재림하시는 예수님과 함께 천년왕국에 들어가 왕 노릇하며, 그 천 년이 지난 후에 입성하게 될 영원한 복락 세계다. 이곳에는 이 땅에서 곧장 천년왕국에 들어간 육에 속한 자들 가운데 구원 얻은 백성들도 함께 입성한다. 이들은 모두 생명책에 기록되었으며, 하나님의 백성들에 대한 추수 과정 가운데 전자는 성도 추수, 후자는 이삭줍기에 속한 자들로 구분할 수 있다. 따라서 모든 인류의

… 형제들아 너희가 스스로 지혜 있다 하면서 이 신비를 너희가 모르기를 내가 원하지 아니하노니 이 신비는 이방인의 충만한 수가 들어오기까지 이스라엘의 더러는 우둔하게 된 것이라 그리하여 온 이스라엘이 구원을 받으리라 기록된 바 구원자가 시온에서 오사 야곱에게서 경건하지 않은 것을 돌이키시겠고 내가 그들의 죄를 없이 할 때에 그들에게 이루어질 내 언약이 이것이라 함과 같으니라 ”

285 고전 5:1-5 “너희 중에 심지어 음행이 있다 함을 들으니 그런 음행은 이방인 중에서도 없는 것이라 누가 그 아버지의 아내를 취하였다 하는도다 … 주 예수의 이름으로 너희가 내 영과 함께 모여서 우리 주 예수의 능력으로 이런 자를 사탄에게 내주었으니 이는 육신은 멸하고 영은 주 예수의 날에 구원을 받게 하려 함이라”

286 고전 15:29 “만일 죽은 자들이 도무지 다시 살아나지 못하면 죽은 자들을 위하여 세례를 받는 자들이 무엇을 하겠느냐 어찌하여 그들을 위하여 세례를 받느냐”

구원에 대한 하나님의 경륜이 완성되며 영원한 안식처가 될 것이다. 즉 신랑이신 예수님과 신부인 교회(성도들)가 생명과와 생명수를 맛보며 영생복락을 누리게 될 새 하늘과 새 땅의 새 예루살렘 성이다.[287]

지옥은, 영원히 꺼지지 않는 유황 불못을 말하며, 천년왕국을 앞두고 예수님이 재림하실 때 발생할 아마겟돈 전쟁으로 인해 적그리스도와 거짓 선지자가 먼저 던져진다.[288] 또한 양과 염소를 구분하는 심판에 따라 염소에 속한 자들이 영벌로 가게 된다.[289](반면 양에 속한 자들은 하나님의 백성으로 천년왕국에 입성한다.) 그리고 천년왕국 후에 천 년 동안 갇혔던 사탄(용)이 던져지며, 생명의 부활에 참여하지 못하고 음부에 머물러 있던, 생명책에 기록되지 못한 모든 자들이 둘째 부활해서 흰 보좌 심판으로 던져진다.[290] 또한 적그리스도 표를 받은 자들이 던져져 불과 유황으로 밤낮 쉼을 얻지 못하고 구더

---

287 계 21:1-2 "또 내가 새 하늘과 새 땅을 보니 처음 하늘과 처음 땅이 없어졌고 바다도 다시 있지 않더라 또 내가 보매 거룩한 성 새 예루살렘이 하나님께로부터 하늘에서 내려오니 그 준비한 것이 신부가 남편을 위하여 단장한 것 같더라"
계 22:1-2 "또 그가 수정 같이 맑은 생명수의 강을 내게 보이니 하나님과 및 어린 양의 보좌로부터 나와서 길 가운데로 흐르더라 강 좌우에 생명나무가 있어 열두 가지 열매를 맺되 달마다 그 열매를 맺고 그 나무 잎사귀들은 만국을 치료하기 위하여 있더라"

288 계 19:20 "짐승이 잡히고 그 앞에서 표적을 행하던 거짓 선지자도 함께 잡혔으니 이는 짐승의 표를 받고 그의 우상에게 경배하던 자들을 표적으로 미혹하던 자라 이 둘이 산 채로 유황불 붙는 못에 던져지고"

289 마 25:31-46 "인자가 자기 영광으로 모든 천사와 함께 올 때에 자기 영광의 보좌에 앉으리니 모든 민족을 그 앞에 모으고 각각 구분하기를 목자가 양과 염소를 구분하는 것 같이 하여 양은 그 오른편에 염소는 왼편에 두리라 … 이에 임금이 대답하여 이르시되 내가 진실로 너희에게 이르노니 이 지극히 작은 자 하나에게 하지 아니한 것이 곧 내게 하지 아니한 것이니라 하시리니 그들은 영벌에, 의인들은 영생에 들어가리라 하시니라"

290 계 20:10 "또 그들을 미혹하는 마귀가 불과 유황 못에 던져지니 거기는 그 짐승과 거짓 선지자도 있어 세세토록 밤낮 괴로움을 받으리라"
계 20:14-15 "사망과 음부도 불못에 던져지니 이것은 둘째 사망 곧 불못이라 누구든지 생명책에 기록되지 못한 자는 불못에 던져지더라"

기도 죽지 않으며 불도 꺼지지 않는다.[291] 그곳이 바로 하나님의 참 사랑을 배반한 모든 불신자들이 영원한 형벌로써 가게 되는 지옥이다.

천년왕국 시대가 끝나고 불신자들이 살아나는 둘째 부활(사망의 부활)이 있을 때에, 흰 보좌의 심판으로 생명책에 기록 여부에 따라 천국과 지옥으로 나뉘어 가게 된다. 구원을 얻은 하나님의 백성들은 의와 평강과 희락이 넘치는 아름다운 천국(새 예루살렘 성)에 이르지만, 하나님의 사랑을 외면한 자들은 영원히 꺼지지 않는 불못인 지옥에 던져질 것이다.

7) 반석 위에 집을 지으라

(7:24-27)
그러므로 누구든지 나의 이 말을 듣고 행하는 자는 그 집을 반석 위에 지은 지혜로운 사람 같으리니 비가 내리고 창수가 나고 바람이 불어 그 집에 부딪치되 무너지지 아니하나니 이는 주초를 반석 위에 놓은 까닭이요 나의 이 말을 듣고 행하지 아니하는 자는 그 집을 모래 위에 지은 어리석은 사람 같으리니 비가 내리고 창수가 나고 바람이 불어 그 집에 부딪치매 무너져 그 무너짐이 심하니라

291 계 14:10-11 "그도 하나님의 진노의 포도주를 마시리니 그 진노의 잔에 섞인 것이 없이 부은 포도주라 거룩한 천사들 앞과 어린 양 앞에서 불과 유황으로 고난을 받으리니 그 고난의 연기가 세세토록 올라가리로다 짐승과 그의 우상에게 경배하고 그의 이름 표를 받는 자는 누구든지 밤낮 쉼을 얻지 못하리라 하더라"
막 9:48 "거기에서는 구더기도 죽지 않고 불도 꺼지지 아니하느니라"

여기서 '반석'은 그리스도로 비유되는 바,[292] 그리스도의 속량을 믿음으로 얻을 수 있는, 서기관이나 바리새인들의 의보다 훨씬 탁월한 하나님의 의를 상징한다. 그리고 '이 말을 듣고 행하는 자'는 하늘에 계신 아버지의 뜻대로 행하는 자들이다. 그리스도(반석) 위에 집을 짓고 새 생명으로 거듭나 성령을 좇아 살아가는 것이 아버지의 뜻에 합당한 자들인 것이다.

따라서 하나님의 뜻대로 행하는 자는, 거듭난 자들로서 하나님의 의로 얻은 그리스도의 생명력이 기초요 그 위에 신앙을 쌓아야 한다.[293] 또 각종 환난의 순간에도 성령의 도우심으로 그 위기를 능히 이겨야 한다. 그리고 그리스도와 함께 이미 죽어 하나님 안에 감추인 자들로서 땅에 것을 생각하지 않고 항상 하늘에 것을 생각하며 몸을 오직 주님께 의의 병기로 드려야 한다.[294] 그러므로 본문은 예수님이 가르치신 생명수 같은 산상보훈 전체를 결론짓는 구절이라고 할 수 있다.

한편 '모래'란 자기의 의지가, 그리스도가 아닌 이성(지성) 안에 놓여 있는 상태를 상징한다. 그 위에 집을 지으려는 자들은 인본주의적 사고를 가지고 율법적 행위를 통해 자기 의를 이루고자 한다. 그리고 사람의 행위로 구원을 얻으려는 어리석은 자들로서 환난이 닥칠 때도 세상을 좇으며 하나님을

---

292 고전 10:4 "다 같은 신령한 음료를 마셨으니 이는 그들을 따르는 신령한 반석으로부터 마셨으매 그 반석은 곧 그리스도시라"

293 눅 6:48 "집을 짓되 깊이 파고 주추를 반석 위에 놓은 사람과 같으니 큰 물이 나서 탁류가 그 집에 부딪치되 잘 지었기 때문에 능히 요동하지 못하게 하였거니와"
고전 3:10-11 "내게 주신 하나님의 은혜를 따라 내가 지혜로운 건축자와 같이 터를 닦아 두매 다른 이가 그 위에 세우나 그러나 각각 그 위에 세울까를 조심할 지니라. 이 닦아 둔 것 외에 다른 터를 닦아 둘 자가 없으니 이 터는 곧 예수 그리스도라"

294 골 2:20 "너희가 세상의 초등학문에서 그리스도와 함께 죽었거든 어찌하여 세상에 사는 것과 같이 규례에 순종하느냐"
골 3:3 "이는 너희가 죽었고 너희 생명이 그리스도와 함께 하나님 안에 감추어졌음이라"

의지하지 않는다. 하나님을 향한 신앙이 성령을 따라 행하지 않고 기복에 그침으로써 생명력이 없고 각종 어려움이 닥칠 때 비틀거린다. 그래서 어떤 비바람에도 흔들지 않는 반석 위에 집을 지은 자들과 대비되는 삶을 살아간다(5:20).

그러므로 웨슬리는 자신의 신념이나 교리나 의식 등과 같은 종교적 행위를 반석으로 삼고 의지해서는 안 된다고 하였다.[295] 육이 아닌 영에 속한 자로서 성령을 좇아 행함으로 선한 결실을 맺는 믿음이 그리스도인의 참 믿음이다. 과연 반석이신 그리스도 위에 지은 집인가 판결하시는 때가 반드시 도래할 것이다.[296]

세상을 살아가는 데 있어서 자아(혼)는 내 중심을 차지한 가짜 왕이다. 하나님을 모르고 그리스도의 생명으로 거듭나지 못한 자들은 육적 자아가 주인이 되어 생각하고 소견에 옳은 대로 행하므로 마치 모래 위에 집을 짓는 것과 같다. 동물은 혼과 몸으로 구성되었다. 하지만 사람은 영과 혼과 몸으로 이루어져 있어 그리스도의 의로써 거듭나야 죽은 영이 새 생명을 얻고, 자기 영혼이 변화된 몸으로 영의 세계인 하나님의 나라에 들어갈 수 있다.

자아실현은 이 땅에서 육적인 삶을 살아가는 사람들의 지향점일 뿐이다. 온 인류를 구원하고자 예수님이 짊어지셨던 십자가 대속의 사랑을 외면하고, 행위로써 자기의 욕구를 완전히 실현하려는 자들은 안타깝게 모래 위에 집을 짓는 격이다. 따라서 그들은 하나님 앞에 불법을 행하는 자에 속한다

---

295 존 웨슬리, 『웨슬리가 전한 산상수훈』, 396.

296 고후 5:10 "이는 우리가 다 반드시 그리스도의 심판대 앞에 나타나게 되어 각각 선악간에 그 몸으로 행한 것을 따라 받으려 함이라"
계 20:11-15 "또 내가 크고 흰 보좌와 그 위에 앉으신 이를 보니 땅과 하늘이 그 앞에서 피하여 간 데 없더라 … 누구든지 생명책에 기록되지 못한 자는 불못에 던져지더라"

고 하겠다.

육안에 보이는 세상만 있는 것이 아니라 보이지 않는 영적 세계가 실존하므로, 우리가 전력으로 추구해야 할 것은 바로 영안으로 볼 수 있는 영원한 하나님의 나라다. 우리가 영생을 얻으려면 하나님의 의를 얻어 거듭남, 곧 반석 위에 집을 짓기 위한 기초(주춧돌)를 바르게 놓은 것이 반드시 선행되어야 한다(7:23). 그리고 주님의 능력을 힘입어 성령을 좇아 살아갈 때 높은 경지의 그리스도의 장성한 분량에 도달할 수 있을 것이다.

그러나 이것이 죄성을 지닌 우리 육신의 본질을 완전히 변화시키지는 못해[297] 죄없는 완전한 삶을 지속적으로 살아간다는 것은 불가능하다. 그래서 예수님은 제자들의 발을 씻어주며, 목욕한 자는 이미 깨끗해졌으므로 발만 씻으라고 하신다.[298] 이는 성도들이 이웃을 잘 섬겨야 하며, 또 거듭남으로 깨끗해졌지만 육신이 연약하여 죄를 지으면 발의 먼지를 씻어내듯이 자백하고 회개하는 삶을 살아가라는 이중적 의미가 담겨있다.

이제 성도들은 하나님의 영이 흐르는 수로로서 육적인 것들(옛 것)은 지속적으로 모두 태워 없애버려야 한다. 낡은 자아를 처리하는 분은 성령이시며, 그리스도 안에 거할 때 그 배에서 생수(성령)가 끊임없이 흘러나온다. 또한 죄를 씻어주시며 모든 생각과 말과 행실에 있어서 성령을 공급해 주시는 하나님께 전인적인 믿음으로 의지해야 한다. 이때 자기 마음이 성령으로 더욱 충만해져 반석 위에 견고한 집이 세워지고[299] 그리스도의 생명력(성령의 권능)

---

297 워치만 니,『영에 속한 사람 3권』정동섭 역 (서울 : 생명의 말씀사, 2014), 225.

298 요 13:10 "예수께서 이르시되 이미 목욕한 자는 발밖에 씻을 필요가 없느니라 온몸이 깨끗하니라 너희가 깨끗하나 다는 아니니라 하시니"

299 고전 10:1-4 "형제들아 나는 너희가 알지 못하기를 원하지 아니하노니 우리 조상들이 다 구름 아래에 있고 바다 가운데로 지나며 모세에게 속하여 다 구름과 바다에서 세례를 받고 다 같은 신령한 음식을 먹으며 다 같은 신령한 음료를 마셨으니

이 자아를 이기는 것을 보게 될 것이다.[300]

항상 성도들은 적극적, 능동적인 선한 의지로써 목마른 자들에게 값없이 부어주시는 생명수인 성령을 좇아 살아야 한다.[301] 썩을 양식이 아닌 영생하도록 있는 양식을 목말라 할 때, 반석(그리스도)에서 마르지 않는 샘물을 통해 생수(성령)를 풍성히 공급해 주심으로 성도들의 삶을 승리의 길로 인도하실 것이다.[302]

△ 영과 혼과 몸

하나님은 죄를 알게 된 인류를 살리기 위해 독생자이신 그리스도를 이 세상에 보내사 대속의 죽음을 맛보게 하셨다. 이를 믿는 자들에게 의인의 자격을 부여하고자 아들을 다시 살리셨으며[303] 영광과 존귀로 관을 씌우고 만

이는 그들을 따르는 신령한 반석으로부터 마셨으매 그 반석은 곧 그리스도시라"

300 롬 8:1-2 "그러므로 이제 그리스도 예수 안에 있는 자에게는 결코 정죄함이 없나니 이는 그리스도 예수 안에 있는 생명의 성령의 법이 죄와 사망의 법에서 너를 해방하였음이라"

301 계 21:6 "또 내게 말씀하시되 이루었도다 나는 알파와 오메가요 처음과 마지막이라 내가 생명수 샘물을 목마른 자에게 값없이 주리니"

계 22:17 "성령과 신부가 말씀하시기를 오라 하시는도다 듣는 자도 오라 할 것이요 목마른 자도 올 것이요 또 원하는 자는 값없이 생명수를 받으라 하시더라"

302 요 6:27 "썩을 양식을 위하여 일하지 말고 영생하도록 있는 양식을 위하여 하라 이 양식은 인자가 너희에게 주리니 인자는 아버지 하나님께서 인치신 자니라"

303 히 2:7-9 "그를 잠시 동안 천사보다 못하게 하시며 영광과 존귀로 관을 씌우시며 만물을 그 발 아래에 복종하게 하셨느니라 하였으니 만물로 그에게 복종하게 하셨은즉 복종하지 않은 것이 하나도 없어야 하겠으나 지금 우리가 만물이 아직 그에게 복종하고 있는 것을 보지 못하고 오직 우리가 천사들보다 잠시 동안 못하게 하심을 입은 자 곧 죽음의 고난 받으심으로 말미암아 영광과 존귀로 관을 쓰신 예수를 보니 이를 행하심은 하나님의 은혜로 말미암아 모든 사람을 위하여 죽음을 맛보려 하심이라"

롬 4:25 "예수는 우리가 범죄한 것 때문에 내줌이 되고 또한 우리를 의롭다 하시기 위하여 살아나셨느니라"

물을 복종케 하셨다. 우리는 이 사실을 깨달아 믿음으로 그리스도의 영과 연합하여 한 영이 되었으며,[304] 우리 몸은 하늘로부터 오시는 성령의 집이자 옷으로서 하나님의 성전이 된 것이다.[305]

우리가 하나님 나라와 그의 의를 구할 때, 하나님의 사랑이 우리 마음에 성령으로 부은 바 되어(6:33, 7:11) 영이 새 생명으로 거듭나 육체가 부활을 맞게 된다.[306] 다시 말해 성령의 인치심으로 의롭다 하심을 얻어 영이 다시 살아나 우리가 하나님께 나아갈 수 있는 은혜를 입은 것이다.[307] 그래서 단번의 제사로 이루신 그리스도의 속량을 믿는 성도들만이 영에 속한 자로서 구원에 이른다.

육의 활동 무대는 눈에 보이는 3차원의 물질적 세계지만(형이하학적), 영은 눈에 보이지 않는 훨씬 더 높은 고차원적인 공간세계에 속한다(형이상학적). 더욱이 하나님은 영적이신 그리스도의 이름 앞에 하늘과 땅과 그 아래에 있는 모든 것들로 무릎을 꿇게 하셨다.[308] 그러므로 그리스도와 연합한 성도들

---

304 롬 6:5 "만일 우리가 그의 죽으심과 같은 모양으로 연합한 자가 되었으면 또한 그의 부활과 같은 모양으로 연합한 자도 되리라"
고전 6:16-17 "창녀와 합하는 자는 그와 한 몸인 줄을 알지 못하느냐 일렀으되 둘이 한 육체가 된다 하셨나니 주와 합하는 자는 한 영이니라"

305 고후 5:1-2 "만일 땅에 있는 우리의 장막 집이 무너지면 하나님께서 지으신 집 곧 손으로 지은 것이 아니요 하늘에 있는 영원한 집이 우리에게 있는 줄 아느니라 참으로 우리가 여기 있어 탄식하며 하늘로부터 오는 우리 처소로 덧입기를 간절히 사모하노라"
고전 6:19 "너희 몸은 너희가 하나님께로부터 받은 바 너희 가운데 계신 성령의 전인 줄을 알지 못하느냐 너희는 너희 자신의 것이 아니라"

306 롬 5:5 "소망이 우리를 부끄럽게 하지 아니함은 우리에게 주신 성령으로 말미암아 하나님의 사랑이 우리 마음에 부은 바 됨이니"

307 고전 6:11 "너희 중에 이와 같은 자들이 있더니 주 예수 그리스도의 이름과 우리 하나님의 성령 안에서 씻음과 거룩함과 의롭다 하심을 받았느니라"
히 10:22 "우리가 마음에 뿌림을 받아 악한 양심으로부터 벗어나고 몸은 맑은 물로 씻음을 받았으니 참 마음과 온전한 믿음으로 하나님께 나아가자"

308 빌 2:10 "예슈아의 이름에, 하늘과 땅과 땅 아래 있는 모든 것이 무릎을 꿇고"(헬라어직역성경 허성갑).

의 영이 절대적 믿음을 가지고 확신 가운데 거할 때 '그리스도의 이름'으로 말로써 육(세상)을 다스릴 수 있다고 하겠다. 오직 사랑으로 역사하시는 하나님에 대한 신실한 믿음으로 그리스도와 한 영이 됨으로써, 다니엘이 사자굴에서 보호를 받은 것처럼 그리스도의 권능으로 물 불과 총 칼 등에도 영향을 받지 않게 될 것이다.[309]

한편 바울은 천년왕국을 앞두고 예수님이 공중에서 혼인잔치 하기 위해 강림하실 때에 성도들의 '영과 혼과 몸'이 흠없이 보존되기를 원한다고 했다.[310] 이는 피조물인 사람 가운데 성부와 성자와 성령 곧 삼위일체 하나님의 신성이 내재되어 있음을 함의하며, 미쁘신 하나님은 성도들의 부활과 함께 이를 온전히 이루실 것이다. 이처럼 하나님의 형상으로 창조된 사람을 구성하는 핵심 요소인 영·혼·몸에 대한 성경적 바른 이해를 위해, 삼위의 하나님에 견주어 해당 기능들을 간략히 살펴본다.

영spirit

하나님을 모르는 사람의 영은 죽은 상태와 같다. 하지만 그리스도의 속량

309단 6:16-20 "이에 왕이 명령하매 다니엘을 끌어다가 사자 굴에 던져 넣는지라 왕이 다니엘에게 이르되 네가 항상 섬기는 너의 하나님이 너를 구원하시리라 하니라 … 다니엘이 든 굴에 가까이 이르러서 슬피 소리 질러 다니엘에게 묻되 살아 계시는 하나님의 종 다니엘아 네가 항상 섬기는 네 하나님이 사자들에게서 능히 너를 구원하셨느냐 하니라"
사 43:2 "네가 물 가운데로 지날 때에 내가 너와 함께 할 것이라 강을 건널 때에 물이 너를 침몰하지 못할 것이며 네가 불 가운데로 지날 때에 타지도 아니할 것이요 불꽃이 너를 사르지도 못하리니"
사 54:17 "너를 치려고 제조된 모든 연장이 쓸모가 없을 것이라 일어나 너를 대적하여 송사하는 모든 혀는 네게 정죄를 당하리니 이는 여호와의 종들의 기업이요 이는 그들이 내게서 얻은 공의니라 여호와의 말씀이니라"

310 살전 5:23-24 "평강의 하나님이 친히 너희를 온전히 거룩하게 하시고 또 너희의 온 영과 혼과 몸이 우리 주 예수 그리스도께서 강림하실 때에 흠 없게 보전되기를 원하노라 너희를 부르시는 이는 미쁘시니 그가 또한 이루시리라"

을 깨달아 믿을 때 그의 영 안에 성령이 임재하시며 동시에 영이 거듭남으로써 소생甦生하게 된다. 그래서 사람의 영은 성령에 비유되며 영교, 직관, 양심이 기능한다.

혼soul

사람의 혼은 생각, 의지, 감정이 기능한다. 여기서 사람의 의지는 하고자 하는 마음, 즉 의도와 인격을 나타내므로 그 안에 자아를 실현하려는 본성이 있다고 할 수 있다. 따라서 사람의 혼은, 하나님의 의지를 나타내는 성부(본체)에 비유된다.

몸body

사람의 몸은 육신이 살아있도록 지탱하는 기능을 한다. 따라서 사람의 몸은 말씀이 육신이 되어 오신 예수 그리스도, 곧 성자에 비유되며,[311] 그분을 구주로 믿는 사람의 영 안에 성령(하나님의 영)이 인쳐질 때 하나님의 성전이 된다.

혼은 영과 육의 가운데 위치한다. 따라서 자기의 혼(마음)이 영에 대한 관심을 갖지 않으면 하나님의 영에 대해 온전히 알 길이 없다. 혼이 그리스도 속량의 진리를 깨닫고 마음에 믿음으로 받아들일 때 성령이 사람의 영에 찾아오시는 것이다. 다시 말해 성령은 인격적인 분이기 때문에 억지로 사람의 혼의 문을 열지 않으신다.

---

311 요 1:14 "말씀이 육신이 되어 우리 가운데 거하시매 우리가 그의 영광을 보니 아버지의 독생자의 영광이요 은혜와 진리가 충만하더라"

그러므로 사람의 마음은 하나님에 대한 사랑과 경외심을 갖고 갈구해야 한다. 그래야 죽어 있는 영이 그리스도의 복음으로 깨어 거듭나 영·혼·몸이 예수님처럼 부활을 이루고 영이신 하나님을 만날 수 있는 길이 열린다. 그렇지 않으면 이 세상에서 육신이 생을 마칠 때 자기 영혼이 낙원에 이르러 안식을 얻지 못하고 음부에서 고통을 맛볼 수밖에 없을 것이다.

(7:28-29)

예수께서 이 말씀을 마치시매 무리들이 그의 가르치심에 놀라니 이는 그 가르치시는 것이 권위 있는 자와 같고 그들의 서기관들과 같지 아니함일러라

예수님이 산상보훈을 마치시자, 말씀을 들었던 무리들이 진실한 교훈과 권위가 기존의 율법학자와 달라서 놀란다. 단순히 모세의 율법에 대한 반복적 암기나 인간의 생각이 아닌, 지금까지 한 번도 들어본 적이 없는 폐부를 찌르는 능력 있는 말씀이었다. 또 당시 서기관들은 모세와 랍비들의 권위를 인용하여 기교로써 가르쳤으나, 예수님의 교훈은 직관적이며 사람을 살리는 생명력과 더불어 독특한 권위가 있었다. 더욱이 율법의 참뜻은 바로 예수님 자신의 사상이다. 실제 율법의 주인이 친히 그 본질적 의미들을 가르치시므로 어떤 서기관들보다 현격한 권위가 있어 보였을 것이다.

Ⅲ 종교개혁의 역사

산상보훈의 말씀들은 성경 가운데 천국에 관한 그리스도 복음의 핵심을 깨닫도록 중요한 열쇠의 역할을 해준다. 하지만 성도들이 하나님의 구원 에 대한 경륜과 그리스도의 진리를 더욱 온전히 알고자 할 때 자칫 비성경적, 인본주의적인 그릇된 신앙을 가져올 수 있으므로 종교개혁에 따른 시대적 사조思潮에 맹종하는 사고를 절대 지양해야 한다. 그래서 복음 이해의 폭을 넓히는 데 도움이 될 수 있도록 16세기 이후 발생한 종교개혁의 역사와 그 논점들에 대해 성경에 비추어 고찰해 보고자 한다.

인간의 욕망과 관련하여 서양에서 형성된 주요 사상적 흐름으로 기원전 그리스, 로마 철학의 스토아학파와 에피쿠로스학파를 들 수 있다. 전자는 욕망을 억제함으로 행복을 얻는다고 보았으며, 후자는 건전한 쾌락을 추구하는 사상이다. 한편 동양에서 나온 불교와 유교도 유사한 원리를 지녔다. 전자는 사람의 욕구를 사회적 대의로 누르며, 후자는 명상 등을 통해 사람의 욕구를 가라앉히는 것이다.

실제적으로 사람의 욕망과 욕구는 훈련으로 평온한 듯 보이지만 한순간에 파괴될 수 있으므로 완전히 해결하는 것은 불가능한 일이다. 잠시 욕망을 억제하거나 가라앉힐 수 있을지언정 인간의 힘만으로 절대 이를 이기지 못하며 아무리 애를 써도 스스로 지극한 선, 곧 하나님이 바라시는 의에 온전히 이를 수 없다.

예수님은 산상보훈을 통해, 구약시대의 율법이나 선지자를 폐하러 온 것이 아니라 완전케 하기 위해 왔다고 밝히신 바 있다. 또 바울은 사람의 행위를 통해 의를 얻으려는 율법은 완전하신 그리스도께로 인도하는 몽학선생(초등교사)의 역할을 할 뿐이라고 하였다.

이 가르침들은 율법의 불완전성에 비교되었으며 결국 그리스도의 속량을 오직 믿음으로 얻어지는 하나님의 의로써 완성된다는 것을 알 수 있다. 그러나 애석하게 율법주의자들은 아직도 죄를 깨닫도록 율법을 주신 하나님의 참뜻을 이해하지 못함으로써 복음의 본질인 이신칭의(또는 이신득의)의 도에 이르지 못하고 있는 상황이다.

이러한 율법주의는 시대를 따라 인본주의, 이성주의 등 다양한 형태로 나타나 온 인류를 죄로부터 속량하신 그리스도 복음의 본질을 훼손하고 교회를 어지럽히는 누룩이 되어 버렸다. 그러므로 우리 교회들은 성경 전체의 폭넓은 통전적, 논리적 이해를 통해 그리스도의 진리를 바르게 깨닫고 더 맑은 생명수 강가로 나가야 한다. 이를 위해 중세 이후 신앙의 선진들이 주장했던 종교개혁의 흐름과 주요 내용들에 대해 오롯이 성경에 비추어 살펴보기로 한다.

16세기 루터와 칼빈은, 인류의 과거, 현재, 미래의 모든 세대의 죄는 그리스도의 대속과 부활을 믿음으로 사함을 받아 칭의를 얻는다고 주장하며, 부패해진 로마 가톨릭교회로부터 종교개혁의 출발이 되었다.

이들의 칭의에 대한 개념은, 사람을 용서하시는 하나님의 법적 행위로서 부족한 죄인을 의로운 자로 받으시고 아들이자 상속자로 수용하시는 것이다. 그리고 칭의의 유일한 토대는, 바울의 말처럼 우리 자신의 행위(공로)가 아니라 그리스도의 단번의 제사를 통해 이루신 하나님의 의義, righteousness다. 또 칭의의 수단은 오직 그리스도의 속량에 대한 믿음이며 그 열매는 바로 회개와 선한 삶으로서, 이 견해들은 전적으로 성경말씀들과 일치한다.

하지만 칼빈의 절대예정론은 하나님의 주권에 의한 무조건적·특정적 선택으로 실제적인 구원을 준다고 말한다. 이는 "곧 창세 전에 그리스도 안에서 우리를 택하사 우리로 사랑 안에서 그 앞에 거룩하고 흠이 없게 하시려고 그 기쁘신 뜻대로 우리를 예정하사 예수 그리스도로 말미암아 자기의 아들들이 되게 하셨으니"(엡 1:4-5)라는 구절을 그 근거로 삼는다.

그의 이러한 주장은 '누구든지' 주를 믿으면 영생을 얻고 '모든 사람'이 진리를 알고 구원받기를 원하시는 하나님의 뜻과 크게 상충된다.[312] 더욱이 창

312 요 3:16 "하나님이 세상을 이처럼 사랑하사 독생자를 주셨으니 이는 그를 믿는 자

세 전에는 지구 상에 구원을 특정할 인류가 아무도 존재하지 않은 상태였다. 그래서 위의 절대예정론에 대한 근거 구절은, 통전적 논리에 따라 '창세(세상에 기초를 놓기) 전에 그리스도 안에서 교회(성도들)를 택할 것을 예정하사 … 우리를 하나님의 양자로 삼으셨으니'라고 해석함이 타당하다고 하겠다.[313] 또한 18세기 영국의 종교개혁자 웨슬리는, 구원할 자를 미리 정했다는 칼빈의 예정 교리에 대해 가장 거룩하신 하나님을 죄의 조성자로 여기는 것이라고 하였다.

칼빈주의의 흐름에 반反한 알미니안주의는, 17~18세기 무렵 르네상스의 인간중심 이성주의를 주장하며 종교개혁 신학을 잠식한 유럽 전역의 움직임 중 일부다. 그들은 변질된 복음의 하나인 이른바 이중적 칭의에[314] 수반하는 율법주의적 사상은 사람의 꾸준한 도덕적인 노력이 구원의 길이라고 여긴다. 앞서 종교개혁주의는 칭의의 토대를 전적으로 전가된 그리스도의 의로 보았지만, 알미니안주의와 가톨릭교회는 사람 편의 의도 칭의의 토대가 된다는 것이다.

마다 멸망하지 않고 영생을 얻게 하려 하심이라"
딤전 2:4 "하나님은 모든 사람이 구원을 받으며 진리를 아는 데에 이르기를 원하시느니라"

313 엡 1:4-5 "According as he hath chosen us in him before the foundation of the world, that we should be holy and without blame before him in love: Having predestinated us unto the adoption of children by Jesus Christ to himself, according to the good pleasure of his will,"(KJV흠정역 한영대역 정동수).
엡 1:4-5 "그 복은 하나님께서 세상의 기초 이전에 마쉬아흐 안에서 우리를 택하셔서 우리를 사랑 안에서 하나님 앞에 거룩하고 흠 없게 하시려고 하나님의 기쁘신 뜻에 따라 예슈아 마쉬아흐(예수 그리스도)를 통하여 하나님의 양자로 예정하신 것입니다"(헬라어직역성경 허성갑).

314 제임스 패커, 『알미니안주의』, 이스데반 역 (서울 : 기독교문서선교회, 2019), 60. "… 우리의 구원은 이중적인 칭의에 수반한다. … 하나님의 새로운 율법을 제정하기 위한 공로가 되는 원인으로서의 그리스도의 의 그리고 참된 믿음과 회개를 통해 그 새로운 율법에 순종하는 우리 자신의 의이다."

한편 웨슬리의 칭의론은 복음주의적 은혜의 의로서 종교개혁가들과 맥을 같이 하며, 신앙인들의 태만과 방종을 경계하여 회개의 열매를 강조한다. 그러나 칭의에서 용서받는 죄의 범위를 과거에 제한(이른바 현재적 칭의)하므로, 단번의 희생 제사로 이루신 그리스도의 속량을 믿는 자들을 죄로부터 영원히 온전케 하신 히브리서 기자가 전하는 복음과 충돌한다.[315] 우리가 얻는 의는 하나님의 선물이며, 비록 죄인들이 불경건하더라도 오직 그리스도의 속량을 믿음으로 거저 의롭게 여겨주신다는 사실을 절대 간과해서는 안 된다.[316]

또한 웨슬리는 그리스도인의 온전한 성화(성결)가 가능하다고 하였다. 하지만 20세기 중국 출신 영적 지도자였던 워치만 니는 그의 저서에서, 죽기 전까지 죄가 전혀 없는 상태는 불가능하다고 하였다.[317] 이는 바울이 마음속에 선과 악이 함께 있어, 오직 그리스도께 의지하며 성령을 좇아 살아갈 때 육체의 소욕을 이길 수 있다고 말한 것과 궤를 같이한다.[318]

---

315 히 10:12-14 "오직 그리스도는 죄를 위하여 한 영원한 제사를 드리시고 하나님 우편에 앉으사 … 그가 거룩하게 된 자들을 한 번의 제사로 영원히 온전하게 하셨느니라"

316 롬 4:4-5 "일하는 자에게는 그 삯이 은혜로 여겨지지 아니하고 보수로 여겨지거니와 일을 아니할지라도 경건하지 아니한 자를 의롭다 하시는 이를 믿는 자에게는 그의 믿음을 의로 여기시나니"
롬 5:16 "또 이 선물은 범죄한 한 사람으로 말미암은 것과 같지 아니하니 심판은 한 사람으로 말미암아 정죄에 이르렀으나 은사는 많은 범죄로 말미암아 의롭다 하심에 이름이니라"

317 워치만 니, 『영에 속한 사람 3권』, 334.

318 롬 7:21-25 "그러므로 내가 한 법을 깨달았노니 곧 선을 행하기 원하는 나에게 악이 함께 있는 것이로다 내 속사람으로는 하나님의 법을 즐거워하되 내 지체 속에서 한 다른 법이 내 마음의 법과 싸워 내 지체 속에 있는 죄의 법으로 나를 사로잡는 것을 보는도다 오호라 나는 곤고한 사람이로다 이 사망의 몸에서 누가 나를 건져내랴 우리 주 예수 그리스도로 말미암아 하나님께 감사하리로다 그런즉 내 자신이 마음으로는 하나님의 법을 육신으로는 죄의 법을 섬기노라"
갈 5:16 "내가 이르노니 너희는 성령을 따라 행하라 그리하면 육체의 욕심을 이루지 아니하리라"

종교개혁은 로마 가톨릭교회의 면죄부 판매 사건을 계기로 지속되어 왔다. 하지만 지금도 파당派黨처럼 나누어진 학설들이 하나님 말씀(성경)보다 위에 군림하는 양태들을 볼 때, 교회들이 모래 위에 지은 집이 될까 안타까운 마음 금할 수 없다.

그리스도의 복음에 대한 종교개혁의 역사를 볼 때, 시대에 따라 조금씩 다른 견해들에서 장단점을 발견할 수 있다. 이 가운데 필자가 본 가장 큰 문제점들은, 하나님의 뜻과 충돌하는 칼빈의 절대예정론과 웨슬리의 현재적 칭의, 그리고 알미니안과 가톨릭교회의 이중적 칭의다.

구원받을 자들과 멸망받을 자들을 미리 예정하셨다는 절대예정론(이중예정론)을 주장하는 16세기 칼빈주의의 편협성이, 17~18세기 잘못된 인간중심적 사고에 기반한 이성주의적 알미니안주의에 대한 지지자들을 낳았다. 오류가 다른 오류를 재생산 한 것이다. 또한 18세기 웨슬리의 과거에 한정된 칭의는, 하나님이 주시는 현재와 미래에 대한 죄사함의 은총을 퇴색케 하고 영원한 하나님의 은혜와 사랑을 누리며 체험하는 것으로부터 성도들을 점차 멀어지게 한다. 그래서 오늘날 많은 교회들과 성도들의 신앙이 반석 위에 서지 못하고 구원의 확신이 없는 흐릿한 상황이 초래된 것으로 여겨진다.

다음 〔표 Ⅲ - 1〕에서 알 수 있듯이 종교개혁의 흐름에 따라 기독교 각 교파에 선악 간에 영향을 끼쳤지만, 개혁가들의 주장과 각 교회들의 가르침이 오늘날 모두 일치하지는 않는듯하다. 다행히 그들이 주장하는 내용들 가운데 앞서 살펴본 문제점들을 제외하면, 약간의 차이는 있을지라도 그리스도로 인해 하나님의 나라를 향해 추구하는 방향성은 대체로 같다고 할 수 있다.

종교개혁가들의 견해 요약

〔표 Ⅲ-1〕

구분	시기	주 요 내 용	비고
루 터 (독일)	16C	95개조 반박문(면죄부 중심), 오직 성경, 오직 은혜, 오직 믿음 강조	개혁의 시작
칼 빈 (프랑스)	16C	절대예정론絶對豫定論,[319] 주권적 예정, 이신칭의(득의), 완전한 성화불가	장로교 영향
알미니안 (네덜란드)	17C	선행은총론先行恩寵論,[320] 조건적 예정,[321] 중생, 이중적 칭의, 인본주의적, 이성주의적	침례교 영향
웨슬리 (영국)	18C	선행은총론, 복음주의적, 자유의지론, 현재적 칭의, 온전한 성화(성결) 가능	감리교 성결교 영향
워치만 (중국)	20C	작은 무리회, 대속의 죽음, 중생, 부활, 재림, 이긴 성도들의 천년왕국과 새 예루살렘 성 참예	지방교회 창시자 (특정종파 반대)

특별히 웨슬리는 자기의 주장과 칼빈주의는 머리털 하나의 차이밖에 안 되며 견해 차이로 멀리하는 것은 어리석은 일이라고 하였다. 우리는 서로 비난하기 위한 목적으로 칼빈주의자, 웨슬리주의자, 알미니안주의자 등 프레임을 씌우는 단어를 결코 사용하지 말아야 한다. 오히려 상호 간에 대해

319 하나님이 창세 전에 영생을 얻을 사람과 영원히 멸망할 사람을 미리 예정하셨다는 것이다. 이중예정론이라고도 하며 하나님의 초월적인 주권이 강조된다.

320 사람이 구원받기 전 죄인일 때 구원으로 이끄시는 하나님의 은총을 말한다. 모든 사람에게 값없이 주시는 만인을 위한 은총이며 일명 선재적 은총이라고 한다. 11세기 어거스틴은 선행은총과 자유의지를 주장한 바 있다.

321 보편적 구속을 주장하며 인간 스스로의 선택적 행위에 의존하는 예정이다.

거룩하고 애정어린 태도를 갖고, 세상을 향하여 그리스도의 복음을 증거하며 협력하여 아름다운 선을 이루어 나가야 한다.

그리고 복음의 진리는 어느 시대를 막론하고 그리스도의 터 위에 오직 성경을 기준으로 세워져야 한다. 이른바 반석 위에 교회들을 지어야 하는 것이다. 종교개혁이라는 미명美名으로 하나님 앞에 왜곡된 인본주의적, 비성경적 신앙을 가져올 수 있기 때문이다.

강조하거니와 십자가의 도에 대한 진리의 핵심은, 단번의 희생 제사로 이루신 그리스도의 속량을 믿는 자들이 성령의 인침을 받음으로 하나님의 의를 거저 얻어 새 생명으로 거듭나는 일이다. 아울러 그리스도 안에서 서로 사랑하고 성령을 좇아 살아가는 것이 영생에 이르는 길이다. 어느 누구든지 학자들의 주장이나 설說에 맹종하는 것을 절대 지양하고 올바른 성경관으로 복음을 이해하는 자세가 필요하다고 하겠다.

Ⅳ 맺음말

오늘날 한국교회들은 하나님의 뜻을 온전히 깨달은 아벨의 모습인지 자기중심적인 가인의 모습인지 되돌아봐야 한다. 하나님은 제사보다 진리를 아는 것을 기뻐한다고 하셨다. 하나님에 대해 무지하여 자기의 의로써 드리는 예배보다, 그리스도의 속량을 믿음으로 하나님의 거저 의를 얻고 성령을 좇아 살아가는 것이 복된 성도로서의 길임을 유념해야 한다. 그리고 예수님이 친히 강론하신 산상보훈의 참뜻을 바르게 깨닫고 그리스도 안에서 참된 기쁨으로 소금과 빛의 사명을 잘 감당할 수 있기를 소망한다.

지금 한국교회의 일부 목회자들은 구약시대 예레미야 선지자가 꾸짖었던 거짓 선지자들과 제사장들의 모습과 너무 닮아 있다. 그들은 그리스도 이후 복음으로 살아가는 이때(신약시대)도 율법을 지킴으로써 복을 받는다고 거짓 증거한다. 또 성령의 도움을 받아 전하려 하지 않고 세상에 대한 기복주의적 사고와 맞물려 성경 말씀의 뜻을 왜곡하여 가르치니 참 진리는 뒷전이다.[322]

지나간 옛 계명인 율법은 죄를 깨닫게 할 뿐 우리를 온전하게 할 수 없어 예수님이 친히 대속의 십자가를 지고 부활하심으로 의를 이루셨다. 우리는 오직 이를 믿음으로 하나님의 의를 거저 얻고 참복을 누리는 것이다.

하지만 위선자들은 사람이 스스로 지킬 수 없는 율법적 행위를 통하여 의를 이룰 수 있는 것처럼 교묘히 가르친다. 그들은 설교와 기도 내용 등을 통해 직간접적으로 율법에 속했던 십일조를 강조함으로 라오디게아교회처럼 물질로는 부요하게 되었다. 그러나 율법적 행위들에 치우친 나머지, 그리스도 복음의 요점이 되는 생명의 성령의 법 안에서 성령과 교통함으로 얻을 수 있는 참 자유와 평안을 누리지 못한 교인들이 허다하다. 그래서 무익한 옛 계명에 포위되어 자기가 눈먼 것과 그로 인해 벌거벗은 수치를 깨닫지 못하고 있는 실정이다.[323]

게다가 교회 안에, 세상의 오염된 정치적, 문화적인 탁류를 유입시켜 성령

---

322 렘 5:30-31 "이 땅에 무섭고 놀라운 일이 있도다 선지자들은 거짓을 예언하며 제사장들은 자기 권력으로 다스리며 내 백성은 그것을 좋게 여기니 마지막에는 너희가 어찌하려느냐"

323 계 3:17-18 "네가 말하기를 나는 부자라 부요하여 부족한 것이 없다 하나 네 곤고한 것과 가련한 것과 가난한 것과 눈 먼 것과 벌거벗은 것을 알지 못하는도다 내가 너를 권하노니 내게서 불로 연단한 금을 사서 부요하게 하고 흰 옷을 사서 입어 벌거벗은 수치를 보이지 않게 하고 안약을 사서 눈에 발라 보게 하라"

을 근심하게 하는 상황들을 조장한다. 이사야 선지자의 예언처럼 입술로는 하나님을 공경하나 마음은 떠난 행태들이다.[324] 그러므로 교회들은 회개하고 하나님의 말씀이 반석이신 그리스도의 진리 위에 세워지게 하여 복음이 혼탁해지는 것을 막아야 한다. 장차 하나님이 기뻐하는 뜻대로 반석 위에 집을 지었는지 판결하시는 때가 반드시 올 것이다.

또한 그리스도의 속량을 믿음으로 얻는 죄사함의 확신을 통해 율법에서 해방되어야 한다. 다시 말해 복음의 실체를 바르게 깨닫고 죄와 사망의 법, 곧 지나간 구법舊法인 율법의 굴레에서 벗어나야 한다. 그리고 그리스도의 희생으로 얻은 이 자유를 육을 위해 방종하지 말고, 행한 대로 보응하시는 하늘의 상급을 바라며 하나님의 영광을 위해 성령을 좇는 삶을 살아야 한다.

하나님이 돌같이 굳은 마음을 제거하도록 보내주신 성령 안에 우리가 머물 때 참 평안과 더불어 온유한 마음을 얻게 된다. 예수님이 이루신 신법新法인 생명의 성령의 법을 좇아 행할 때 더욱 높아진 율법의 요구를 이루는 것이다. 이때도 마음속에 들어있는 죄성으로 인해 부득이 악을 행했을 때는 회개와 자백을 통해 깨끗이 씻어냄으로써 신속히 평강의 상태를 회복해야 한다. 그래야 성령 안에서 하나님과의 깊은 교제가 지속될 수 있다.

하나님은 '명철하여 여호와를 아는 것을 기뻐한다'고 하셨다.[325] 그리스도의 복음을 아직도 모르는 유대인들은 율법으로 인해 죽고, 또 이방인들은

---

324 사 29:13-14 "주께서 이르시되 이 백성이 입으로는 나를 가까이하며 입술로는 나를 공경하나 그들의 마음은 내게서 멀리 떠났나니 그들이 나를 경외함은 사람의 계명으로 가르침을 받았을 뿐이라 그러므로 내가 이 백성 중에 기이한 일 곧 기이하고 가장 기이한 일을 다시 행하리니 그들 중에서 지혜자의 지혜가 없어지고 명철자의 총명이 가려지리라"

325 렘 9:24 "자랑하는 자는 이것으로 자랑할지니 곧 명철하여 나를 아는 것과 나 여호와는 사랑과 정의와 공의를 땅에 행하는 자인 줄 깨닫는 것이라 나는 이 일을 기뻐하노라 여호와의 말씀이니라"

모든 행위에 대해 각자의 양심이 증거가 되어 사망에 이른다. 그러나 하나님이 기뻐하시는 뜻대로 살아가는 그리스도 안에 있는 성도들은 죄와 사망의 법에서 해방되어 새 생명으로 거듭나 참 자유를 얻고 하나님 앞에 담대히 설 수 있는 것이다.

따라서 새 언약 아래서의 율법은 성령을 따라 살아가야 하는 복음과 반대 개념이자 저해 요소다. 그러므로 예수님이 산상보훈을 통해 강론하신 하나님 나라와 의를 구할 때 주시는 좋은 것(7:11), 곧 성령을 받고 그분의 인도를 따라 사는 성도들은 율법 아래 있지 말고 거기서 멀어져야 한다.

만일 율법에서 벗어나지 못한다면, 하나님의 은혜로 누리게 될 참복이요 진리이자 새 언약인 그리스도와의 실질적 동행을 소홀히 함으로써 사탄이 역사할 수 있는 여지를 만들어주게 된다. 그래서 성도들이 하나님에 대하여 살기 위해 죄와 사망의 길이요 이미 폐해진 율법의 틀에서 벗어나야 하는 것은 필연적이다.[326]

더욱이 그리스도의 복음은, 생명의 성령의 법을 좇아 그분의 생명력으로 살아가는 것임을 절대 간과해서는 안 된다. 우리는 그리스도를 구주로 믿어 성령의 인침을 받을 때 그분의 의가 전가되어 하나님의 의를 거저 얻음으로 의인이라 칭함을 얻었다. 성도들은 부활·승천하신 예수님이 보내준 생명수로서의 성령을 좇아 살아가는 바, 전혀 유익을 주지 못하는 율법과 동승할 필요가 전혀 없는 것이다.

---

326 갈 2:19 "내가 율법으로 말미암아 율법에 대하여 죽었나니 이는 하나님에 대하여 살려 함이라"
히 7:18-19 "전에 있던 계명은 연약하고 무익하므로 폐하고 (율법은 아무 것도 온전하게 못할지라) 이에 더 좋은 소망이 생기니 이것으로 우리가 하나님께 가까이 가느니라"

바울은 묵은 법조문에서 벗어나 새 영이신 성령을 좇아 살아갈 때 육체의 소욕을 이긴다고 하였다. 따라서 목회자들은, 교인들이 옛 계명인 율법에서 벗어나 죄사함의 확신을 얻게 하고, 모든 것을 그리스도께 의지함으로 동거동락의 기쁨 속에서 진정한 평안과 자유를 누릴 수 있도록 안내해야 한다. 이것이 참된 복음 전도의 본질적 목표가 되어야 함은 당연한 일이라고 하겠다.[327]

예수님이 인류의 모든 죄를 담당하여 죽으신 후 부활하사 사탄의 공중 권세가 무너지고 우리는 이 사실을 오직 믿음으로 하나님의 의를 얻어 하늘에 앉힌 바 되었다. 예수님이 못 박히신 십자가 대속의 권능이, 사람들을 결박하고 있는 사탄의 쇠사슬을 부수는 강력한 힘이 되어 죄(자아)에서 우리를 해방시킨 것이다.

그러나 사탄은 지금도 거짓말로 사람들을 속여 그리스도의 복음을 바르게 믿지 못하도록 갖은 모략과 술수로 훼방한다. 또 교만한 자들을 충동질해서 사람을 신격화, 우상화함으로 사이비와 이단을 양산한다. 따라서 오늘날 참 진리에 대한 올바른 이해와 교육은 참으로 중차대한 일이 되었다.

앞서 강조한 대로, 자아는 내 중심을 차지한 가짜 왕으로서 자아실현은 이 땅에서 육적인 삶을 살아가는 사람들의 지향점이다. 하지만 육안에 보이는 현상의 세상만 있는 것이 아니라, 보이지 않는 영생의 세계가 실존하므로 성도들이 반드시 힘써 추구해야 할 것은 바로 영원한 본향인 천국이다.

이 영적 세계인 하나님의 나라는 사람의 열심만으로 붙잡을 수 없으며 인간의 부패한 자아로는 절대 이를 수 없다. 또 새 생명으로 거듭나지 못하고

---

327 성 어거스틴, 『참회록』, 오병학 임금선 역 (서울 : 예찬사, 2011), 54.

자기 소견에 옳은 대로 행하는 육적 자아가 주인인 자들은, 모래 터 위에 집을 지은 자들로서 각종 환난과 어려움이 닥치면 그 집이 무너져 버린다.

그러므로 육에 속한 이전 것들(옛 것과 낡은 것들)은 모두 그리스도의 권능을 힘입어 녹여 없애버려야 한다. 이를 위해 인류를 죄로부터 속량하신 그리스도를 구주로 믿음으로써, 우리의 자아가 죽고 대신 하나님의 나라와 그의 의가 마음에 이루어져야 한다. 이들이 곧 영에 속한 자로서 반석 위에 집을 지은 자들이며 하나님의 영이 흐르는 수로가 된다. 성령의 임재로써 배에서 흘러나오는 생명수가 되어 자아를 처리하시는 것이다.

성도들은 하나님께 대한 간구로 성령 충만함을 얻고 가짜 왕인 자아에게 속지 말아야 한다. 아울러 묵은 율법 조문에서 해방되어 생명의 성령의 법을 좇아 하나님의 뜻대로 살아갈 것을 거듭 당부하는 바다. 그리고 이 세상을 살아가는 동안 성령 안에서 의와 평강과 희락 가운데 그리스도와 동행하는 복된 삶의 여정이 되기를 간절히 소망한다. 이 책을 마치기까지 인도해 주신 성 삼위일체 하나님께 모든 감사와 존귀와 영광을 올려드리고 할렐루야!로 찬송하며 펜을 놓는다.

〈참고문헌〉

강신해.『알기쉬운 요한계시록』 경기 : 베드로서원, 2021.

김서택.『새마태복음(상) 강해』 서울 : 기독교문사, 2014.

박윤선.『산상보훈 강해』 경기 : 도서출판 영음사, 2016.

박윤선.『신약주석 히브리서』 경기 : 도서출판 영음사, 2011.

박형용.『사복음서 주해』 경기 : 합동신학대학원출판부, 2000.

성 어거스틴.『참회록』 오병학 임금선 역, 서울 : 예찬사, 2011.

성호길.『영원한 대제사장 예수 그리스도』 광주 : 도서출판 새백성, 2003.

송다니엘.『산상수훈, 그 속에 길이 있다』 서울 : 토브북스, 2018.

송영선.『산상수훈 강해 - 천국시민의 마음』 서울 : 쿰란출판사, 2014.

아더 핑크.『산상수훈 강해』 지상우 역, 경기 : 크리스챤다이제스트, 2015.

앤드류 팔리.『복음에 더할 것은 없다』 안지영 역, 서울 : 터치북스, 2013.

엠.알.디한.『율법이냐 은혜냐』 이용화 역, 서울 : 생명의 말씀사, 2011.

오스왈드 챔버스.『오스왈드 챔버스의 산상수훈』 스데반 황 역, 서울 : 토기장이, 2015.

옥한흠.『산상수훈 1,2』 서울 : 국제제자훈련원, 2020.

워치만 니.『영에 속한 사람 1,2,3권』 정동섭 역, 서울 : 생명의 말씀사, 2014.

이상근.『신약성서주해 마태복음』 대구 : 성등사, 1998.

이상근.『신약성서주해 갈라디아서 히브리서』 서울 : 기독교문사, 2008.

이.피.샌더스.『바울, 율법, 유대인』 김진영 역, 경기 : 크리스챤다이제스트, 2006.

이한수.『복음과 율법』 서울 : 생명의 말씀사, 2011.

장흥길. 『원전으로 읽는 산상설교』 서울 : 장로회신학대학교출판부, 2015.

제임스 패커. 『알미니안주의』 이스데반 역, 서울 : 기독교문서선교회, 2019.

존 스토트. 『존 스터트의 산상수훈』 정옥배 역, 서울 : 생명의 말씀사, 2011.

존 웨슬리. 『웨슬리가 전한 산상수훈』 양재훈 역, 서울 : 기독교대한감리회, 2015.

존 칼빈. 『기독교 강요』 양낙홍 역, 경기 : 크리스챤다이제스트, 2012.

최석. 『산상수훈 강해』 서울 : 기독교문서선교회, 2018.

http://blog.naver.com/free_1026/220742763838

https://namu.wiki/w/네피림

https://terms.naver.com/entry.naver?docId=1126610&cid=40942&categoryId=31575

인용한 성경

김창영. 『현대인의 성경』 서울 : 생명의 말씀사, 2011.

대한성서공회편집부. 『성경전서 표준새번역』 서울 : 대한성서공회, 2001.

대한성서공회편집부. 『새번역 성경』 서울 : 대한성서공회, 2004.

민영진. 『공동번역 성서개정판』 서울 : 대한성서공회, 2004.

이송오. 『킹제임스 스코필드 한영주석성경』 서울 : 말씀보존학회, 2008.

이희득. 『결정성경』 경기 : 한국복음서원, 2012.

정동수. 『킹제임스 흠정역 스터디 성경전서』 인천 : 그리스도 예수안에, 2008.

정동수. 『킹제임스 흠정역 한영대역 성경전서』 인천 : 그리스도 예수안에, 2008.

정형철. 『쉬운성경 NIV 한영성경』 서울 : 아가페출판사, 2005.

하용조. 『비전성경 개역한글』 서울 : 도서출판 두란노, 2002.

하용조. 『우리말 성경』 서울 : 도서출판 두란노, 2017.

한국성경공회편집부. 『바른성경』 경기 : 한국성경공회, 2016.

허성갑. 『히브리어·헬라어 직역성경』 충북 : 말씀의집, 2013.

현대어성경편찬위원회. 『현대어성경』 경기 : 성서원, 2013.

부 록

하나님은 이른바 모세오경이라고 일컫는 창세기, 출애굽기, 레위기, 민수기, 신명기를 통해 구약시대의 이스라엘 백성이 지켜야 할 율법을 주셨다. 이는 그들의 생활 전반을 지배하는 하나님의 거룩한 명령이었으며, 인간의 죄성을 드러냄으로 죄를 깨닫게 하시는 데 그 목적이 있었다. 그리고 그 궁극적인 기능은 죄인들을 그리스도께로 인도하는 것이었다.[328] 또한 유대 사회의 율법은 좁은 의미에서 모세가 시내산에서 받은 십계명을 가리키고, 넓은 의미로는 모세오경을 지칭하며, 도덕적, 제사적, 규범적인 613가지의 조문으로 분류된다. 이는 다시 248가지 행령(지켜야 할 법)과 365가지 금령(하지 말아야 할 법)으로 나누어지며 각 권별로 살펴보면 아래와 같다.[329]

613가지 율법(내역 : 붙임)

창세기 (001-003)
출애굽기 (004-114)
레위기 (115-361)
민수기 (362-413)
신명기 (414-613)

328 갈 3:24-25 "이같이 율법이 우리를 그리스도께로 인도하는 초등교사가 되어 우리로 하여금 믿음으로 말미암아 의롭다 함을 얻게 하려 함이라 믿음이 온 후로는 우리가 초등교사 아래에 있지 아니하도다"

329 http://blog.naver.com/free_1026/220742763838 (613가지 율법정리) 참고.

내가 너희를 아버지께 고소할까 생각지 말라. 너희를 고소하는 이가 있으니 곧 모세니라. 모세를 믿었더면 또 나를 믿었으리니 이는 그가 내게 대하여 기록하였음이라 그러나 그의 글도 믿지 아니 하거든 어찌 내 말을 믿겠느냐 하시니라 (요 5:45-47)

613가지 율법 정리

창세기(1-3)

001. 생육하고 번성하라.(창 1:28)

002. 모든 유대인 남자는 할례를 받아야 한다.(창 17:10)

003. 환도뼈의 큰 힘줄을 먹어서는 안 된다.(창 32:32)

출애굽기(4-114)

004. 이 달을 한 해의 첫째 달로 삼아서, 한 해를 시작하는 달로 하여라.(출 12:2)

005. 유월절을 지키기 위해서 니산월 14일 오후에 흠이 없는 1년된 수양이나 수염소를 잡아야 한다.(출 12:5-6)

006. 유월절 양으로 바친 제물은 니산월 14일 밤에 먹어야 한다.(출 12:8)

007. 유월절에 먹는 양고기는 날로 먹거나 삶아 먹어서는 안 된다.(출 12:9)

008. 유월절 양고기는 다음 날까지 남겨서는 안 된다.(출 12:10)

009. 유월절에는 누룩을 제거해야 한다.(출 12:15)

010. 누룩 없는 떡(무교병)을 니산월 15일에 먹어야 한다.(출 12:18)

011. 유월절 기간 동안에는 누룩으로 만든 떡을 먹어서는 안 된다.(출 12:19)

012. 유월절에는 조금이라도 누룩이 섞인 떡을 먹지 말라.(출 12:20)

013. 변절한 유대인이나 이교도들은 유월절 양을 먹지 못한다.(출 12:43)

014. 임시로 거주하는 타국인이나 고용된 타국인 품꾼도 유월절 양을 먹지 못한다.(출 12:43)

015. 유월절 희생 양의 고기는 집 안에서만 먹어야 한다.(출 12:46)

016. 양고기의 뼈를 꺾어서는 안 된다.(출 12:46)

017. 할례를 받지 않은 사람은 유월절 양을 먹지 못한다.(출 12:48-49)

018. 처음 난 것은 거룩하게 구별하여 하나님께 바쳐야 한다.(출 13:2)

019. 유교병(누룩 있는 떡)을 먹어서는 안 된다.(출 13:3)

020. 유월절 이레 동안에는 무교병을 먹고, 유교병이나 누룩을 다 없애야 한다.(출 13:7)

021. 아버지는 자녀들에게 유월절 저녁 식사 자리에서 출애굽 이야기를 들려주어야 한다.(출 13:8)

022. 나귀의 첫 새끼는 어린 양으로 대속해야 한다.(출 13:13)

023. 나귀를 양을 통해서 대속하지 않으려거든 그 목을 꺾어야 한다.(출 13:13)

024. 안식일에 걸을 수 있는 거리의 한계에 관한 규정(출 16:29)

025. 나는 너희를 이집트 땅, 종살이하던 집에서 이끌어 낸 너희 하나님 여호와이다.(출 20:2)

026. 다른 신들을 섬기지 말라.(출 20:3)

027. 우상을 만들지 말라.(출 20:4)

028. 우상에게 절하지 말라.(출 20:5)

029. 우상을 섬기지 말라.(출 20:5)

030. 하나님의 이름을 함부로 불러서는 안 된다.(출 20:7)

031. 안식일을 기억하라.(출 20:8)

032. 안식일에는 가족이나 종이나 객이라고 할지라도 아무 일도 시켜서는 안 된다.(출 20:10)

033. 부모를 공경하라.(출 20:12)

034. 살인하지 말라.(출 20:13)

035. 간음하지 말라.(출 20:14)

036. 도적질하지 말라.(출 20:15)

037. 거짓 증거하지 말라.(출 20:13)

038. 탐내지 말라.(출 20:17)

039. 너희는 나 밖에 다른 신들을 섬기려고, 은이나 금으로 신들의 우상을 만들지 못한다.(출 20:23)

040. 제단을 다듬은 돌로 만들어서는 안 된다.(출 20:24-25)

041. 제단에 올라가는 층계를 놓아서는 안 된다.(출 20;26)

042. 히브리 종은 일곱째 되는 해에 자유케 하라.(출 21:2)

043. 종의 보호에 관한 규정(출 21:10)

044. 주인이 아내로 취하려고 산 여종이 마음에 안 들면 다시 그녀의 아버지에게로 돌려보내야 한다.(출 21:8)

045. 그녀를 다시 파는 일이 있어서는 안 된다.(출 21:8).

046. 여종을 아들에게 주려고 샀으면, 그녀를 딸처럼 대하여 한다.(출 21:9)

047. 사람을 때려서 죽인 자는 반드시 사형에 처해야 한다.(출 21:12)

048. 부모를 때리거나 저주하는 자는 반드시 사형에 처해야 한다.(출 21:15, 17)

049. 이웃에게 상해를 입힌 경우에 관한 규정(출 21:18-19)

050. 종을 상해하거나 죽였을 경우에 관한 규정(출 21:20-21)

051. 소가 받아서 사람을 상해한 경우에 관한 규정(출 21:28-32, 35-36)

052. 소가 사람을 받아서 죽인 경우에 관한 규정(출 21:28-32, 35-36)

053. 구덩이에 짐승이 빠진 경우에 관한 규정(출 21:33-34)

054. 도둑에 관한 규정(출 22:1-4)

055. 남의 농작물을 가축이 뜯어먹은 경우에 관한 규정(출 22:5)

056. 불을 내서 이웃의 농작물에 피해를 입힌 경우에 관한 규정(출 22:6).

057. 보관물에 대한 규정(출 22:7 이하)

058. 서로 소유권을 주장하는 경우에 관한 규정(출 22:9)

059. 맡긴 집짐승이 다치거나 없어지거나 죽거나 맹수에게 물려 죽은 경우에 관한 규정(출 22:10-11)

060. 빌려 온 짐승이 다치거나 죽었을 경우에 관한 규정(출 22:14-15)

061. 처녀를 꾀어서 건드린 경우에 관한 규정(출 22:16-17)

062. 마술을 부리는 여자는 살려 두어서는 안 된다.(출 22:18)

063. 함께 살고 있는 나그네를 학대하지 말라.(출 22:21)

064. 그들을 억압하지 말라.(출 22:21)

065. 과부와 고아의 보호에 대한 규정(출 22:22-25)

066. 필요한 사람에게는 돈을 빌려주어야 한다.(출 22:25)

067. 돈을 빌려주었으면 빚쟁이처럼 독촉을 하지 말아야 한다.(출 22:25)

068. 가난한 사람들에게는 이자를 받아서는 안 된다.(출 22:25)

069. 재판장에게 욕되는 말을 해서는 안 된다.(출 22:28)

070. 하나님께 욕되는 말을 해서는 안 된다.(출 22:28)

071. 지도자들에게 욕되는 말을 해서는 안 된다.(출 22:28)

072. 첫 것을 바치는 것에 관한 규정.(출 22:29-30)

073. 들에서 맹수에게 찢겨 죽은 짐승의 고기를 먹지 말라.(출 22:31)

074. 근거 없는 말을 해서는 안 된다.(출 23:1)

075. 거짓 증언을 하여 죄인의 편을 들어서는 안 된다.(출 23:1)

076. 다수의 사람들이 잘못을 저지를 때에도 그들을 따라가서는 안 된다.(출

23:2)

077. 다수의 사람들이 정의를 굽게 하는 증언을 할 때에 그들을 따라가서는 안 된다.(출 23:2)

078. 다수를 따라야 한다.(출 23:2)

079. 가난한 사람의 송사라고 해서 치우쳐서 두둔해서도 안 된다.(출 23:6)

080. 너희를 미워하는 사람의 나귀가 짐에 울려 쓰러진 것을 보거든, 그것을 내버려 두지 말고, 반드시 임자가 나귀를 일으켜 세우는 것을 도와주어야 한다.(출 23:5)

081. 너희는 가난한 사람의 송사라고 해서, 그에게 불리한 판결을 내려서는 안 된다.(출 23:6)

082. 거짓 고발을 물리쳐라. 죄 없는 사람과 의로운 사람을 죽여서는 안 된다.(출 23:7)

083. 너희는 뇌물을 받아서는 안 된다.(출 23:8)

084. 안식년에는 농경지에 아무것도 심어서는 안 된다.(출 23:11)

085. 안식일에는 어떤 일도 해서는 안 된다.(출 23:12)

086. 다른 신들의 이름은 불러서도(기억해서도) 안 된다.(출 23:13)

087. 다른 신들의 이름은 입 밖에도 내서도 안 된다.(출 23:13)

088. 너희는 한 해에 세 차례 나의 절기를 지켜야 한다.(출 23:14)

089. 너희는 나에게 바치는 희생제물의 피를, 누룩을 넣은 빵과 함께 바쳐서는 안 된다.(출 23:18, 34:25)

090. 절기 때에 나에게 바친 기름을 다음 날 아침까지 남겨 두어서도 안 된다.(출 23:18, 34:25)

091. 첫 열매 중 가장 좋은 것으로 바쳐야 한다.(출 23:19, 34:26)

092. 너희는 새끼 염소를 그 어미의 젖으로 삶아서는 안 된다.(출 23:19, 34:26)

093. 팔레스타인의 7 민족과 언약을 맺어서는 안 된다.(출 23:23)

094. 팔레스타인의 일곱 민족에 속한 사람들은 히브리인들과 더불어 살아가지 못하도록 하여야 한다.(출 23:34)

095. 나에게 제물을 바치려거든, 너희는 흙으로 제단을 쌓고, 그 위에다 번제물과 화목제물로 너희의 양과 소를 바쳐라. 너희가 나의 이름을 기억하고 예배하도록, 내가 정하여준 곳이면 어디든지, 내가 가서 너희에게 복을 주겠다.(출 20:24)

096. 채들을 궤의 고리에 그대로 두고, 거기에서 빼내지 말아라.(출 25:15)

097. 그 상은 언약궤 앞에 놓고, 상 위에는 나에게 바치는 거룩한 빵을 항상 놓아 두도록 하여라.(출 25:30)

098. 증거궤 앞에 쳐 놓은 휘장 밖에 올리브기름으로 등불을 밤에는 늘 켜 두어야 한다.(출 27:21)

099. 대제사장의 예복에 대한 규정(출 28:2)

100. 가슴받이가 에봇에서 떨어지지 않도록 해야 한다.(출 28:28)

101. 대제사장이 입을 옷은 목을 위하여 파 놓은 구멍의 둘레를 찢어지지 않도록 튼튼하게 만들어야 한다.(출 28:32)

102. 제사장만이 속죄의 제물을 먹을 수 있다.(출 29:33)

103. 제사장은 아침저녁으로 분향단 위에 향을 피워야 한다.(출 30:7-8)

104. 분향단 위에다가는 향기로운 향을 피우는 일 이외에는 어느 것도 해서는 안 된다.(출 30:9)

105. 회막 세금에 관한 규정(출 30:13)

106. 제사장은 회막에 들어가기 전에 손발을 반드시 물로 씻어야 한다.(출

30:19-20)

107. 성별하는 기름을 만드는 방법에 대한 규정(출 30:25)

108. 성별하는 기름은 아무에게나 부어서는 안 된다.(출 30:32)

109. 성별하는 기름을 만드는 방법으로 똑같은 기름을 만들어서 다른 용도로 사용해서는 안 된다.(출 30:32)

110. 사사로이 쓰려고 유향을 만드는 방법과 똑같은 방법으로 향품을 만들어서는 안 된다.(출 30:37)

111. 우상숭배자들과 언약을 맺어서 그들이 우상에게 바친 제물들을 먹게 되는 일이 없어야 한다.(출 34:15)

112. 안식일에는 밭갈이하는 철이나 추수하는 철에도 일해서는 안 된다.(출 34:21)

113. 새끼 염소를 그 어미의 젖으로 삶아서는 안 된다.(출 34:26)

114. 안식일에는 불을 피워서는 안 된다.(출 35:3)

레위기(115-361)

115. 번제에 대한 규례(레 1장)

116. 곡식 제물에 대한 규정(레 2장)

117. 곡식 제물에는 누룩이나 꿀이 들어 있어서는 안 된다.(레 2:11)

118. 모든 곡식 제물에는 소금이 빠져서는 안 된다.(레 2:13)

119. 어떤 제물에도 소금을 빠뜨려서는 안 된다.(레 2:13)

120. 이스라엘 온 회중이 산헤드린의 잘못된 결정으로 죄를 범하게 되면 속죄제물을 드려야 한다.(레 4:13)

121. 개인이 실수를 한 경우에도 속죄제물을 바쳐야 한다.(레 4:27-28)

122. 증인이 자기가 본 것이나 알고 있는 것을 사실대로 증언하지 않고 은닉하면 거기에 책임을 져야 한다.(레 5:1)

123. 속죄제물을 바쳐야 하는 경우(레 5:6-7)

124. 새를 속죄제물로 가져오면 그것은 다른 짐승을 제물로 가져온 경우와는 달리, 제물을 바친 사람이 잡지 않고 제사장이 직접 그것의 목을 비틀어서 잡아야 하는데, 이때 목이 떨어지게 해서는 안 된다.(레 5:8)

125. 가난하여 속죄제물로 짐승이나 새를 바칠 수 없는 경우에는 밀가루를 바칠 수 있으나, 이때, 제사장은 거기에 기름을 섞어서는 안 된다.(레 5:11)

126. 또한 거기에 향을 얹어서도 안 된다.(레 5:11)

127. 제물을 바치다가 실수하여 죄를 범하면 바친 것의 20%에 해당하는 벌금을 지불해야 한다.(레 5:15-16)

128. 부정적인 계명(금지 계명)을 실수로 어긴 경우에도 속건제물을 바쳐야 한다.(레 5:17-18)

129. 다른 사람의 물건을 불의하게 취한 경우에 관한 규정(레 6:1-5)

130. 남의 물건을 불의한 방법으로 취한 자는 모두 물어내야 한다.(레 6:5)

131. 제단의 재에 대한 규례(레 6:10-11)

132. 제단의 불은 항상 피워져 있어야 한다.(레 6:12)

133. 제단의 불을 꺼뜨려서는 안 된다.(레 6:12)

134. 곡식 제물을 드리고 난 나머지는 제사장이 먹어야 한다.(레 6:16)

135. 제사장은 곡식 제물에 누룩을 넣고 구워서는 안 된다.(레 6:17)

136. 대제사장도 다른 사람들처럼 곡식 제물로 밀가루를 드려야 하는데, 그는 매일 그래야 했으며, 그것으로 아침저녁 빵을 구워 바쳐야 한다.(레 6:20)

137. 제사장이 드리는 곡식 제물은 아무도 먹지 못한다. 그것은 다 태워 버려야 한

다.(레 6:23)

138. 속죄제물은 번제물을 드리는 장소에서 드려야 한다.(레 6:25)

139. 성소에서 속죄해 주려고 제물의 피를 회막 안으로 가져왔을 때에는, 어떤 속죄제물도 먹어서는 안 된다.(레 6:30)

140. 속건제물을 드릴 때의 규례(레 7:1)

141. 감사의 뜻으로 화목제물을 바치는 경우에는 빵을 곁들여 바쳐야 한다.(레 7:11-12)

142. 화목제물로 드린 것 가운데 감사 제물로 바친 고기는 그 날로 먹어야 하며 다음 날까지 남겨서는 안 된다.(레 7:15)

143. 화목제물로 드린 것 가운데 서원제물이나 자원제물로 바친 고기는 이틀째 되는 날까지 다 먹어야 하며, 사흘째 되는 날까지 그 희생제물이 남아 있으면, 불살라야 한다.(레 7:17)

144. 어떤 종류의 것이든(감사제물, 서원제물, 자원제물) 화목제물로 드린 고기 중 사흘째 되는 날까지 남은 것을 먹어서는 안 된다.(레 7:18)

145. 어떤 종류의 화목제물이든 불결한 것에 닿은 고기는 먹지 말아야 한다.(레 7:19)

146. 그리고 그것은 불에 태워야 한다.(레 7:19)

147. 동물의 기름기는 먹지 못한다.(레 7:23)

148. 어떤 피든지 먹어서는 안 된다.(레 7:26)

149. 제사장은 머리를 풀어서는 안 된다.(레 10:6)

150. 그는 옷을 찢어 애도를 해서도 안 된다.(레 10:6)

151. 제사장은 성전(성소)에서 일하는 동안은 밖으로 나가서는 안 된다.(레 10:7)

152. 제사장은 성전(성소)에 들어가기 전에는 포도주나 독주를 마셔서는 안 된

다.(레 10:9, 11)

153. 땅에서 사는 짐승들 가운데 새김질을 하면서 동시에 굽이 갈라진 것만 먹을 수 있다.(레 11:2-4, 7)

154. 낙타, 오소리, 토끼, 돼지 등과 같이 새김질을 하지 않거나 굽이 갈라지지 않은 짐승은 먹지 못한다.(레 11:4)

155. 물속에서 사는 동물 중 지느러미와 비늘이 있는 것은 먹을 수 있다.(레 11:9, 12)

156. 그러나 지느러미와 비늘이 없는 것은 먹지 말아야 한다.(레 11:12)

157. 새 가운데서 먹지 말아야 할 것(레 11:13)

158. 곤충 가운데서 네 발로 걷는 날개 달린 것들은 먹지 못한다.(레 11:21)

159. 길짐승에 대한 규정(레 11:29 이하)

160. 요리가 된 젖은 음식에 죽은 길짐승이 닿으면 그것은 먹어서는 안 된다.(레 11:34)

161. 먹을 수 있는 짐승이라도, 그 주검을 만진 자는 저녁 때까지 부정하다.(레 11:39)

162. 땅에 기어 다니는 길짐승은 먹지 말아야 한다.(레 11:41-42)

163. 과일이나 채소에 붙어사는 벌레는 먹지 말아야 한다.(레 11:41-42)

164. 물 속에 기어 다니는 것들도 먹어서는 안 된다.(레 11:46)

165. 흙에서 생긴 벌레는 먹지 말아야 한다.(레 11:44)

166. 산모의 정결 예식에 관한 규정(레 12:1)

167. 제의적으로 부정하게 된 사람은 거룩한 음식을 먹을 수 없다.(레 12:6)

168. 아이를 낳은 여인이 정결 예식을 위해 바쳐야 할 제물(레 12:6-8)

169. 제사장이 나병의 여부를 확인하여야 한다.(레 13:2)

170. 백선이 머리나 턱에 생긴 경우, 백선이 난 자리만 빼고 털을 민 다음에, 백선이 생긴 그 환자를 이레 동안 격리시켜야 한다.(레 13:33)

171. 악성 피부병에 걸린 사람은 입은 옷을 찢고 머리를 풀어야 하며, "부정하다, 부정하다" 외쳐야 한다.(레 13:45)

172. 천이나 가죽 제품에 곰팡이가 생긴 경우에 관한 규정(레 13:47-59)

173. 악성 피부병이 나은 경우에도 제사장이 확인을 해야 한다.(레 14:2-3)

174. 악성 피부병이 나은 사람은 이레 후에 모든 털을 다 밀어야 한다.(레 14:9)

175. 또한 그는 옷을 빨고 목욕을 해야 한다.(레 14:9)

176. 악성 피부병을 고침 받은 사람이 바쳐야 할 제물(레 14:10)

177. 건물에 생기는 악성 곰팡이에 관한 규정(레 14:34 이하)

178. 성기에서 고름이 계속 흐르는 남자는 부정한 사람이며, 그와 접촉하는 모든 물건이나 사람도 부정하게 된다.(레 15:1-12)

179. 고름이 멎은 경우에는 정결례를 행해야 한다.(레 15:13-15)

180. 남자가 실수로 정액을 흘린 경우에 관한 규정(레 15:16-18)

181. 월경에 관한 규정(레 15:19 이하)

182. 여자가 계속 피를 흘리면 부정하게 여겨야 하며, 그녀와 접촉하는 사람도 부정하게 된다.(레 15:2)

183. 그녀의 병이 다 난 다음에는 정결례를 행해야 한다.(레 15:25)

184. 보통 때는 지성소에 들어가서는 안 된다.(레 16:2)

185. 속죄일에 드리는 제사에 관한 규정(레 16장)

186. 희생제물은 성전(성소)에서만 드려야 한다.(레 17:3-4)

187. 짐승의 피는 땅에 묻어야 한다.(레 17:13)

188. 가까운 살붙이의 몸을 범하면 안 된다.(레 18:6)

189. 아버지의 몸을 범하면 안 된다.(레 18:7)

190. 어머니의 몸을 범하면 안 된다.(레 18:7)

191. 아버지가 데리고 사는 여자의 몸을 범하면 안 된다.(레 18:8)

192. 누이의 몸을 범하면 안 된다. 누이가 아버지의 딸이든지 어머니의 딸이든지 그녀를 범하면 안 된다.(레 18:9)

193. 손녀나 외손녀의 몸을 범하면 안 된다.(레 18;10)

194. 아버지가 낳은 딸의 몸을 범하면 안 된다.(레 18:10)

195. 딸의 몸을 범하면 안 된다.(레 18:10)

196. 아버지가 데리고 사는 여자가 낳은 딸을 범해서는 안 된다. 즉 배다른 누이를 범해서는 안 된다.(레 18:11)

197. 고모의 몸을 범해서는 안 된다.(레 18:12)

198. 이모의 몸을 범해서는 안 된다.(레 18:13)

199. 숙모의 몸을 범해서는 안 된다.(레 18:14)

200. 숙모의 몸을 범하는 것은 삼촌을 부끄럽게 하는 것이다.(레 18:14)

201. 며느리의 몸을 범해서는 안 된다.(레 18:15)

202. 형수나 제수의 몸을 범해서는 안 된다.(레 18:16)

203. 데리고 사는 여자의 딸의 몸을 범해서는 안 된다.(레 18:17)

204. 데리고 사는 여자의 손녀의 몸을 범해서는 안 된다.(레 18:17)

205. 데리고 사는 여자의 외손녀의 몸을 범해서는 안 된다.(레 18:17)

206. 아내가 살아 있는 동안에는 아내의 형제들을 첩으로 데려다가 살아서는 안 된다.(레 18:18)

207. 여자가 월경을 하는 경우에는 그녀와 동침해서는 안 된다.(레 18:19)

208. 자녀를 몰렉에게 바쳐서는 안 된다.(레 18:21)

209. 동성 연애 금지에 관한 규정(레 18:22)

210. 남자들은 짐승과 교접해서는 안 된다.(레 8:23)

211. 여자들도 짐승과 교접해서는 안 된다.(레 18:23)

212. 부모를 두려워하라.(레 19:3)

213. 우상들을 의지하지 말라.(레 19:4)

214. 쇠를 녹여 신상을 만들어서도 안 된다.(레 19:4)

215. 제물로 바친 것들은 그 날로 다 먹어야 한다.(레 19:6)

216. 농작물이나 과수를 거두어들일 때 조금은 남겨 두어야 하며.(레 19:9-10)

217. 그것들을 다 거두어들여서는 안 된다.(레 19:9-10)

218. 농작물을 거두어들일 때 조금은 남겨 두어야 하며(레 19:9)

219. 그것을 다 거두어들여서는 안 된다.(레 19:9)

220. 포도원의 포도를 조금은 남겨 두어야 하며(레 19:10)

221. 그것을 다 거두어들여서는 안 된다.(레 19:10)

222. 포도밭에 떨어진 포도는 그대로 남겨 두어야 하며(레 19:10)

223. 그것을 다 주워서는 안 된다.(레 19:10)

224. 훔치지 말라.(레 19:11)

225. 사기하지 말라.(레 19:11)

226. 속이지 말라.(레 19:11)

227. 거짓 맹세를 하지 말아야 한다.(레 19:12)

228. 이웃을 억누르지 말아야 한다.(레 19:13)

229. 이웃의 것을 빼앗지 말아야 한다.(레 19:13)

230. 품삯은 그날로 지불해야 한다.(레 19:13)

231. 듣지 못하는 사람을 저주해서는 안 된다.(레 19:14)

232. 눈이 먼 사람 앞에 걸려 넘어질 것을 놓아서는 안 된다.(레 19:14)

233. 재판관은 공정하지 못한 재판을 해서는 안 된다.(레 19:15)

234. 누구도 편들어서는 안 된다.(레 19:15)

235. 그는 반드시 공정한 재판만을 해야 한다.(레 19:15)

236. 남을 헐뜯는 말을 하고 다녀서는 안 된다.(레 19:16)

237. 이웃의 생명을 위태롭게 하는 일을 해서는 안 된다.(레 19:16)

238. 미워하는 마음을 품어서는 안 된다.(레 19:17)

239. 이웃이 잘못을 하면, 반드시 그를 타일러야 한다.(레 19:17)

240. 그리고 이렇게 하는 데 있어서 그를 부끄럽게 해서는 안 된다.(레 19:17)

241. 이스라엘 백성끼리 원수를 갚는 일이 있어서는 안 된다.(레 19:18)

242. 앙심을 품어서는 안 된다.(레 19:18)

243. 이웃을 네 몸과 같이 사랑하여라.(레 19:18)

244. 가축 가운데서 다른 종류끼리 교미시켜서는 안 된다.(레 19:19)

245. 밭에다가 서로 다른 두 종류의 씨앗을 함께 뿌려서는 안 된다.(레 9:19)

246. 할례받지 못한 과일에 관한 규정(레 19:23)

247. 거룩한 과일에 관한 규정(레 19:24)

248. 피째로 먹어서는 안 된다.(레 19:26)

249. 점을 쳐서도 안 된다.(레 19:26)

250. 마법을 써서도 안 된다.(레 19:26)

251. 관자놀이의 머리를 둥글게 깎아서는 안 된다.(레 19:27)

252. 구레나룻을 밀어서는 안 된다.(레 19:27)

253. 몸에 문신을 새겨서는 안 된다.(레 19:28)

254. 성소를 속되게 하지 말라.(레 19:30)

255. 혼백을 불러내는 사람에게 가지 말아야 한다.(레 19:31)

256. 점을 치는 사람에게 가서도 안 된다.(레 19:31, 20:6)

257. 어른을 공경하라.(레 19:32)

258. 길이나 무게나 양을 잴 때에 바른 기구를 사용하여야 한다.(레 19:35)

259. 그리고 정확하게 재야 한다.(레 19:36)

260. 부모를 저주하는 자는 사형에 처해야 한다.(레 20:9)

261. 남자가 그의 아내와 장모를 함께 취하면 그들은 모두 화형에 처해야 한다.(레 20:14)

262. 이교도들의 풍속을 따르지 말라.(레 20:23)

263. 제사장이 주검을 만져 자신을 더럽혀서는 안 된다.(레 21:1)

264. 그러나 가족의 주검은 만질 수 있다.(레 21:1-4)

265. 주검을 만져 부정하게 된 제사장은 제의적인 목욕을 한 뒤 그날 저녁에는 제사 음식을 먹을 수 있다.(레 21:6, 22:7)

266. 제사장은 창녀와 결혼해서는 안 된다.(레 21:14-15)

267. 제사장은 부정한 여자와 결혼해서도 안 된다.(레 21:7)

268. 제사장은 이혼한 여자와 결혼해서도 안 된다.(레 21:7)

269. 제사장을 거룩하게 여겨야 한다.(레 21:8)

270. 대제사장은 어떤 주검에도 가까이 가서는 안 된다.(레 21:11)

271. 대제사장은 가족의 주검에도 가까이 가서는 안 된다.(레 21:11)

272. 대제사장은 처녀와만 결혼해야 한다.(레 21:13)

273. 대제사장은 과부와 결혼해서는 안 된다.(레 21:14)

274. 대제사장은 이혼한 여자와 결혼해서도 안 된다.(레 21:14)

275. 아론의 후손 가운데 몸에(영구적인) 흠이 있는 사람은 제사를 드리는 일을

할 수 없다.(레 21:17)

276. 일시적인 흠이 있는 제사장도 그것이 날 때까지는 제사 드리는 일을 할 수가 없다.(레 21:17)
277. 또한 이러한 사람들은 휘장 안으로 들어가거나 제단에 가까이 나아갈 수 없다.(레 21:23)
278. 부정하게 된 제사장은 제사를 드릴 수 없다.(레 22:2)
279. 그는 성물을 먹을 수 없다.(레 22:4)
280. 제사장이 아닌 여느 사람들은 성물을 먹을 수 없다.(레 22:10)
281. 제사장이 데리고 있는 나그네나 품꾼도 성물을 먹을 수가 없다.(레 22:10)
282. 할례받지 않은 제사장은 성물을 먹을 수 없다.(레 22:10)
283. 제사장의 딸이더라도 여느 남자에게로 시집간 사람은 성물을 먹을 수 없다.(레 22:12)
284. 성물은 먹지 말아야 한다.(레 22:16)
285. 흠있는 짐승을 거룩하게 해서는 안 된다.(레 22:19)
286. 모든 제물은 흠이 없는 것이라야 한다.(레 22:20-21)
287. 제물에 흠이 생기게 해서는 안 된다.(레 22:21)
288. 흠이 있는 짐승의 피를 제단에 뿌려서는 안 된다.(레 22:22)
289. 흠이 있는 짐승을 잡아서는 안 된다.(레 22:22)
290. 흠이 있는 짐승의 내장을 불살라서는 안 된다.(레 22:22)
291. 거세해서는 안 된다.(레 22:24)
292. 이방인이라도 흠이 없는 짐승을 바쳐야 한다.(레 22:25)
293. 제물로 바치는 짐승은 난지 여드레가 지난 것이라야 된다.(레 22:27)
294. 제물로 짐승을 바칠 때, 어미와 새끼를 같은 날 잡아서는 안 된다.(레 22:28)

295. 하나님의 이름을 욕되게 해서는 안 된다.(레 22:32)

296. 하나님의 이름이 거룩히 여김을 받도록 해야 한다.(레 22:32)

297. 유월절 첫날은 쉬어야 한다.(레 23:7)

298. 유월절 첫날은 생업을 위하여 일해서는 안 된다.(레 23:7)

299. 유월절 기간 동안에는 계속 번제를 드려야 한다.(레 23:8)

300. 유월절 기간 중 이레째 되는 날에는 다시 쉬어야 한다.(레 23:8)

301. 그날은 생업을 위해서 일해서는 안 된다.(레 23:8)

302. 유월절 둘째 날에는 첫 곡식단을 제사장에게 가져가야 하고 제사장은 그것을 흔들어 바쳐야 한다.(레 23:10)

303. 첫 곡식 단을 바치기 전에는 거두어들인 곡식을 아무것도 먹어서는 안 된다.(레 23:14)

304. 첫 곡식 단을 바치기 전에는 볶은 곡식도 먹어서는 안 된다.(레 23:14).

305. 또한 햇곡식도 먹어서는 안 된다.(레 23:14)

306. 곡식 단을 흔들어 바친 그날부터 49일이 되는 때까지 매일매일 날을 세어야 한다.(레 23:15)

307. 오순절에는 햇곡식으로 만든 빵 두 개를 바쳐야 한다.(레 23:17)

308. 오순절에는 쉬어야 한다.(레 23:21)

309. 오순절에는 생업을 위해 어떤 일도 해서는 안 된다.(레 23:21)

310. 새해 첫날(일곱째 달 초하루)은 쉬어야 한다.(레 23:24)

311. 새해 첫날에는 일해서는 안 된다.(레 23:25)

312. 새해 첫날은 화제로 제물을 드려야 한다.(레 23:25)

313. 속죄일에는 금식해야 한다.(레 23:27)

314. 속죄일에는 화제로 제물을 드려야 한다.(레 23:27)

315. 속죄일에는 어떤 일도 해서는 안 된다.(레 23:28)

316. 속죄일에는 어떤 것도 먹거나 마셔서는 안 된다.(레 23:29)

317. 속죄일에는 쉬어야 한다.(레 23:32)

318. 초막절 첫날에는 일을 해서는 안 된다.(레 23:35)

319. 초막절에는 어떤 종류의 일을 해서도 안 된다.(레 23:35)

320. 초막절 절기 동안 매일 살라 바치는 제물을 드려야 한다.(레 23:36)

321. 초막절 여드레째 되는 날에는 쉬어야 한다.(레 23:36)

322. 초막절 여드레째 되는 날에는 화제로 제물을 드려야 한다.(레 23:36)

323. 초막절 여드레째 되는 날에는 생업을 위해 일해서는 안 된다.(레 23:37)

324. 초막절 첫날에는 좋은 나무에서 난 열매와 종려나무 가지, 무성한 나뭇가지 갯버들을 가져와야 한다.(레 23:40)

325. 초막절 기간에는 이레 동안 초막에서 지내야 한다.(레 23:42)

326. 안식년에는 땅을 놀려야 한다.(레 25:4)

327. 안식년에는 포도원을 가꾸어서도 안 된다.(레 25:4)

328. 안식년에 저절로 열린 곡식들도 거두어 드려서는 안 된다.(레 25:5)

329. 안식년에는 저절로 열린 과실들도 거두어 드려서는 안 된다.(레 25:5)

330. 안식년을 일곱 번 세어야 한다.(레 25:8)

331. 속죄일에는 뿔 나팔을 불어야 한다.(레 25:9)

332. 50년째 되는 해(희년)를 거룩히 여기라.(레 25:10)

333. 희년에는 심거나 거두어서는 안 된다.(레 25:11)

334. 희년에는 저절로 열린 포도를 거두어들여서도 안 된다.(레 25:11)

335. 희년에는 저절로 맺힌 열매를 거두어들여서는 안 된다.(레 25:11)

336. 무엇을 사거나 팔 때에 부당한 이익을 남겨서는 안 된다.(레 25:14)

337. 속이지 말라.(레 25:14)

338. 말을 함부로 하여 이웃에게 상처를 주어서는 안 된다.(레 25:17)

339. 땅을 아주 팔지는 못한다.(레 25:23)

340. 희년에는 땅을 본래의 주인에게로 돌려주어야 한다.(레 25:24)

341. 성곽 안에 있는 집을 판 경우에는 일 년 안에는 언제든지 다시 살 수 있지만, 일 년이 지나면 그렇게 할 수 없다. 희년이 되어도 집은 본래의 주인에게 돌아가지 않는다.(레 25:29-30)

342. 레위 사람의 땅과 집에 관한 규정(레 25:32-34)

343. 가난한 사람에게서 이자를 취해서는 안 된다.(레 25:36-37)

344. 가난하여 종이 된 동족에 대해서는 노예 부리듯 해서는 안 된다.(레 25:39)

345. 동족인 종은 팔 수 없다.(레 25:42)

346. 동족인 종을 심하게 부려서는 안 된다.(레 25:43)

347. 종이 가나안 사람인 경우에는 그를 영원히 부릴 수 있다.(레 25:46)

348. 이교도들에게 동족이 종으로 팔려 갔으면, 값을 치르고 그를 다시 되돌려와야 한다.(레 25:53)

349. 조각한 석상에게 절을 해서는 안 된다.(레 26:1)

350. 하나님께 사람을 바치기로 서원해 놓고 돈으로 바치는 경우에 관한 규정(레 27:2-9)

351. 제물은 바꿔치기 할 수 없다.(레 27:10)

352. 바꿔치기한 제물은 본래의 제물과 바꿔치기한 제물 둘 다를 드려야 한다.(레 27:10)

353. 제물로 바치기로 했던 짐승 대신에 돈으로 바칠 경우에 대한 규정(레 27:9-14)

354. 주께 바치기로 한(또는 바친) 집 대신에 돈으로 바칠 경우에 관한 규정(레 27:14)

355. 주께 바치기로 한(또는 바친) 땅 대신에 돈으로 바칠 경우에 대한 규정(레 27:16)

356. 짐승의 맏배 대신 더 좋은 것이라 하여 다른 것을 바쳐서는 안 된다.(레 27:26)

357. 주께 바친 것은 무를 수 없다.(레 27:28)

358. 주께 바친 땅은 팔 수 없다.(레 27:28)

359. 주께 바친 땅은 무를 수도 없다.(레 27:28)

360. 가축의 십일조를 드리는 것에 관한 규정(레 27:32)

361. 십일조로 드려야 할 가축을 팔아서는 안 된다.(레 27:33)

민수기(362-413)

362. 악성 피부병 환자와 고름을 흘리는 사람과 주검에 닿아 부정을 탄 사람은 모두 진에서 내보내야 한다.(민 5:2)

363. 하나님이 머물고 계신 진을 더럽혀서는 안 된다.(민 5:3)

364. 남에게 잘못을 한 사람은 그가 저지른 잘못을 고백하고 피해자에게 배상을 해야 한다.(민 5:6-7)

365. 아내의 간통을 밝히는 절차에 관한 규정(민 5:12-28)

366. 아내의 간통을 밝히기 위해 바치는 제물에는 기름을 부을 필요가 없다.(민 5:15)

367. 그 제물에는 향을 얹을 필요도 없다.(민 5:15)

368. 나실 사람은 포도주와 독한 술을 삼가야 한다.(민 6:3)

369. 나실 사람은 포도를 먹어서는 안 된다.(민 6:3)

370. 그는 마른 포도를 먹어서도 안 된다.(민 6:3)

371. 나실 사람은 포도씨를 먹어서도 안 된다.(민 6:4)

372. 그는 포도 껍질을 먹어서도 안 된다.(민 6:4)

373. 나실 사람은 머리를 깎아서는 안 된다.(민 6:5)

374. 그는 머리를 길게 자라게 내버려두어야 한다.(민 6:5)

375. 나실 사람은 죽은 사람이 있는 방에 들어가서는 안 된다.(민 6:6)

376. 그는 가족이 죽었을 때에도 죽은 사람이 있는 방에 들어갈 수 없다.(민 6:7)

377. 나실 사람은 서약 기간이 끝나면 머리를 자르고 제물을 바쳐야 한다.(민 6:13-14)

378. 제사장은 매일마다 이스라엘을 축복해야 한다.(민 6:23)

379. 법궤는 제사장이 어깨에 메고 옮겨야 한다.(민 7:9)

380. 유월절을 지키지 못한 사람은 한 달 후에 다시 지켜야 한다.(민 9:10)

381. 두 번째 유월절(또는 "작은 유월절")을 지키는 사람들은 누룩을 먹지 않고 만든 빵과 쓴나물과 함께 유월절 양을 먹어야 한다.(민 9:11)

382. 그들은 다음 날 아침까지는 아무것도 남겨서는 안 된다.(민 9:12)

384. 성소에서는 날마다 나팔을 불어야 한다.(민 10:8)

385. 처음 거두어들인 곡식으로 만든 과자를 제사장에게 헌납물로 드려야 한다.(민 15:18-20)

383. 희생양의 뼈를 부러뜨려서는 안 된다.(민 9:12).

386. 옷자락 끝에 술을 만들어 달아야 한다.(민 15:38)

387. 마음 내키는 대로 따라가거나 눈에 좋은 대로 따라가지 말아야 한다.(민 15:39)

388. 제사장과 레위인은 성소를 지켜야 한다.(민 18:4)

389. 제사장과 레위인은 각각 각자가 할 일을 해야 한다.(민 4:19)

390. 아무나 성소에서 일해서는 안 된다.(민 18:4,22)

391. 일반 사람이 성소에 접근하지 못하도록 지켜야 한다.(민 18:40)

392. 짐승의 맏배는 제사장의 몫으로 바쳐야 하되, 사람과 부정한 짐승 가운데 처음 난 것들은 그것을 바치는 대신에 속전을 바쳐야 한다.(민 18:15-16)

393. 정결한 짐승의 맏배는 속전을 받고 돌려주어서는 안 된다.(민 18:15)

394. 회막 일은 레위인이 하여야 한다.(민 18:23)

395. 십일조는 레위인에게 돌아간다.(민 18:24)

396. 레위인도 십일조를 드려야 한다.(민 18:26)

397. 붉은 암송아지에 관한 규례(민 19:2)

398. 죽은 사람이 있는 곳에 들어가는 사람은 부정을 타게 된다.(민 19:14).

399. 부정을 탄 사람은 물로 정결하게 하여야 한다.(민 19:20)

400. 아들이 없는 경우에는 딸에게 유산을 상속하여야 한다.(민 27:8)

401. 번제로는 날마다 아침과 저녁으로 1년 된 숫양 한 마리씩 바쳐야 한다.(민 28:3)

402. 안식일에도 평상시와 같이 번제를 드려야 한다.(민 28:9)

403. 매달 초하루에는 수송아지 두 마리, 숫양 한 마리, 일년 된 숫양 일곱 마리를 번제로 바쳐야 한다.(민 28:11)

404. 오순절(칠칠절)에 드려야 할 제물(민 28:26-31)

405. 신년(새해)에는 나팔을 불어야 한다.(민 29:1)

406. 서약이 효력이 없어지게 되는 경우에 관한 규정(민 30:3-9)

407. 서약한 것은 지켜야 한다.(민 30:2)

408. 레위 사람에게 그들이 거할 성읍을 주어야 한다.(민 35:2, 7)

409. 사람을 죽인 자를 그 자리에서 죽이는 일이 있어서는 된다.(민 35:12)

410. 살인 혐의자를 도피성에 보내는 것에 관한 규정(민 35:25)

411. 살인 사건의 경우에는 혐의자에게 사형을 내리기 위해서는 두 사람 이상의 증인이 있어야 한다.(민 35:30)

412. 살인자를 돈을 받고 목숨을 살려주어서는 안 된다.(민 35:31)

413. 대제사장이 죽기 전에, 도피성으로 피한 사람에게서 속전을 받고 그가 살던 곳으로 돌아가서 살게 해서는 안 된다.(민 35:32-33)

신명기(414-613)

414. 토라를 잘 알지 못하는 사람은 재판관이 될 수가 없다.(신 1:17)

415. 재판관은 아무도 두려워해서는 안 된다.(신 1:17)

416. 다른 사람의 것을 탐내서는 안 된다.(신 5:21)

417. 하나님은 한 분이심을 선언하는 것에 관한 규정(신 6:4)

418. 하나님을 사랑하라.(신 6:5)

419. 자녀에게 부지런히 주의 규례와 법도를 가르쳐라.(신 6:7)

420. 매일 쉐마를 암송하라.(신 6:7)

421. 경문을 손에 매라.(신 6:8)

422. 경문을 이마에도 붙이라.(신 6:8).

423. 집 문설주와 대문에 메주라(mezura)를 붙여라.(신 6:9)

424. 하나님과 예언자를 시험해서는 안 된다.(신 6:16)

425. 가나안의 7 민족을 진멸해야 한다.(신 7:2)

426. 그들에게 자비를 베풀지 말라.(신 7:2)

427. 가나안의 7 민족과 결혼해서는 안 된다.(신 7:3)

428. 이교도들의 신상을 불태우고, 그 위에 입힌 보석들을 탐내서는 안 된다.(신 7:25)

429. 하나님이 증오하시는 것들을 집 안에 끌어들여서는 안 된다.(신 7:26)

430. 먹을 것을 주신 것에 대하여 하나님께 감사들 드려야 한다.(신 8:10)

431. 나그네를 사랑해야 한다.(신 10:19)

432. 항상 하나님을 경외하라.(신 10:20)

433. 하나님을 섬기라.(신 10:20)

434. 하나님에게만 가까이하라.(신 10:20).

435. 맹세할 일이 있으면 하나님의 이름으로만 맹세하라.(신 10:20)

436. 이교도들이 신을 섬기는 장소는 어느 곳이나 다 허물어야 한다.(신 12:2)

437. 거룩한 것들을 없애서는 안 된다.(신 12:4)

438. 예루살렘에 절기를 지키러 갈 때 제물을 가지고 가야 한다.(신 12:6)

439. 번제는 성전에서만 드려야 한다.(신 12:13)

440. 다른 모든 제물도 마찬가지로 성전에서만 드려야 한다.(신 12:14)

441. 마음에 원하는 대로 짐승의 고기를 성 안에서 먹을 수 있다.(신 12:15)

442. “두 번째 십일조”로 바친 곡식은 예루살렘 밖에서 먹어서는 안 된다.(신 12:17)

443. “두 번째 십일조”로 바친 포도주를 마셔서도 안 된다.(신 12:17)

444. 기름도 마찬가지이다.(신 12:17)

445. 소와 양의 처음 난 것도 예루살렘 밖에서 먹어서는 안 된다.(신 12:17)

446. 속죄제나 속건제로 드린 것도 성전 밖에서 먹어서는 안 된다.(신 12:17)

447. 번제물로 드린 것은 먹어서는 안 된다.(신 12:17)

448. 제물의 피를 뿌리기 전에 고기를 먹어서는 안 된다.(신 12:17)

449. 첫 열매로 바친 것은 일반 사람이 먹어서는 안 된다.(신 12:17)

450. 레위 사람을 저버려서는 안 된다.(신 12:19)

451. 짐승을 잡는 것에 관한 규정(신 12:20-21)

452. 산 짐승의 신체 중 일부를 먹어서는 안 된다.(신 12:23)

453. 제물은 성전으로 가져가야 한다.(신 12:26)

454. 토라에 하나라도 더해서는 안 된다.(신 12:32)

455. 토라에서 하나라도 빼서는 안 된다.(신 12:32)

456. 우상의 이름으로 예언하는 자에게 귀를 기울이지 말라.(신 13:1)

457. 유혹하는 자의 소리에 귀를 기울이지 말라.(신 13:7-10)

458. 이방 신에게로 유혹하는 자를 증오하라.(신 13:9)

459. 그들을 죽여야 한다.(신 13:9)

460. 그들을 감싸주어서도 안 된다.(신 13:9)

461. 그들의 잘못에 대하여 숨겨서도 안 된다.(신 13:9)

462. 우상을 숭배하게 하는 자는 내버려두어서는 안 된다.(신 13:10)

463. 우상을 숭배하게 하는 자들에 대해서는 자세히 조사하고 잘 알아보아야 한다.(신 13:14)

464. 하나님을 섬기다가 우상에게로 빠진 성읍은 불살라야 한다.(신 13:15).

465. 그런 성읍은 다시 세워서도 안 된다.(신 13:16)

466. 그 성읍에서 어떤 물건도 취해서는 안 된다.(신 13:17)

467. 스스로 몸에 상처를 내서는 안 된다.(신 14:1)

468. 죽은 사람을 애도한다고 머리를 밀어서는 안 된다.(신 14:1)

469. 부정한 것은 먹어서는 안 된다.(신 14:3)

470. 새는 그것이 정한 것인지 알아보고 먹어야 한다.(신 14:11)

471. 날개 달린 기어다니는 곤충은 먹어서는 안 된다.(신 14:19)

472. 저절로 죽은 것을 먹어서는 안 된다.(신 14:21)

473. "두 번째 십일조"에 관한 규정(신 14:23-27)

474. 가난한 자를 위한 십일조에 관한 규정(신 14:28-29)

475. 안식년에는 동족 유대인의 빚을 탕감해 주어야 한다.(신 5:2)

476. 안식년이라도 이방인에게 준 빚은 받아야 한다.(신 15:3)

477. 안식년에는 유대 동족의 빚을 탕감해 주어야 한다.(신 15:3)

478. 가난한 동족에게 인색하지 말아야 한다.(신 15:7)

479. 기쁜 마음으로 그들을 도와주어야 한다.(신 15:8)

480. 안식년이 가까이 온다고 돈을 꾸어 주지 않으면 안 된다.(신 5:9)

481. 종을 놓아줄 때에는 빈 손으로 보내서는 안 된다.(신 15:13)

482. 그들에게 넉넉히 주어 내보내야 한다.(신 15:14)

483. 하나님께 바칠 짐승의 맏배를 부려서는 안 된다.(신 15:19)

484. 제단에 바칠 첫 새끼 양의 털을 깎아서도 안 된다.(신 5:19)

485. 니산 월 정오가 지나서는 누룩이 들어 있는 빵을 먹어서는 안 된다.(신 16:3)

486. 유월절 양의 고기를 다음 날까지 남겨서는 안 된다.(신 16:4)

487. 유월절 양을 성전 이외의 곳에서 바쳐서는 안 된다.(신 16:5)

488. 3대 절기는 기쁨으로 지켜야 한다.(신 16:14)

489. 모든 성인 남자는 일 년에 세 차례 예루살렘에 올라가야 한다.(신 16:16)

490. 제물이 없이 성전에 올라가서는 안 된다.(신 16:16)

491. 모든 성읍에는 재판관이 있어야 한다.(신 16:18)

492. 성전에는 나무를 심어서는 안 된다.(신 16:21)

493. 어느 곳에도 석상을 만들어 세워서는 안 된다.(신 16:22)

494. 흠 있는 짐승을 제물로 바쳐서는 안 된다.(신 17:1)

495. 산헤드린의 결정에 귀를 기울여야 한다.(신 17:10)

496. 전통을 무시해서는 안 된다.(신 17:11)

497. 이스라엘의 왕은 산헤드린에서 임명받아야 한다.(신 7:15)

498. 외국 사람을 왕으로 세워서는 안 된다.(신 17:15)

499. 왕은 군마를 필요 이상으로 가져서는 안 된다.(신 17:16)

500. 왕은 이집트로 내려가서는 안 된다.(신 17:16)

501. 왕은 아내를 많이 두어서는 안 된다.(신 17:17)

502. 왕은 재물을 너무 많이 가져서는 안 된다.(신 17:17)

503. 왕은 율법 책을 복사해야 한다.(신 17:18-19)

504. 레위 지파는 땅을 유산으로 이어받지 못한다.(신 18:1)

505. 레위 지파는 전리품을 취할 수 없다.(신 18:1)

506. 제사장은 제물의 특별한 부위들을 가질 수 있다.(신 18:3)

507. 처음 거둔 곡식과 포도주와 기름은 제사장에게 주어야 한다.(신 18:4)

508. 처음 깎은 양털도 제사장에게 주어야 한다.(신 18:4)

509. 각 제사장들과 레위인들은 각기 다른 시간에 일해야 한다.(신 18:6-8)

510. 점쟁이를 용납해서는 안 된다.(신 18:10)

511. 복술객을 용납해서는 안 된다.(신 18:10)

512. 주문을 외는 사람을 용납해서는 안 된다.(신 18:11)

513. 마법사를 용납해서는 안 된다.(신 18:10)

514. 마술하는 사람을 용납해서는 안 된다.(신 18:10)

515. 죽은 사람에게 물어보는 사람을 용납해서는 안 된다.(신 18:10-11)

516. 예언자의 소리에 귀를 기울여야 한다.(신 18:15)

517. 거짓 예언자를 삼가라.(신 18:20)

518. 우상의 이름으로 예언해서는 안 된다.(신 18:20)

519. 거짓 예언자는 죽여야 한다.(신 18:22)

520. 여섯 개의 도피성을 마련해야 한다.(신 19:3)

521. 살인자를 동정해서는 안 된다.(신 19:13,21)

522. 이웃의 경계를 침범해서는 안 된다.(신 19:14)

523. 한 사람의 증언만 가지고 재판해서는 안 된다.(신 19:15)

524. 거짓 증언을 하는 자에게는 그가 이웃에게 해를 입히려고 했던 것과 똑같은 벌을 내려야 한다.(신 19:19)

525. 전쟁에 나가서 적군을 두려워하지 말라.(신 20:1)

526. 전쟁터에서 되돌려 보내야 할 사람들에 관한 규정(신 20:5-7)

527. 전쟁을 하기 전에 먼저 평화를 제의하라.(신 20:10, 11)

528. 가나안의 7 민족을 진멸하라.(신 20:16)

529. 성읍을 점령할 때 나무들을 베버리지 말라.(신 20:19)

530. 범인을 알 수 없는 살인 사건에 관한 규정(신 21:1-9)

531. 범인을 알 수 없는 살인 사건을 위해서 송아지를 죽인 험한 계곡에서는 일도 하지 말고 그곳에 씨도 뿌리지 말라.(신 21:4)

532. 포로로 잡혀 온 여인을 아내로 취해도 된다.(신 21:10-11)

533. 그러나 그 여인을 팔아서는 안 된다.(신 21:14)

534. 그에게 힘든 일을 시켜서도 안 된다.(신 21:14)

535. 죽을 죄를 지어서 처형당한 사람의 주검은 나무에 매달아 두어야 한다.(신 21:22)

536. 그러나 그 주검을 밤까지 내버려두어서는 안 된다.(신 21:23)

537. 그 주검은 그 날로 파묻어야 한다.(신 21:23)

538. 다른 사람이 잃어버린 것을 발견했을 때는 주인에게 돌려주어야 한다.(신 22:1)

539. 그리고 그것을 못 본 체해서는 안 된다.(신 22:3)

540. 이웃의 짐승이 길에 쓰러져 있는 것을 보면 주인을 도와 그 짐승을 일으켜 주어야 한다.(신 22:4)

541. 짐승에게 짐을 싣거나 내릴 때 도와주어야 한다.(신 22:4)

542. 여자는 남자의 옷을 입어서는 안 된다.(신 22:5)

543. 남자도 여자의 옷을 입어서는 안 된다.(신 22:5)

544. 새끼를 품고 있는 어미 새를 잡아서는 안 된다.(신 22:6)

545. 새끼를 잡기 전에 먼저 어미 새를 날려 보내야 한다.(신 22:7)

546. 지붕에 난간을 만들어야 한다.(신 22:8)

547. 그리고 집에서 사고가 나 사람이 죽는 일이 있어서는 안 된다.(신 22:8)

548. 포도나무 사이사이에 다른 씨를 뿌려서는 안 된다.(신 22:9)

549. 그리고 거기에서 거둔 곡식도 먹어서도 안 된다.(신 22:9)

550. 소와 나귀에게 한 멍에를 메워 같이 밭을 갈게 해서는 안 된다.(신 22:10)

551. 양털과 무명실을 함께 섞어서 짠 옷을 입어서는 안 된다.(신 22:11)

552. 결혼의 성립에 대한 규정(신 22:13)

553. 아내에게 그녀가 처녀가 아니었다고 하는 주장이 거짓으로 드러난 경우에 관한 규정(신 22:14-18)

554. 아내에게 그녀가 처녀가 아니었다고 거짓 누명을 씌운 사람은 평생 그 여자와 함께 살아야 한다.(신 22:19)

555. 성 안에서 한 남자와 다른 사람에게 약혼한 여자가 성관계를 가졌을 때에는 둘 다 돌로 쳐 죽여야 한다.(신 22:24)

556. 그러나 성 밖에서 이런 일이 일어났으면, 남자만 돌로 쳐 죽여야 한다.(신 22:26)

557. 약혼하지 않은 처녀를 욕보인 남자는 그녀의 아버지에게 배상을 해야 한다.(신 22:29)

558. 그리고 그는 그녀와 결혼해야 하되, 그 여자와 이혼해서는 안 된다.(신 22:29)

559. 신낭이 터졌거나 신을 베인 사람은 주의 총회 회원이 될 수 없다.(신 23:1)

560. 사생아는 주의 총회 회원이 될 수 없다.(신 23:2)

561. 유대인은 암몬 사람이나 모압 사람과는 영원히 결혼할 수 없다.(신 23:3)

562. 암몬 사람과 모압 사람과는 평화 관계를 가지려고 해서는 안 된다.(신 23:6)

563. 에돔 사람을 미워하지 말라.(신 23:7)

564. 이집트 사람도 미워해서는 안 된다.(신 23:7)

565. 제의적으로 부정한 사람은 진에 들어갈 수 없다.(신 23:10-11)

566. 화장실은 진 밖에 만들어야 한다.(신 23:12)

567. 군인은 무기와 더불어 삽을 항상 같이 가지고 다녀야 한다.(신 23:13)

568. 도망 온 종을 되돌려 보내서는 안 된다.(신 23:15)

569. 그리고 그들을 압제해서도 안 된다.(신 23:16)

570. 이스라엘 자손은 창녀나 남창이 되어서는 안 된다.(신 23:17)

572. 동족에게서 이자를 취해서는 안 된다.(신 23:20)

573. 이방인에게는 이자를 받을 수 있다.(신 23:21)

574. 하나님에게 서원한 것은 지체함이 없이 지켜야 한다.(신 23:21)

575. 맹세한 것은 반드시 지켜야 한다.(신 23:23)

576. 이웃의 포도원에 들어가서 먹을 만큼 실컷 따먹는 것은 괜찮다.(신 23:24)

577. 그러나 그릇에 담아 가면 안 된다.(신 23:24)

578. 이웃의 밭에 들어가서 이삭을 손으로 잘라먹는 것은 괜찮지만, 곡식에 낫을 대면 안 된다.(신 23:25)

579. 이혼 증서에 대한 규정(신 24:1 이하)

580. 이혼한 아내를 다시 아내로 맞아들여서는 안 된다.(신 24:4)

581. 새 신랑은 1년동안 집을 떠나지 못하도록 하여야 한다.(신 24:5)

582. 그리고 그 기간 동안에는 그는 모든 의무로부터 자유하다.(신 24:5)

583. 맷돌을 저당 잡아서는 안 된다.(신 24:6)

584. 악성 피부병의 조짐이 보이면, 그것을 무시하지 말라.(신 24:8)

585. 담보물을 잡으려고 집에 들어가서는 안 된다.(신 24:10)

586. 담보물은 그날로 되돌려 주어야 한다.(신 24:12)

587. 담보물을 그것을 잡힌 사람이 필요한 때에 즉시로 돌려주어야 한다.(신 24:13)

588. 품꾼에게는 그날로 품삯을 지불해야 한다.(신 24:15)

589. 혈연관계가 있는 사람의 증언은 받아들여서는 안 된다.(신 24:16)

590. 외국 사람과 고아에게 억울하게 재판해서는 안 된다.(신 24:17)

591. 과부의 옷을 저당 잡아서는 안 된다.(신 24:17)

592. 밭에서 곡식을 거둘 때에 잊어버리고 거두어들이지 않은 단을 다시 가서 취하여 와서는 안 된다.(신 24:19)

593. 그것은 올리브나무의 열매의 경우도 마찬가지이다.(신 24:20)

594. 형벌로 매를 맞을 경우에는 재판관은 매 맞을 사람을 자기 앞에 엎드리게

하고 죄의 정도에 따라 매를 때리게 해야 한다.(신 25:2)

595. 그러나 40대 이상 때려서는 안 된다.(신 25:3)

596. 곡식을 밟으면서 타작하는 소의 입에 망을 씌워서는 안 된다.(신 25:4)

597. 남편이 아들이 없이 죽은 경우, 그의 아내는 다른 사람과 재혼해서는 안 된다.(신 25:5)

598. 죽은 남편의 형제가 그녀와 결혼을 해야 한다.(신 25:5)

599. 죽은 형을 대신해서 형수와 결혼하기를 거절하는 사람에 대한 규정(신 25:7-10)

600. 음낭을 잡는 자를 보고도 내 버려두어서는 안 된다.(신 25:11)

601. 그에게는 동정심을 보여서는 안 된다.(신 25:12)

602. 집에 크고 작은 두 개의 되를 가지고 있어서는 안 된다.(신 25:14)

603. 아말렉 사람이 너희에게 한 일을 기억하라.(신 25:17)

604. 아말렉 사람을 진멸하라.(신 25:18)

605. 그리고 절대로 그들이 한 일을 잊어버려서는 안 된다.(신 25:18)

606. 햇곡식을 예물로 바칠 때 드리는 고백(신 26:5-10)

607. 가난한 자들을 위한 십일조를 드린 것에 대한 고백(신 26:12-15)

608. 십일조를 애곡하는 날에 먹어서는 안 된다.(신 26:14)

609. 그리고 제의적으로 부정한 상태에서 먹어서도 안 된다.(신 26:14)

610. 또한 그것을 죽은 자를 위해 사용해서도 안 된다.(신 26:14)

611. 하나님의 길을 따라 걸으라.(신 26:17)

612. 안식년 장막절에 모든 이스라엘 회중을 다 모아야 한다.(신 31:12-13)

613. 율법을 써서 간직하고 있어야 한다.(신 31:19)

[출처] 613가지 율법 정리